Quantitative
Momentum

Quantitative Momentum

퀀트 모멘텀 투자 기법

모멘텀 투자의 이해

웨슬리 그레이 · 잭 보겔 지음 | 이병욱 옮김

i!i
에이콘

싸게 사고, 강한 것을 사라. 그리고 길게 보유하라.

– 웨스^{Wes}와 잭^{Jack}

"체계적 모멘텀 투자는 그 사촌인 가치 투자와 반대로 투자자로부터 합당한 대접을 받지 못했다. 웨스와 잭은 이 문제를 해결해준다. 체계적 투자에 관심이 있는 모든 이들은 이 책을 읽고, 쓸 수 있는 투자 방법을 넓혀 나가야 한다."

– 클리프 애스니스(Cliff Asness) / AQR 자산 관리(AQR Capital Management)의 최고 관리자

"우리 연구에 따르면, 예측 가격 수익률 모멘텀 패턴은 수백 년의 과거 데이터에 잘 들어맞았으며 외표본에서도 잘 작동했다. 모멘텀을 이용하거나 공부하고자 하는 모든 사람은 이 책을 통해 귀중한 정보를 얻을 수 있을 것이다."

– 크리스 게치(Chris Geczy) / 포어프론트 자문(Forefront Analytics)의 창업자이자 CEO

"모멘텀 투자를 이해하고 연구하며 궁극적으로 이용하고 싶다면 이 책을 읽는 것보다 더 나은 방법은 없다."

– 팻 오쇼네시(Pat O'Shaughnessy) /
오쇼네시 자산 관리(O'Shaughnessy Asset Management)의 최고 관리자

"웨스와 잭은 모멘텀 원리와 그 행동 편향을 설명하는 놀라운 일을 해냈다. 모멘텀을 주식 선별의 도구로 이용하는 데 관심이 있다면, 이 책은 필수다."

– 게리 안토나치(Gary Antonacci) /
『Dual Momentum Investing』(McGraw-Hill Education, 2014)의 저자

"정량 모멘텀은 모멘텀 기반의 주식 선별 알고리즘에 대한 이야기다. 웨스와 잭은 왜 그리고 어떻게 이 시스템이 작동하는지 설명해준다."

– 나라시만 제가디시(Narasimhan Jegadeesh) /
고이수에타 비즈니스 스쿨(Goizueta Business School)의 학장

지은이 소개

웨슬리 그레이^{Wesley R. Gray, PhD}

미 해병대 장교로 복무 후 박사 학위를 받고 드렉셀 대학교의 금융학 교수가 됐다. 기업가 정신과 행동 금융에 대한 관심 덕에 세금에 민감한 투자자들이 사용할 수 있는 액티브 투자를 제공해주는 자산 관리 회사인 알파 아키텍트^{Alpha Architect}를 설립했다. 네 권의 저서를 비롯해 여러 논문을 발표했으며, 월 스트리트 저널^{Wall Street Journal}, 포브스^{Forbes}, CFA 기관지^{CFA Institute}의 정규 기고자이기도 하다. 시키고 대학교에서 MBA와 금융학 박사 학위를 받았으며, 펜실베이니아 와튼 스쿨에서 우등생으로 학사 학위를 받았다.

존 보겔^{John(Jack) R. Vogel, PhD}

실험적 자산 가격결정과 행동 금융에 대한 연구를 수행했으며, 두 권의 저서와 여러 논문을 발표했다. 드렉셀 대학교의 금융학과와 수학과에서 강사와 연구 조교를 했으며 빌라노바 대학교에서도 강사를 했다. 현재 알파 아키텍트의 관리자로서 SEC에 등록된 투자 자문가이며 CFO와 공동 CIO를 맡고 있다. 드렉셀 대학교의 금융학 박사 학위와 수학 학사 학위를 갖고 있으며, 스크랜턴 대학교 수학교육과 학사를 최우등으로 졸업했다.

감사의 글

이 책을 쓰는 동안 많은 동료, 친구, 가족의 엄청난 도움을 받았다. 이 책을 쓴 저자들의 아내인 케티 그레이와 멕 보겔의 지속적인 도움은 물론이고, 개구쟁이 아이들을 돌보아서 이 책을 마칠 수 있게 해준 것에 대해 감사한다. 또한 초기 원고에 도움을 준 알파 아키텍트$^{Alpha \ Architect}$의 모든 팀원에게 깊이 감사한다. 데이비드 폴크는 귀중한 조언을 주었고, 책 원고를 너무나 많이 읽고 검토해서 아직까지 머리가 어지러울 정도다. 월터 헤인스 또한 원고가 진일보할 수 있게 도와줬다. 양 쉬는 연구와 함께 밤늦게까지 숫자를 검토하는 데 큰 도움을 주었다. 마지막으로, 나머지 알파 아키텍트 팀원들인 텐 야오, 양 쉬, 타오 왕, 팻 크리어리, 칼 캐너와 신 송에게 영원히 빚을 졌다. 초기에 많은 조언과 놀라운 영감을 준 외부 독자분들께도 감사드린다. 앤드루 밀러, 래리 둔, 맷 마르텔리, 팻 오쇼네시, 게리 안토나치와 여러 익명의 독자들이 이 책을 좀 더 풍부하게 해줬다. 마지막으로, 소중한 피드백을 준 편집자인 줄리 커에게 감사한다.

옮긴이 소개

이병욱(craslab@daum.net)

주식회사 크라스랩 대표이사
서울과학종합대학원 디지털 MBA 주임교수
한국외국어대학교 겸임교수
과기정통부 우정사업본부 정보센터/네트워크 & 블록체인 자문위원

한국과학기술원KAIST 전산학과 계산이론 연구실 출신으로 공학을 전공한 금융 전문가다. 세계 최초의 핸드헬드 PCHandheld-PC 개발에 참여해 한글 윈도우 CE 1.0과 2.0을 마이크로소프트에서 공동 개발했다. 1999년에는 국내 최초로 전 보험사 보험료 실시간 비교 서비스를 제공한 ㈜보험넷을 창업해 업계에 큰 반향을 불러일으켰다. 이후 삼성생명을 비롯한 생명 및 손해 보험사에서 CMO(마케팅 총괄 상무), CSMO(영업 및 마케팅 총괄 전무) 등을 역임하여, 혁신적인 상품과 서비스를 개발 및 총괄했다. 세계 최초로 파생 상품 ELS를 기초 자산으로 한 변액 보험을 개발해 단일 보험 상품으로 5,000억 원 이상 판매되는 돌풍을 일으켰고, 매일 분산 투자하는 일 분산 투자daily averaging 변액 보험을 세계 최초로 개발해 상품 판매 독점권을 획득했다. 최근에는 머신 러닝 기반의 금융 분석과 블록체인에 관심을 갖고 다양한 활동을 하고 있다. 저서로는 『비트코인과 블록체인, 탐욕이 삼켜버린 기술』(에이콘, 2018), 『블록체인 해설서』(에이콘, 2019)가 있다. 『블록체인 해설서』는 대한민국학술원이 선정한 2019 교육부 우수학술도서다.

이 책은 가치 투자의 그림자에 묻혀 많은 투자자에게 아직 주목을 받지 못하고 있는 모멘텀 투자의 실체를 증거에 기반한 논리를 통해 설명해주고 있다. 또한 성장 투자와 동일한 것으로 잘못 인식되고 있는 모멘텀 투자의 정확한 정의와 효용을 알려준다. 일반적으로 정의된 모멘텀은 물론 이를 개선한 정량 모멘텀에 이르기까지 무려 100여 년에 걸친 백테스트 자료를 통해 다양한 시나리오하에서 모멘텀 투자의 가치를 알려준다.

또한 가치 투자나 모멘텀 투자를 독자적으로 운영하지 않고 그 둘을 결합했을 때의 다각화 편익에 대해서도 자세히 설명한다. 책의 모든 설명에서 저자가 알파 아키텍트라는 투자 자문사를 직접 운영하며 실전에서 사용한 모멘텀 기법의 노하우가 고스란히 묻어나오는 것을 느낄 수 있다.

차 례

효율적 시장 가설은 과거 가격 정보로는 미래의 성공을 예측할 수 없다고 말한다. 그러나 이 가설에는 문제가 하나 있다. 과거 가격 정보로 미래의 기대 성과를 예측하는 것은 가능하며, 이는 통상 '모멘텀momentum'이라 불린다. 모멘텀은 할머니들도 쉽게 이해할 수 있을 정도로 단순한 전략, 즉 승자를 매수하라는 것이다. 또한 모멘텀은 공공연한 비밀이기도 하다. 과거의 승자를 매수하는 전략과 관련된 기록은 이미 200년 전에 등장했고, 이는 효율적 시장 가설EMH, efficient market hypothesis에 정면으로 도전하고 있다. 그렇다면 왜 모든 사람이 모멘텀 투자를 하고 있지는 않을까? 여기에는 두 가지 이유가 있다고 믿는다. 고착된 행동 편향은 많은 투자자로 하여금 반모멘텀anti-momentum이 되게 만들며, 모멘텀을 이용하려는 전문가는 시장 제약으로 인해 어려운 도전 과제에 직면하게 된다.

사람들이 기대 오차에서 헤어나지 못하는 한, 가격은 펀더멘털fundamental에서 벗어날 가능성을 갖고 있다. 가치 투자 맥락에서의 기대 오차는 대체로 부정적 뉴스에 대해 과민반응overreaction하는 것이지만, 놀랍게도 모멘텀에서의 기대 오차는 긍정적인 뉴스에 대한 과소반응underreaction과 연계돼 있다(혹자는 이를 과민반응이라 말하기도 하며, 그 주장도 배제할 수는 없지만 종합적인 증거는 과소반응 가정에 더 부합된다). 따라서 행동 편향이 가치 투자와 연계된 장기 초과 수익을 유도한다고 믿는 투자자들이라면, 이미 장기적으로 유지 가능한 모멘텀을 유도하고 있는 핵심 메커니즘을 믿고 있는 셈이다. 간단히 말해, 가치와 모멘텀은 동일한 행동 편향에 대한 동전의 양면을 나타내는 것이다.

그렇다면, 왜 더 많은 투자자들이 모멘텀 전략을 차액 거래에 이용하지 않는 것일까? 앞으로 논의하겠지만 가격설정오류mispricing 기회가 사라지는 속도는 이를 이용하는 비용에 달려 있다. 거래나 정보 취득 비용(이는 0보다 크다)을 생각하지 않는다면, 오랫동안 지속되는 가격설정오류 기회를 이용하는 가장 큰 비용은 자산을 위임 운용하는 자의 직업 안정성이다. 직업상의 위험 측면은 대개 투자자들이 전문가들에게 그들의 자본을 위임하기 때문에 발생한다. 불행히도 전문가들에게 자산을 위임한 투자자들은 대체로 고용한 관리자들의 실적을 벤치마크에 대비한 단기 실적으로 평가하는 경향이 있다. 그러나 이는 펀드 매니저에게는 뒤틀린 인센티브 구조를 구축하게 만든다. 한편으로 펀드 매니저는 높은 장기 기대 수익을 위해 가격설정오류 기회를 이용하려 하지만, 다른 한편으로는 가격설정오류 이용이 표준 벤치마크로부터 수익률을 너무 많이 이탈시키지 않는 범위 내에서만 수행하도록 제약을 받게 된다. 요약하자면 모멘텀 같은 전략은 펀드 매니저들이 가끔 패시브passive 벤치마크보다 엄청나게 나쁜 실적을 기록해서 '직업상의 위험' 프리미엄이 발생하므로 작동하는 것처럼 보인다. 이러한 논리를 따르자면, 모멘텀 전략이나 실질적인 모든 아노말리anomaly* 전략은 다음 사항이 옳다고 믿는다면 미래에도 계속 유지될 것이다.

- 투자자들은 지속적으로 행동 편향을 겪을 것이다.
- 위임한 투자자들은 근시안적인 업적 평가자일 것이다.

우리는 이 두 가지 가정에 근거해 미래를 예측할 수 있다고 본다. 그리고 이 가정에 대한 우리의 믿음 때문에 프로세스에 기반하고, 장기 성과에 집중하며, 잘 절제된 투자자들에게는 항상 기회가 있을 것으로 믿는다.

이제 모멘텀 투자를 할 준비가 되었다고 가정하고, 이 전략이 지속 가능하려면 고통이 따를 수 있다는 점을 받아들일 수 있다면, 이제 간단한 질문 하나를 생각해볼 필요가 있다. **"효과적인 모멘텀 전략을 구축할 수 있는 방법은 무엇인가?"** 이 책에서는 우리가 주식 선택 모멘텀 전략을 수립하기 위해 수년간 연구했던 결과를 설명한다. 연구의 결론은 '가장 높은 품질의 모멘텀을 매수하라'라고 정리할 수 있는 정량 모멘텀 quantitative momentum 전략이다. 그리고 먼저 확실히 해둘 사항은 우리는 '최적'의 모멘

---

* 아노말리(anomaly)는 여러 투자 전략 현상을 일컫는 보편적인 용어이므로 '이상현상' 등으로 번역하지 않고, 그대로 사용한다. - 옮긴이

텀 전략을 제시하는 것도 아니고 모멘텀 전략이 성공한다고 '보장'하는 것도 아니란 점이다. 그러나 우리가 만든 프로세스는 합리적이고, 증거에 기반하고 있으며, 행동금융과 부합하며, 논리적인 방법이라고 생각한다. 또한 이 프로세스를 어떻게 개발했는지에 대해 근본적으로 투명하게 설명한다. 독자 여러분이 우리의 가정에 대해 의문을 가지고, 결과를 역산해보며, 프로세스에서 개선할 점이 있다면 알려주시기를 희망한다. 모든 문의는 AlphaArchitect.com으로 해주시면 되고, 기꺼이 답을 드릴 것이다.

우리의 정량 모멘텀 이야기를 즐겨주시기를 바란다.

오탈자

내용을 정확하게 전달하려고 최선을 다했지만, 실수가 있을 수 있다. 책에서 텍스트상의 문제를 발견해서 알려준다면, 매우 감사하게 생각할 것이다. 그러한 참여를 통해 다른 독자에게 도움을 주고, 다음 버전에서 책을 더 완성도 있게 만들 수 있다. 오탈자를 발견한다면 http://www.acornpub.co.kr/contact/errata에서 구체적인 내용을 알려주기 바란다. 보내준 내용이 확인되면 해당 서적의 정오표에 그 내용이 추가될 것이다. 정오표는 에이콘출판사의 도서정보 페이지 http://www.acornpub.co.kr/book/quantitative-momentum에서 찾아볼 수 있다.

질문

이 책에 관한 질문은 옮긴이나 에이콘출판사 편집 팀(editor@acornpub.co.kr)으로 문의할 수 있다.

PART 1

모멘텀의 이해

이 책은 1부와 2부로 이뤄져 있다. 1부는 모멘텀momentum을 시스템적인 주식 선택 도구로 사용하기 위한 원리를 설명한다. 1장 '종교보다는 원리'에서는 투자 영역에 있어 종교와도 같은 두 가지 방법인 펀더멘털fundamental과 기술technical 투자에 대해 알아볼 텐데, 두 가지 접근 방법을 증거에 근거해 검토해본다. 2장 '액티브 투자 전략이 통하는 이유'에서는 지속 가능한 액티브 투자 프레임워크에 대해 살펴볼 텐데, 이를 통해 전략이 장기간 효과를 볼 수 있는 이유(즉, '우위')를 알아본다. 3장 '모멘텀 투자는 성장 투자가 아니다'에서는 모멘텀 투자는 가치 투자와 마찬가지로 지속 가능한 아노말리anomaly임을 설명한다. 1부의 마지막 장인 4장 '모든 가치 투자자에게 모멘텀이 필요한 이유'에서는 모멘텀 투자에 관한 여러 증거를 알아보는데, 대부분의 투자자들은 최소한 다각화를 위해 모멘텀 투자를 고려해야 한다는 점을 설명한다.

CHAPTER **1**

종교보다는 원리

어린이: "아빠, 산타가 선물을 가져온 게 확실해요?"
아버지: "그래, 산타 할아버지가 썰매에 싣고 오셨어."
아이: "맞는 것 같아요. 우리가 벽난로 옆에 둔 쿠키와 우유를 드신 것을 보면!"
– 크리스마스에 아빠와 아이의 일상적인 대화

기술 분석: 시장에서 가장 오래된 종교

1600년대에 네덜란드에는 큰 상선이 있었고, 항구 도시 암스테르담은 세계 무역을 이끄는 상업 중심지였다. 날로 증가하는 네덜란드 공화국의 영향력을 바탕으로, 1602년에 네덜란드 동인도회사East India Company가 설립됐고, 최초로 주식이 상장된 국제 법인으로 진화한 동인도 회사는 암스테르담 증권거래소의 또 다른 변혁을 이끌며, 다른 법인들의 상장은 물론 공매도까지도 등장했다.

1688년, 성공한 네덜란드 상인인 조셉 드 라 베가Joseph de la Vega는 주식 시장과 주식 거래를 가장 먼저 묘사한 책 중 하나인 『Confusion De Confusiones혼돈 속의 혼돈』를 저술했다. 오늘날 일부 연구원들은 그를 행동 금융의 아버지라고 주장한다. 과도 거래excessive trading, 과잉반응overreaction, 과소반응underreaction, 처분 효과disposition effect라는 개념들은 현대 금융 잡지들이 언급하기 훨씬 전에 드 라 베가가 이미 생생하게 묘사했다.[1]

드 라 베가는 자신의 저서에서 거래소의 일상적인 업무를 설명하며, 가격이란 것이 어떻게 형성되는 것인지 다음과 같이 묘사하고 있다.

> 장중에 상승세가 갈피를 못 잡을 지경이 되면, 객장의 사람들이 그에게 적정 주가를 물어온다. 그는 그날 주가에 1~2% 덧붙인 가격에 주문하는 것처럼 수표를 작성하는 시늉을 한다. 이는 사람들로 하여금 주식을 사야 한다는 욕구를 촉발한다. 또 동시에 주가가 추가적으로 더 오를 것이라는 강한 인식도 형성시킨다(이 점은 우리도 마찬가지다. 주가가 오르면 한없이 상승할 것처럼 보이고, 실제로 오르면, 너무 올라 못 사게 될 것처럼 조바심이 든다).[2]

드 라 베가는 주가 상승 자체가 어떻게 지속적인 가격 상승을 유발하는지 설명해주는 듯하다. 달리 표현하자면, 월 스트리트 대형 은행에서 투자 전문 팀장을 맡고 있는 웨스Wes의 대학원 시절 친구의 말을 빌리자면 다음과 같다. "높은 가격은 매수자를 끌어들이고 낮은 가격은 매도자를 끌어들인다."[3]

드 라 베가는 계속해서 다음과 같이 얘기한다.

> 주가 하락에는 끝이 없는 것처럼, 주가 상승에도 끝이 없다… 그러므로 주가가 지나치게 높다고 해서 긴장할 필요는 없다… 당신을 걱정으로부터 해방시켜줄 추가 구매자는 늘 존재한다… 상승장은 회사 경영 상태에 대해 낙관적으로 반응하며 이는 꾸준히 우호적인 환경이 된다. 또 그들의 자세는 (별생각 없이) 자신감에 가득 차서 웬만큼 좋지 않은 뉴스 정도는 아무런 영향도 끼치지 못한다… (아마도) 이는 철학자들이 원인이 사라지면 그 영향도 사라진다고 가르치므로, 하락장에서는 팔아야 할 원인이 사라질 시점에 매도해야 한다는 철학과는 부합하지 않는다. 하락장에서 매도가 지속되면 그 원인이 사라진 뒤에도 계속해서 영향을 끼친다.[4]

드 라 베가는 주가 자체 이외에는 다른 직접적인 원인이 없는데도 불구하고 상승장에서 다들 주식을 더 사고 하락장에서는 다들 내던지는 상황을 직접적으로 설명하고 있다. 따라서 여기서는 17세기 유럽에서조차 주가 변화가 펀더멘털과 상관없이 미래의 시장가에 어떻게 영향을 미쳤는지 잘 알 수 있다.

초기 기술적 분석이 유럽의 주식 거래로부터 진화하는 동안, 일본에서는 훨씬 더 흥미로운 금융 실험이 일어나고 있었다. 1600년대에는 일본 인구의 대다수를 차지하는 농민층에게 강제로 농사를 짓게 했고 거기서 세금을 받는 지배 군부 층은 농지를 보호했다. 쌀은 당시 정부 수입의 90%를 차지하며 일본 경제의 주요 산물이 됐다.

일본에서 쌀의 중요성은 1697년에 공식 거래소가 설립되는 것으로 이어졌고, 급기야 많은 사람이 최초의 선물futures 시장이라고 믿고 있는 도지마Dojima 쌀 시장이 등장하기에 이른다. 도지마 쌀 시장은 기 확보된 신용과 청산 기법을 바탕으로 대형 도매상들의 네트워크까지 흡수하게 된다.5

급성장하는 일본의 쌀 시장은 1700년대 중반 자수성가한 젊은 쌀 상인 무네히사 홈마Munehisa Homma(1724~1803)에게는 비옥한 금융환경을 조성해줬다. 홈마는 쌀 선물 거래를 시작했고 유리한 거래 조건을 위해 사적 인맥을 동원했다. 홈마는 또한 미래의 가격 방향을 예측하기 위해 과거 가격 데이터를 활용했다. 그러나 그의 핵심 통찰력은 시장 심리를 활용한 점에 있다.

1755년 홈마는 『The Fountain of Gold—The Three Monkey Record of Money황금의 연못—돈에 관한 세 원숭이의 기록』라는 책을 썼는데, 책에서 그는 감정이 쌀 가격 형성에 미치는 영향에 대해 설명했다. 그는 "시장의 심리적 측면이 거래 성공의 핵심이다."라는 점과 "시장의 감정을 연구하면… 가격을 예측하는 데 도움이 된다."라는 사실을 관찰했다. 그러므로 홈마는 아마도 드 라 베가와 함께 문헌상에서 확인되는 최초의 행동 금융론자였던 것 같다. 그의 책은 시장과 투자자 심리를 다루고 있는 최초의 작품 중 하나다.6

홈마는 매수와 매도 포지션에 투자했는데 이는 오늘날 헤지 펀드의 선조 격인 셈이다. 그는 대단히 성공했고 엄청난 부자가 되어 다음과 같은 속담을 낳게 했다. "나는 절대 홈마처럼 되지는 못할 것이다. 그저 지방 영주가 되는 것으로 만족한다." 그는 결국 국가 고문이 되었고 일본 최초의 국부 펀드 담당이 됐다.7

한편, 지구의 반대편에서는 또 다른 금융 시장이 자라고 있었다. 19세기와 20세기 초는 미국의 주식 시장 참여자가 증가하는 시기였다. 그 시대의 가장 유명한 주식 투자자들 중 제시 리버모어Jesse Livermore라는 사람이 있었다. 그는 14살에 거래를 시작했고 일생 동안 여러 번 부를 얻고 잃기를 반복했다.

미국의 작가 에드윈 르페브르Edwin Lefevre는 『Reminiscences of a Stock Operator 주식 운용가의 회상』라는 전기를 썼는데, 1900년대 초반 리버모어의 삶과 경험을 담고 있다. 이 책은 기술 거래 규칙을 이용한 리버모어의 성공에 대해 설명하고 있다. 르페브르는 리버모어가 시장에 대해 갖고 있던 대단히 중요한 철학을 다음과 같이 설명했다.

> "당신은 한 가지 목적만을 가지고 시장을 관찰한다. 방향성, 즉 가격의 추세를 보고자 한다… 시장이 공정하게 시작됐다면 상승장이든 하락장이든 놀랄 필요가 없다. 추세는 열린 마음과 이성적으로 맑은 시야를 가진 사람에게는 명백히 보일 것이다."[8]

리버모어가 매수와 매도를 결정하며 남긴 논평을 살펴보면, 그의 투자 철학에 대해 더 깊은 통찰을 얻을 수 있다. 그가 내렸던 결정은 지금 우리가 '모멘텀' 전략이라 부르는 것임을 알아낼 수 있을 것이다. "내가 주식을 살 때는 기꺼이 최고가를 지불하고, 주식을 팔 때는 낮은 가격으로 팔아야 한다고 얘기할 때 숙련된 많은 투자자들이 의심의 눈초리로 나를 쳐다보는 모습을 보면 놀랍다."

분명히, 투자자들이 완전히 합리적이진 않다는 점과 주가는 미래의 가격과 연관되어 있다는 것은 그다지 새로운 사실은 아니다. 앞에서 설명한 투자자들, 즉 조셉 드 라베가, 무네히사 홈마, 제시 리버모어의 사례로부터 역사를 통틀어 위대한 투자자들은 시장에서 심리의 역할이 무엇이며, 과거의 가격이 미래의 가격을 예측하는 데 얼마나 도움이 되는지를 잘 인식하고 있었다는 것을 알 수 있고, 이는 곧 기술적 분석이 유효하다는 사실을 보여준다. 그러나 기술적 분석이 과연 투자에 대한 합리적인 접근 방법을 제공해주는지에 관해 의문을 품기 시작한 20세기 초로 가보자. 많은 사람들이 회사의 펀더멘털을 분석하는 것이 더 합리적인 투자 방법이라고 생각했다. 투자자들은 기업의 재무제표를 세심하게 검토한 펀더멘털 분석이 투자 결정을 내리는 데 더 나은 근거를 제공할 수 있으리란 희망을 가지고 그러한 분석을 연구하기 시작했다. 특히, 새로운 투자 철학이 악명을 얻기 시작했는데, 이익이나 현금 흐름 등 다양한 펀더멘털에 대비하여 더 낮은 가격이 형성된 주식을 매입하는 가치 투자value investing가 바로 그것이다.

새로운 종교의 부상: 펀더멘털 분석

벤자민 그레이엄^{Benjamin Graham}은 통상 가치 투자 운동의 아버지로 알려져 있다. 그레이엄은 만약 투자자들이 펀더멘털 분석에 의해 결정된 내재가치보다 일관되게 더 낮은 가격으로 주식을 매입한다면, 더 나은 위험 조정 수익을 얻을 수 있을 것이라고 믿었다. 그레이엄은 그의 가치 투자 프레임워크를 『Security Analysis^{증권 분석}』와 『The Intelligent Investor^{현명한 투자자}』라는 가장 유명한 두 권의 투자서에 요약했다.

그레이엄은 기술 분석을 추종하는 사람들이 많다는 사실을 깨달았지만, 그가 기술 분석 방법에 대해 어떻게 생각하는지 단호히 밝힌 한 단어가 있는데 바로 '가짜 마법'이었다. 『The Intelligent Investor』라는 책에 적힌 인용구가 그의 생각을 잘 요약해주고 있다.

> 소위 '기술적 접근법'이라고 불리는 거의 모든 방식이 따르는 한 가지 원칙은 주가나 시장이 상승했기 때문에 매입해야 하고, 하락했기 때문에 매도해야 한다는 것이다. 이는 건전한 사업 감각과는 정반대되는 것이며, 이 방법이 월 스트리트에서 지속적인 성공으로 이어질 가능성은 거의 없다.[9]

기술적 분석에 대한 그레이엄의 초기 비판은 펀더멘털 분석이라는 종교를 따르는 또 다른 추종자들에 의해 시간이 갈수록 강화됐다. 그레이엄의 가장 유명한 제자인 워렌 버핏^{Warren Buffett}은 그레이엄으로부터 권투 글러브를 물려받고 기술 분석 집단을 계속해서 공격했다. 그가 한 말을 통해 그의 생각을 읽을 수 있다. "차트를 뒤집어보면 기술 분석은 통하지 않는다는 사실을 발견할 수 있으며, 여기에 대해 다른 답은 찾지 못했다." 버튼 말키엘^{Burton Malkiel}의 유명한 저서인 『시장 변화를 이기는 투자^{A Random Walk Down Wall Street}』(국일증권경제연구소, 2009)*에 있는 좀 더 최근의 인용문은 기술적 방법에 대한 경멸을 전면에 부각시키고 있다. "차트에 의존한 투자 방법은 완전히 잘못된 것이다…"[10]

---

* 이 책의 원서 제목에 있는 '랜덤 워크(Random Walk)'란 미래 가격을 예측함에 있어 과거의 가격 추세는 아무런 정보를 제공하지 않는다는 가설을 의미한다. 가격 변화는 술 취한 사람이 걷는 것처럼 예측할 수 없다는 뜻으로서, 기술 분석을 정면으로 반박하는 가설이다. – 옮긴이

펀더멘털 분석가들의 비웃음 소리는 어디서든 들린다. 그들은 스스로를 기술 투자자보다 더 박식하며 궁극적으로 더 합리적이라 믿는다. 버핏은 또 다른 발언을 통해, "과거의 역사가 이 게임의 전부라면 가장 부유한 사람은 도서관 사서일 것이다."라는 말로 기술 분석을 비꼬았다. 버핏의 견해로는 하찮고 경망하게 차트를 이리저리 돌려보는 사서들만이 기술 분석을 합리적인 규칙으로 여긴다고 생각하는 것 같다. 그리고 아마도 펀더멘털 접근 방법이라는 종교를 추종하는 자들은 유머와 조롱을 퍼붓는 것이 자신들의 주장을 더욱 설득력 있게 만든다고 생각했을 것이다.

보다 최근에는, 바우포스트 그룹$^{Baupost\ Group}$ 헤지 펀드의 설립자인 억만장자 세스 클라만$^{Seth\ Klarman}$도 기술 분석을 부인했다. 세스는 『Margin of Safety: Risk-Averse Value Investing Strategies for the Thoughtful Investor $^{안전의\ 마진:\ 사려\ 깊은\ 투자자를\ 위한}$ $^{위험\ 회피\ 가치\ 투자\ 전략}$』라는 책에서 자신의 의견을 분명히 밝혔다.[11]

> 투기꾼들은… 주가가 다음에 오르거나 내릴 것이라는 믿음에 기초해 주식을 사고판다. 미래의 가격 방향에 대한 대한 그들의 판단은 펀더멘털이 아니라 다른 이들의 행동을 예측하는 데 기초하고 있다. 그들은 생각대로 적절히 '행동하면' 주식을 사고 그렇지 않으면 판다. 많은 투기꾼은 기술적 분석(과거 주가 변동성)을 참고 자료로 사용해 시장의 방향을 예측하려고 한다. 기술적 분석은 기저 기업 가치가 아니라 과거 주가 변동이 미래 주가의 열쇠를 쥐고 있다는 가정에 근거한다. 사실, 시장이 어떻게 될지는 아무도 모른다. 이를 예측하려 드는 것은 시간 낭비이며, 예측에 근거한 투자는 투기적인 사업이다… 투기꾼은… 시간이 흐르면서 돈을 잃을 것이다.

클라만이 기저 펀더멘털이 미래 주가를 통찰할 수 있는 유일한 합리적 신호라고 본 견해는 이러한 점을 분명히 해준다. 가격 움직임은 '횡보하는 것이며' 무의미하므로 다른 행동을 예측하려 애쓰는 것은 헛수고다. 그러나 클라만은 여기서 끝내지 않았다. 그는 미래 주가를 예측하려는 어떠한 시스템적 방법도 거부했다.

> 일부 투자 공식은 과거의 주가 변동으로 미래 가격을 예측하는 기술적 분석을 수반한다. 또 다른 공식은 주가수익(P/E)비율, 장부상 가격비율, 매출 또는 이익 증가율, 배당률, 그리고 일반적인 이자율 수준 같은 펀더멘털 투자 요소를 포함하기도 한다. 이러한 공식들을 고안하는 데 쏟아부은 엄청난 노력에도 불구하고, 그 어떤 것도 효과가 입증되지 않았다.

역사적으로 볼 때, 펀더멘털 혹은 가치 투자 방법보다 어쩌면 더 효과적으로 보이는 방법을 사용했던 사람이나 학문적 자료가 있다는 점을 고려하면 그레이엄, 말키엘, 버핏, 클라만이 기술 분석을 그토록 무시한다는 점은 놀랄 만한 일이다. 그럼에도 불구하고, 이러한 펀더멘털 투자자들의 견해는 일반적으로 가치 투자 공동체와 펀더멘털 실무자들의 관점을 반영한다. 가치 투자라는 종교는 여전히 살아 있고 유효하다.

증거 기반 투자의 시대

"극도로 강한 이데올로기는 피하라. 그것이 당신의 마음을 망치기 때문이다."
– 찰리 멍거Charlie Munger / 버크셔 해서웨이Berkshire Hathaway 부회장12

내심 데이터 기반의 경제학자인 벤 그레이엄이 왜 기술적 방법을 그토록 노골적으로 불신하고 있었을까? 아마도 그러한 불신 중 일부는 기술적 분석과 펀더멘털 분석의 차이와 관련이 있을 것이다. 가치 투자자들은 펀더멘털이 선행하고 가격이 따라간다고 믿는다. 그러나 기술 투자자들은 가격이 선행하고 심지어 펀더멘털을 바꾸기까지 한다고 생각하지만, 펀더멘털은 주가 변동을 이끄는 핵심 요인이 아니라고 여긴다. '기술자'라는 꼬리표는 좀 더 광범위한 일반 투자 그룹을 포함하는데, 여기에는 개인에서부터 탁월한 사람에 이르기까지 훨씬 더 분포가 넓다. 이렇듯 분포가 광범위하다는 것은 평균적 기술 투자자는 일반적 펀더멘털 투자자에 비해 더 주관적이고 덜 전문적이며 덜 정교하다는 것을 의미한다. 따라서 기술 분석에 대한 비판 중 하나는, 존재하지 않는 패턴을 찾으려 노력하는 것에 대한 것일 수 있다. 인간의 행동을 고려해볼 때, 이는 합리적인 비판이다.

기술 분석가와 펀더멘털 분석가를 비교해보자. 펀더멘털 분석가는 기존의 관례를 기반으로 구체적인 데이터, 즉 재무제표를 검토한다. 예를 들어 순이익률, 풍부한 잉여 현금 흐름, 낮은 부채 수준은 재정 건전성이 양호함을 보여주는 상당히 객관적인 지표로 간주될 수 있다. 또한 펀더멘털 분석가는 증권 분석을 위해 많은 노력을 기울여야 한다. 결국, 사업에서 나오는 모든 미래 현금 흐름의 현가를 파악하기 현재 시점으로 할인하려고 한다. 따라서 펀더멘털 분석가는 어쩌면 더 사려 깊으며, 지적인 확고함을 추구하는 것과 관련되어 있을 수 있다. 이런 점에서는, 아마도 더 믿음직스러울 수 있다.

펀더멘털에 기초해 매수하는 것이 점괘처럼 최신 주가 차트를 조사하는 것보단 더 합리적인 것 같다. 기술 분석가는 펀더멘털 분석가에 비해 더 단순한 직업처럼 여겨지는데, 과거 주가라는 것은 지엽적이고 단순한 신호에 불과하다고 주장할 수 있기 때문이다. 이는 더 방대하고 깊이 있는 수많은 재무 정보를 소화하고 고려해야 하는 펀더멘털 분석가에 비하면 훨씬 단순한 작업이다.

하지만 결국 노력과 정교함이라는 것이 정말로 중요할까? 한 발 물러서서 보면, 장기 액티브 투자자들의 임무는 시장을 이기는 것이다. 액티브 투자자들은 "어떤 게 효과가 있는가?"라는 근본적인 질문에 답하기 위해 과학적인 방법에 초점을 맞춰야 한다. 워런 버핏은 가치 투자는 기술적 고려와 상관없이 효과가 있다는 사실을 분명히 보여줬다. 그러나 스탠리 드럭켄밀러Stanley Druckenmiller, 조지 소로스George Soros, 폴 튜더 존스Paul Tudor Jones는 기술적인 분석도 잘 통할 수 있다는 것을 보여줬다. 계속된 연구 결과에 따르면 펀더멘털 전략(예: 가치와 품질)이나 기술 전략(예: 모멘텀과 추세 추종) 모두 효과가 있어 보인다는 증거가 공식화되고 있다.[13] 그러나 독단적인 많은 투자자는 자신이 이미 믿고 있는 것만 확인하려 하고, 그들의 투자 종교에 맞는 연구 증거만을 선별적으로 채택한다. 이와는 대조적으로, 증거 기반 투자자는 펀더멘털과 기술 투자는 동전의 양면으로 둘 다 효과가 있을 수 있다는 결론을 내릴 것이다. 그들은 사촌이다. 왜냐하면 둘 다 편향된 의사결정에 영향을 받아 형편없는 결정을 내리는 시장 참여자들을 이용하려는 공통된 목적이 있기 때문이다. MIT의 영향력 있는 미래를 내다보는 경제학자 앤드류 로Andrew Lo는 펀더멘털과 기술 투자자들의 논쟁을 객관적으로 관찰하고, "결국 우리는 모두 불확실한 시장가격 예측이라는 같은 목표를 갖고 있다. 서로에게서 배울 수 있어야 한다."라고 말했다.

우리는 동의한다: 종교보다는 원리

위에서 약술한 토론은 분석에 있어 빙산의 일각에 불과하며, 각기 다른 투자 철학을 둘러싼 논쟁들을 보여주기 위한 것이다. 그리고 사람들이 특정 철학에 전념하게 될 수록 믿음은 대개 더 확고하게 굳어진다. 따라서 이러한 논쟁에서 승자를 확인하기란 불가능하지만, 한 가지 확실한 건 일단 한 가지 투자 전략을 신봉하면 다른 투자 종교로 전환하는 것은 거의 불가능하다는 점이다. 하지만 서로 간의 토론들이 꼭 그렇게 논쟁적일 필요가 있을까? 가치 투자와 모멘텀 접근법이 상호 배타적이어야 하는 이유는 무엇인가? 사실, 과학적 방법이 가진 주요한 속성은 의심의 자유를 유지하는 것이며, 의심하지 않는다면 우리는 새로운 아이디어들을 탐구하지 못할 것이다. 2장에는 특정 전략이 작동하는 기저를 이해하기 위한 중요한 프레임워크를 소개한다. 우리는 그 프레임워크를 '지속 가능한 액티브 투자 프레임워크'라고 부른다. 이 프레임워크는 최선의 투자 전략을 찾으려 하는 것이 아니라 투자 전략이 미래에 성공하기 위해 갖춰야 하는 필요조건을 찾아내는 것을 목표로 한다.

걱정 마라: 이 책은 주식 선별 모멘텀에 관한 것이다

이 도입 장에서 우리는 이미 기술 분석, 펀더멘털 분석 그리고 심리작용에 대해 얘기했다. 짧은 시간에 많은 주제를 다뤘지만 모멘텀 전략을 수립하는 방법에 대한 언급은 없었다. 이제 다음 몇 장에서 이 중요한 주제를 계속 탐구해나갈 것이다. 하지만 이 책은 주식 선별 모멘텀에 관한 것임을 분명히 하고 싶다. 그러나 어떤 액티브 투자 전략을 수립하는 방법을 이해하려면, 이 전략이 향후에도 어떻게, 그리고 왜 작동할 것인지 그 맥락을 이해할 필요가 있다. 이 논의는 2장부터 4장까지 다룰 것이다. 만약 당신이 숙련된 실무자라면, 5장까지 건너뛰고 효과적인 액티브 모멘텀 전략을 생성하는 방법에 관한 세부사항으로 바로 가도록 추천한다. 그러나 제안한 모멘텀 전략을 완전히 이해하고 싶다면, 순서대로 책을 읽는 것이 좋다. 한편 여기에 요약된 전략이 모든 사람에게 들어맞는 건 아니라는 점을 강조하고 싶다. 왜냐하면 각 전략에는 따라야만 하는 원칙이 있기 때문이다. 좀 더 명확하게 말하자면, 셈의 앞뒤가 맞지 않는다고 할 수 있다. 균형의 관점에서 볼 때 모든 사람이 제시된 전략을 따라올 수는 없다. 모든 주식은 우리가 매수하는 시점에 그 반대쪽에서 매도하는 사람이 있기 때문이다.

몇 가지 유의사항을 얘기했으니 이제 주식 선별 모멘텀이 무엇을 의미하는지 간략히 설명하겠다. 종종 소위 '모멘텀' 전략과 관련해 다소 혼란을 느끼는 사람들이 있는데, 여기서 그 의미를 분명히 하고자 한다. 모멘텀은 그 측정 방식에 따라 두 가지 범주로 나눌 수 있다.

1. **시계열 모멘텀**time-series momentum: 종종 절대 모멘텀absolute momentum이라고도 불리며, 시계열 모멘텀은 다른 주식의 수익률과는 독립적으로 각 주식 자체의 과거 수익률만을 기반으로 계산한다.[14]

2. **단면 모멘텀**cross-sectional momentum: 원래는 상대강도relative strength라고 불렸는데, 학자들이 전문용어를 개발하면서 단면 모멘텀으로 불린다. 이 방법은 다른 주식과 비교한 각 주식의 상대적 실적을 측정한다.[15]

간단한 예를 통해 그 차이를 설명해보자. 세상에 단 두 기지 주식, 예컨대 애플과 구글만 존재한다고 가정해보자. 12개월 전 애플은 주당 25달러였고 구글도 주당 25달러였다. 오늘자의 애플은 주당 100달러, 구글은 주당 50달러다.

이제, 단순 시계열 모멘텀 규칙과 단순 단면 모멘텀 규칙을 비교해보자.

시계열 규칙은 지난 12개월 동안 실적이 플러스인 주식은 매입하고, 마이너스인 주식은 매도할 계획이다. 이제 시계열 모멘텀 거래 규칙을 이 시나리오에 적용해보자.

- **시계열 모멘텀**: 애플도 매수하고 구글도 매수한다. 두 종목 모두 강한 절대 모멘텀을 갖기 때문이다.

단면 규칙의 경우 지난 12개월 동안의 주가가 다른 주식들에 비해 '상대적으로 강한' 것은 매입한다(그리고 상대적으로 약한 것은 매도한다). 같은 시나리오에 이 규칙을 적용해보자.

- **단면 모멘텀**: 애플은 매수하고 구글은 매도한다. 애플의 주가가 구글보다 상대적으로 강하기 때문이다.

두 주식의 가격은 모두 상승했지만(시계열 모멘텀 관점에서는 둘 다 매수했다) 애플의 주가는 구글의 가격보다 훨씬 더 상승했다. 따라서 애플은 단면 분석에서 더 강한 모멘텀을 갖고 있다(단면 모멘텀 관점에서는 애플은 매수하고 구글은 매도하라고 제안할 것이다).

모멘텀 전략을 개발하기 위해 두 가지 유형의 모멘텀 요소를 모두 사용할 수도 있다. 예를 들어, 두 가지 모멘텀 요소를 모두 고려한 다음 양쪽 규칙을 감안해 투자를 할 수도 있다. 위 예시의 경우 시계열 규칙과 단면 규칙 모두에서 매수 신호가 나온 애플은 구매하고, 둘 중 하나(즉, 단면 규칙에서)에서 매도 신호가 나온 구글은 아무 포지션도 취하지 않을 수 있다.[16]

앞서 요약한 바와 같이, 주식 선택 기법을 개발하기 위해 다양한 모멘텀 형태를 사용할 수 있다. 시계열과 단면 모멘텀은 마켓 타이밍market-timing과 자산 부류asset-class 선택의 맥락에서도 활용되고 있다는 점을 강조하고 싶다. 이 책은 마켓 타이밍이나 자산 부류에는 초점을 맞추지 않고, '개별 주식 선택'의 맥락에서 각기 다른 모멘텀 요소들이 얼마나 유용한지 설명하는 데 집중한다. 이 책은 자산 배분 책이 아니라 주식 선별에 관한 책이다.

요약

1장에서는 기술 투자자와 펀더멘털 투자자 사이의 오랜 논쟁에 대해 개괄적으로 설명했다. 많은 독자들이 두 가지 신념 모두를 잘 알고 있으리라 확신하며, 각 진영에는 분명 열성분자들도 끼어 있을 것이다. 기술 투자와 펀더멘털 투자 전략 사이의 논쟁은 토론이라기보다는 서로에게 고함을 지르는 싸움인 경우가 많다. 우리는 고함을 지르는 싸움은 그만 멈추고 연구를 시작하려고 한다. 고함치는 경기를 피하기 위해 2장에서는 지속 가능한 액티브 투자 프레임워크를 설명할 것이다. 이 프레임워크는 왜 특정 전략이 효과가 있고 다른 전략은 작동하지 않는지를 더 잘 이해하는 데 도움을 줄 것이다. 이 시각을 통해 검증 가능한 가설을 세우고 건설적인 논의를 할 수 있을 것이다. 우리의 프레임워크는 분명 완벽하지는 않지만, 토론의 맥락이 서로 닿을 수 있도록 최선을 다했다. 솔직히 말해서, 액티브 투자의 목적은 어떤 투자 철학이 더 나은지에 대해 논쟁하는 것이 아니라(누가 신경이나 쓰겠는가?) 장기적으로 시장을 이기는 데 있다. 또한 만약 당신이 우리의 주식 선별 모멘텀 전략의 세부사항을 알고자 하는 숙련된 전문가라면, 바로 5장으로 건너뛰어도 무방하다.

참고문헌

1. Teresa Corzo, Margarita Prat, and Esther Vaquero, "Behavioral Finance In Joseph de la Vega's Confusion de Confusiones," *The Journal of Behavioral Finance* 15 (2014): 341-350.

2. Joseph de la Vega, *Confusion de Confusiones*. An English translation of *Confusion de Confusiones*, 1688, is available via babel.hathitrust.org/cgi/pt?id=uc1.32106019504239, accessed 2/15/2015.

3. 제레드 헐릭Jared Hullick이 한 말이다.

4. De la Vega.

5. www.ndl.go.jp/scenery/kansai/e/column/markets_in_osaka.html, accessed February 15, 2015.

6. Jasmina Hasanhodzic, "Technical Analysis: Neural network based pattern recognition of technical trading indicators, statistical evaluation of their predictive value and a historical overview of the field," MIT Master's Thesis (1979). Accessible at hdl.handle.net/1721.1/28725.

7. Steve Nison, *Japanese Candlestick Charting Techniques* (New York: Prentice Hall Press, 2001).

8. Edwin Lefevre and Roger Lowenstein, *Reminiscences of a Stock Operator* (Hoboken, NJ: John Wiley & Sons, 2006).

9. Benjamin Graham, *The Intelligent Investor* (New York: Harper, 1949).

10. Burt Malkiel, *A Random Walk Down Wall Street* (New York: W. W. Norton & Company, 1996).

11. Seth Klarman, *Margin of Safety* (New York: Harper Collins, 1991).

12. Charlie Munger USC Law Commencement Speech, May 2007. www.youtube.com/watch?v=NkLHxMWAZgQ, accessed February 28, 2016.

13. Wesley Gray and Tobias Carlisle, *Quantitative Value: A Practitioner's Guide to Automating Intelligent Investment and Eliminating Behavioral Errors* (Hoboken, NJ: John Wiley & Sons, 2012); Chris Geczy and MikhailSamonov, "Two Centuries of Price Return Momentum," *Financial Analysts Journal* (2016).

14. Gary Antonacci, *Dual Momentum Investing: An Innovative Strategy for Higher Returns with Lower Risk* (New York: McGraw-Hill, 2014); Tobias Moskowitz, Yao Ooi, and Lasse Pedersen, "Time Series Momentum," *Journal of Financial Economics* 104 (2012): 228-250.

15. Andreas Clenow, "Stocks on theMove: Beating the Market with Hedge Fund Momentum Strategies," self-published, 2015, for a practitioner perspective; Narasimhan Jegadeesh and Sheridan Titman, "Returns to Buying Winners and Selling Losers: Implications for Stock Market Efficiency," *The Journal of Finance* 48 (1993): 65-91, for an academic discussion.

16. 자산 배분의 맥락에서 듀얼 모멘텀은 안토나치[Antonacci]의 『Dual Momentum』을 참고하라. 그 책은 개별 주식 맥락과는 다른 관점이다. 모멘텀과 가치 투자를 모두 사용하는 것에 대한 아이디어를 설명해준다.

CHAPTER 2

액티브 투자 전략이 통하는 이유

"내가 될 수 있는 최악은 남들과 똑같아지는 것이다."

— 아널드 슈워제네거Arnold Schwarzenegger

액티브active 투자와 패시브passive 투자의 논쟁은 필라델피아 이글스Philadelphia Eagles와 댈러스 카우보이Dallas Cowboys의 미식축구 시합 또는 코카콜라 대 펩시콜라 같은 고전적 경쟁구도와 비슷하다. 간단히 말해, 한 가지 스타일에 대해 일단 선호가 생기면, 이는 곧 마음속에서 입증된 사실로 굳어져서 돌이킬 수 없는 현실처럼 고착된다. 심리학에 따르면, 사람들은 이전에 알고 있던 결론을 뒷받침해주는 증거를 더 선호하며, 그에 반하는 증거는 무시하려는 경향이 있는데 이를 '확증 편향confirmation bias'이라는 개념으로 설명한다.

다음에 이어질 설명으로 패시브 투자자를 액티브 투자자로 전환시키려는 것은 아니다. 그러나 특정 지표 상황에서는 일부 액티브 투자 전략이 (충분히 긴 시간으로 봤을 때) 논리적으로 다른 투자 전략보다 뛰어날 수도 있음을 설명해주고자 한다. 무네히사 홈마, 제시 리버모어, 벤 그레이엄처럼 서로 완전히 다른 투자 철학을 가진 3명의 액티브 투자자들을 성공으로 이끈 비결은 무엇일까? 아마도 그들 모두 억세게 운이 좋은 행운아일 뿐일 수도 있지만, 우리는 그보다는 더 합리적인 설명이 있을 것이라고 믿는다.

그들이 사용한 모든 방법에 공통적으로 적용된 핵심 주제는 '비합리적인 투자 행동을 보인 자들을 이용'한 것이다. 그러나 단지 행동을 이해하는 것이 투자의 성배라면, 아마도 심리학자들이 자본 시장을 장악하고 있어야 할 텐데, 왜 그렇지 못한 걸까? 그게 아니라면 홈마, 리버모어, 그레이엄은 그저 다른 사람들보다 더 똑똑했던 것일까? 그러나 IQ가 가장 높은 투자자들이 반드시 시장을 지배하는 것은 아니라는 사실을 보면, 더 똑똑하다는 것 역시 정답은 아닐 듯하다. 아마도 가장 유명한 사례는 현대 물리학을 발전시킨 천재 아이작 뉴턴Isaac Newton 경일 것이다. 위대한 물리학자이자 수학자인 뉴턴은 18세기 초에 사우스 씨 회사South Sea Company의 주식을 거래하다 파산했다.

아직까지는 액티브 투자자가 어떻게 시장을 이길 수 있는지 명쾌히 설명해주는 특급 비책은 전혀 소개되지 않은 것처럼 보인다. 영리해지고, 행동 편견을 이해하며, 데이터를 조율하기 위해 많은 박사들을 끌어모으는 것은 필요한 진두의 절반에 불과하다. 이러한 도구들을 갖춰도 액티브 투자자는 여전히, 다른 상어들로 가득 찬 탱크에 있는 한 마리의 상어일 뿐이다. 모든 상어는 영리하고, 모든 상어는 회사를 분석하는 법과 금융 차트를 읽고 이해하는 법을 안다. 상어가 득실거리는 바다에서 우위를 유지하기란 쉬운 일이 아니며, 소수의 투자자들만이 꾸준히 이뤄온 업적이다. 그렇다면 정답은 대체 무엇인가? 우리는 여전히 확신하지 못하고, 늘 배우고 있다. 가장 훌륭한 실무 이론은 액티브 투자자들을 지속적인 성공으로 이끄는 다음 두 가지 요소에 있다.

- 인간 심리에 대한 깊은 이해
- '스마트 머니smart money' 인센티브에 대한 철저한 파악

사자의 소굴로

웨스Wes는 2002년, 시카고 대학교의 금융학 박사 과정에 입학했다. 고난의 길이었지만, 선진 금융 세계를 일깨워준 여정의 시작이었다. 시카고 대학교의 금융학과를 잠깐 소개하자면, 이 과는 효율적인 시장 가설EMH, Efficient Market Hypothesis을 개발한 다

음 이와 관련된 풍부한 지식 자산을 축적해왔다. 이 과의 박사 과정 학생들은 첫 2년 동안 높은 수준의 수학과 통계학으로 가득 차 있는 힘든 과목과 씨름하느라 녹초가 된다. 마지막 2년에서 4년은 논문 연구에만 전념한다. 이 장면은 마치 치열한 국제 수학 경진 대회가 열리고 있는 쉴 틈 없는 전쟁터와도 비슷하다. 한마디로 매우 어려운 프로그램으로 구성되어 있다.

웨스는 고문과도 같은 첫 2년을 견뎌낸 후 휴식이 절실했다. 그는 독특한 '휴가'를 갔는데, 4년 동안 미국 해병대에 입대하기로 결정한 것이다. 간단히 말해서, 그는 군 복무를 원했고 제대할 때쯤에는 그는 더 이상 젊은 나이가 아니었다. 웨스는 2008년에 박사 과정을 마치기 위해 돌아왔다. 해병대에서 보낸 시간은 그에게 많은 것을 가르쳐줬지만, 가장 큰 교훈 한 가지는 '**대담하게 행동하라**'였다.[1] 그렇다면 시카고 대학교에서 할 수 있는 가장 대담한 행동은 무엇이었을까?

효율적인 시장 가설의 효과를 의심하는 연구에 집중하라.

비효율적인 시장의 반항아들: 가치 투자자

웨스는 펀더멘털 투자자, 즉 '가치' 투자자들이 시장을 초과하는 수익을 낼 수 있을지 확인해보기를 원했다. 그는 자신의 계좌를 사용해 10년 이상 가치 투자 전략을 종교처럼 따랐다. 그는 벤 그레이엄의 펀더멘털 위주의 가치 투자를 실천하고 맹신한 사람이었다(그는 아직도 기술 투자라는 아이디어를 이단으로 간주한다). 액티브 가치 투자가 시장 초과 수익을 낼 수 있다는 이야기는 그럴듯하게 들리지만, 많은 학계의 논문이나 학술지에 발표된 연구는 실상은 그렇지 않다는 것을 시사한다.

가치 투자에 대한 논쟁은 유진 파마Eugene Fama와 켄 프렌치Ken French가 쓴 '주식 기대 수익률의 단면'[2]이라는 제목의 논문에 의해 다시 재점화됐다. 이 논문은 소위 가치 프리미엄value premium, 즉 저가 주식과 고가 주식 사이 과거 수익률의 큰 차이가 추가적인 위험에 기인한 것인지 아니면 가격 산정의 오류 때문인지에 대한 논쟁을 촉발했다. 가치주의 초과 수익은 주주가 부담한 추가적 경제 위험 요인에 대한 보상이었을까? 아니면 단순히 이들 주식의 가격이 잘못 산정됐던 것일까? 유진 파마와 켄 프렌치의 대답은 분명했다. 시장이 효율적이라면, 가치 프리미엄은 더 높은 리스크로부터 기인해야 한다. 가치 프리미엄 같은 리스크 기반 논쟁은 벤 그레이엄의 열성 추종자였던 웨스에게는 설득력이 부족해 보였다. 그레이엄과 그의 제자인 워렌 버핏은 싼 주식을 사들임으로써 오랜 기간 시장 초과 수익을 낸 것으로 유명하다. 그들은 범시장 지수를 대변하는 '미스터 마켓Mr. Market'이란 깊은 심리 문제를 안고 있는 조울증에 걸린 사람으로 묘사할 수 있다고 주장했다. 미스터 마켓은 종종 그 펀더멘털 가치보다 낮은 가격에 주가를 형성(예를 들어, 2008년의 금융 위기)하거나 펀더멘털 가치보다 더 높은 가격에 형성하기도 한다(예를 들어, 1990년 말의 인터넷 버블). 그리고 만약 가치 투자자가 싼 값에 구입했다면, 궁극적으로 시장은 보상을 할 것이다. 그러나 이 가치 투자자들이 시장보다 더 현명하기 때문에 수익을 낸 것이 아니라 단지 더 많은 위험을 감수한 다음 운이 좋았기 때문인 것은 아닐까? 웨스는 이 점에 대해 파고들기 시작했다.

웨스는 상위 펀드 전문가, 자산 관리자 및 가치 추종자가 조엘 그린블랫Joel Greenblatt의 웹사이트인 ValueInvestorsClub.com에 제출한 약 4,000개의 투자 대상에 대한 데이터를 수집하기 시작했다. 이 클럽은 그저 그런 클럽이 아니었다. 이 클럽은 선별된 회원으로 이뤄져 있으며, 자격 심사를 거치므로 시장 아이디어에 대한 최고의 사이트 중 하나로 여겨졌다. 회원들은 대개 가치 투자 분야에서의 큰 손들이었다.

1년간의 고생 끝에 웨스는 모든 회원의 주식 추천 종목을 데이터베이스로 정리해 철저한 분석을 할 수 있었다. 그 결과는 매우 설득력이 있었다. 이러한 '대규모 가치 투자자'는 상당한 선택 능력을 가졌음을 보여줄 수 있는 유력한 증거를 찾을 수 있었다.

웨스는 자신의 새로운 발견을 공유하기 위해, 논문의 요약문 말미에 다음과 같은 문장을 썼다.

나는 주식을 매수 후 보유하는 전략이 가진 비정상적인 수익률과 시간별 포트폴리오 회귀 분석을 통해 가치 투자자들은 종목 선별 능력을 갖고 있다고 결론 내렸다.

웨스는 자신의 결과에 고무되어 그의 지도교수였던 유진 파마 박사에게 논문 초고를 보냈는데, 파마 박사는 '현대 금융의 아버지'로 널리 인정받고 있었으며 효율적인 시장 가설EMH과 매우 밀접한 사람으로 간주되고 있었다. 파마 박사는 2013년 노벨 경제학상을 수상했으며, EMH의 강한 추종자였다. 파마 박사는 웨스의 연구 결과를 개인적으로 검토했으므로 웨스의 초안은 아마 철저히 분석됐을 것이다. 웨스가 받은 응답은 실망스러웠다.

"당신의 결론은 잘못된 것이 분명하다…"

웨스는 설명을 듣기 위해 파마 박사의 사무실로 달려갔다. 웨스는 1년치의 피와 땀, 눈물이 수포로 돌아가는 것을 결코 원치 않았다. 웨스의 증거는 확실한 것처럼 보였다. 단지 파마 박사가 독단적이던 것일까? 웨스는 파마 박사가 왜 동의하지 않았는지 정확히 알고 싶었다. 박사 학위가 서서히 사라질 것이라는 어두운 전망 속에, 그는 세계에서 가장 유명한 경제학자 중 한 명에게 설명을 요청했다. 파마는 웨스의 데이터와 분석은 적절했지만 그 이유만으로 가치 투자자들이 주식 선별 능력을 갖고 있다고 결론지을 수 없다고 대답했다. 파마 박사는 항상 세부적인 것을 고집하는 사람인 만큼, 웨스의 논문에 있는 요약문에 단어를 하나 추가해야 문맥이 명료해진다고 주장했다. 그 단어는 바로 '표본'이었다. 따라서 '가치 투자자들은 주식 선별 능력을 갖고 있다'가 아니라 '표본에 사용된 가치 투자자들은 주식 선별 능력을 갖고 있다'고 기술하라고 설명했다.[3]

웨스는 안도하고 다시 앉아서 말의 중요성에 대해 그의 어머니가 어린 시절에 주신 가르침을 떠올렸다. 파마의 말은 당연히 정확한 지적이었다. 웨스의 연구 결과는 모든 가치 투자자에게 주식 선별 능력이 있는 것이 아니라 단지 그가 조사한 표본이 그러한 기술을 가졌다는 것으로, 미묘한 단어 몇 개의 차이지만 내용은 크게 다르다. 이를 통해 웨스는 위기를 모면할 수 있었다.

웨스는 이듬해 그의 연구를 통해 (파마 박사는 인정하지 않겠지만) 시장이 완벽히 효율적이지 않다면 가치 투자자들이 우세할 수 있다는 입증을 하며 졸업을 했다. 그 후 웨스는 곧바로 드렉셀 대학교의 금융학 교수직을 맡았고 거기서 당시 금융학 박사 과정 학생이던 잭 보겔Jack Vogel을 만나게 된다. 잭은 잇따라 발표한 그의 논문에서 가치주와 관련된 추가 수익은 추가적인 위험이 아니라 주가 산정의 오류에서 기인했다고 주장했다.

그러나 여전히 의문들이 넘쳐난다. 무엇이 특정 투자자에게 능력을 주는가? 어떤 특성이 추가 수익을 가져다주는가? 왜 특정 액티브 투자자(승자)가 체계적으로 다른 투자자(패자)로부터 돈을 벌 수 있는 것인가?

행동 금융 속으로

"[행동 금융]에는 두 가지 기본 요소가 있다. 하나는 차익 거래의 한계이고, 다른 하나는 심리학이다."

— 닉 바베리스Nick Barberis와 리처드 탈러Richard Thaler 4

웨스가 수천 건의 주식 매입 제안서를 검토했을 때, 한 가지는 분명해졌다. 이 분석가들은 '훌륭했다'는 것이다. 종합해보면, 그들은 실력을 갖추고 있었다. 그들은 똑똑했다. 그들은 종합적으로 볼 때 모두 통계적으로 우수하며 설득력 높은 사례를 만들었다. 그러나 잭은 논문에서 단순히 컴퓨터를 이용해 펀더멘털이 강한 싼 주식을 골라내어 매수하는 것도 웨스가 논문에서 조사했던 수많은 펀더멘털 주식 선별자들만큼의 수익을 낸다는 사실을 발견했다. 가치 투자는 사람이 하든 컴퓨터로 하든 시장 초과 수익을 낸 것이다. 하지만 왜 그랬을까?

앞서 언급했듯이, 시장에는 똑똑하고 능력 있는 사람들이 넘쳐난다. 따라서 단지 우수한 지능이 수익의 원동력이 될 수는 없다. 무엇이 가치 투자자들로 하여금 저가에 매수해 고가에 매도할 수 있게 해줬고, 효율적인 시장 가설은 왜 그들을 막지 못했을까?

존 메이너드 케인스John Maynard Keynes는 20세기 초의 뛰어난 경제학자였다. 그는 전문 투자자로서도 많은 시간을 보냈는데, 아마 그 해답을 얻었을 수도 있다. 케인스는 금융 시장을 잘 관찰했으며, 그 시대의 성공적인 투자자였다. 그러나 케인스조차도 투자자로서는 고군분투했다. 한때, 케인스는 레버리지 화폐에 투기하면서 (매우 성공적인 투자자임에도 불구하고) 거의 모든 돈을 날렸다. 그는 몰락을 통해 역사상 가장 위대한 투자 금언 중 하나를 탄생시켰다.5

"시장은 당신이 모든 돈을 탕진할 시간보다 더 오랫동안 비합리적으로 유지될 수 있다."

케인스의 명언은 효율적인 시장 가설^{EMH}이 다루지 않는 현실 세계 시장의 두 가지 핵심 요소를 강조하고 있다. 즉, 투자자들은 비합리적일 수 있으므로 가격산정오류를 악용하거나 차익 거래^{arbitrage}를 시도하는 것은 위험할 수 있다. 우리는 케인스의 명언을 학문적 용어로 분해할 수 있다. 첫째, '당신이 모든 돈을 탕진할 시간보다 더 오랫동안'이라는 말은 차익 거래가 위험하다는 뜻이며, 학자들은 이를 '차익 거래의 한계'라고 부른다. 둘째, '시장은 비합리적으로 유지될 수 있다'는 부분은 투자 심리에 관한 것으로서 전문 심리학자들이 잘 연구해온 분야다. 이러한 두 가지 요소(차익 거래의 한계와 투자자 심리)는 소위 행동 금융(그림 2.1에 묘사된)의 기본 요소이기도 하다.

▲ 그림 2.1 행동 금융의 두 축

차익 거래의 한계

효율적인 시장 가설은 가격이 펀더멘털 가치를 반영할 것이라 예측한다. 그 이유는 무엇인가? 똑똑한 투자자들은 탐욕스러우므로 시장에서의 주가 괴리 기회가 포착되면 재빨리 수익을 챙긴다. 논리를 따르자면, 주가의 괴리는 소위 '스마트 머니'*에 의해 정제되어 빠르게 수정되므로 일시적이어야 한다. 실세계에서는 (어떤 경우에도 위험성이 존재하지 않는) 진정한 차익 거래 기회란 거의 존재하지 않는다. 실제로 대부분의 '차익 거래'는 이론적 가격 모델에서는 존재하지 않는 여러 비용이 수반되는

---

* 스마트 머니(smart money)는 기관이나 개인 투자자들이 단기 차익으로 고수익을 얻기 위해 장세 변화를 파악하며 투자하는 자금을 의미한다. – 옮긴이

리스크 차익 거래 ^{risk arbitrage}다. 오렌지 시장에서 가격산정오류 기회를 활용하는 간단한 예를 살펴보자. 기본 가정은 다음과 같다.

- 플로리다의 오렌지는 하나에 1달러씩에 팔린다.
- 캘리포니아의 오렌지는 하나에 2달러씩에 팔린다.
- 오렌지의 펀더멘털 가치는 1달러다.

EMH에 따르면 차액 거래자들이 플로리다에서 오렌지를 구입한 즉시 캘리포니아에서 내다 팔 것이고 이를 캘리포니아의 오렌지 가격이 그 펀더멘털인 1달러에 도달할 때까지 계속하는 전략을 사용할 것이다. 다른 조건이 하나도 없다면 이 거래는 차액 거래가 된다. 그러나 이러한 차액 거래를 수행하려면 당연히 비용이 소모된다. 예를 들어, 플로리다에서 캘리포니아로 오렌지를 보내는 데 1달러가 든다면 어떻게 될까? 가격은 분명 정화하지 않다. 오렌지의 펀더멘털 가치는 1달러이지만, 세상에 공짜는 없으므로 배송비는 차액 거래에 있어 제약사항이 된다. 이 경우, 배송 비용 때문에 이익이 제한되므로, 숙련된 차액 거래자들도 차액 거래를 못 하게 될 것이다.

투자자 심리

뉴스 속보: 인간이 늘 합리적인 것은 아니다. 안전벨트를 매지 않고 운전했거나 알람시계의 멈춤 버튼을 눌러본 사람이라면, 이 점이 분명하게 다가올 것이다. 최고 심리학자들의 연구 결과를 살펴보면 이 이론에 반대하는 자들을 압도한다. 노벨상 수상 심리학자이자 『뉴욕 타임스』의 베스트셀러 『Thinking, Fast and Slow^{빠른 사고와 느린 사고}』의 저자인 대니얼 카너먼^{Daniel Kahneman}은 시스템 1과 시스템 2라는 각기 다른 두 가지 사고방식에 대한 이야기를 들려준다.[6] 시스템 1은 인간의 두뇌 중에서 '빨리 생각하라, 정글에서 살아남아야 한다'라고 생각하는 부분이다. 우리가 독사로부터 도망치기 시작할 때, 비록 나중에 그것이 뱀이 아니라 막대기였다는 사실이 판명될지라도, 우리는 믿음직한 시스템 1에 의존하고 있는 것이다. 시스템 2는 더 느리지만 항상 합리적인 뇌의 분석 및 계산 부분이다. 모기지 재융자 비용과 편익을 비교하는 경우 등에서 우리는 시스템 2를 사용할 가능성이 높다.

시스템 1은 우리가 정글에서 살아남게 해준다. 시스템 2는 우리가 장기적인 이익을 위해 합리적인 결정을 내리도록 돕는다. 둘 다 각기 다른 목적을 수행한다. 그러나 때로는 한 시스템이 다른 영역을 침범할 수도 있다. 시스템 1이 시스템 2의 결정을 내리기 시작하면, 우리는 많은 어려움에 직면할 수 있다. 예를 들어, 다음과 같은 말이 익숙하게 들리는가?

- "그 다이아몬드 팔찌는 정말 아름다웠어. 살 수밖에 없었어."
- "저녁을 시키면 디저트가 공짜야. 당연히 좀 먹어야지."
- "집값은 절대 내려가지 않는 것 같아. 지금 사야 해!"

불행하게도, 시스템 1의 효율성은 단점을 갖고 있다. 정글에서 우리를 살아 있게 하는 힘이 금융 시장에서도 반드시 우리를 구해주는 것은 아니다.

이제 앞에서 논의한 비합리적인 투자자(시스템 1 유형)를 차익 거래의 한계 혹은 시장의 비용과 결합해보자. 이 상황에서는 어떤 이유로, 똑똑한 투자자들이 시스템 1 유형의 장점을 이용하지 못하는 처지에 놓이게 된다. 어설픈 투자자의 행동과 똑똑한 사람들이 부딪치는 시장 비용을 결합하면, 독특한 상황에 처한 투자자들에게 매력적인 투자 기회를 창출할 수 있다.

예를 들어, '노이즈noise 거래자'의 개념을 생각해보자. 펀더멘털을 무시하고 '감'으로 거래하는 고전적인 시스템 1 유형의 단타 매매자들을 생각해보라. 이 비합리적인 노이즈 거래자들은 펀더멘털로부터 가격을 이탈시킬 수 있지만, 이 거래자들은 비이성적인 투자를 하므로 차익 거래자들은 이러한 비이성적인 거래의 시기와 기간을 알아내는 데 어려움을 겪는다. 따라서 시장이 당신이 모든 돈을 탕진하는 시간보다 더 오래 비합리적으로 유지될 수 있다는 생각으로 돌아가 보면, 차익 거래자가 노이즈 거래자를 이용하려고 할 때 위험 요소가 발생한다. 물론, 노이즈 거래자들은 오늘도 비합리적이지만, 과연 내일도 훨씬 더 비합리적으로 행동할 것인가? 브래드 드롱Brad DeLong, 안드레이 슐라이퍼Andrei Shleifer, 래리 서머스Larry Summers, 로버트 발드만Robert Waldmann은 1990년 「정치경제 저널Journal of Political Economy」에 실린 논문 '금융 시장에서의 노이즈 거래자의 리스크'[7]에서 이 현상을 '금융 시장의 노이즈 거래자 위험'이라고 설명했다. 다음은 그 논문의 요약문이다.

> 노이즈 거래자들의 믿음이 가진 예측 불기능성은 자산의 가격에 리스크를 초래해, 합리적인 차액 거래자들이 그들을 상대로 공격적인 베팅을 하지 못하게끔 한다. 그 결과, 펀더멘털 위험이 없는 경우에도 가격이 펀더멘털 가치와 크게 달라질 수 있다.

이 말을 쉽게 풀이해보자. 단타 매매자들은 가격을 엉망으로 만들고, 비록 이들은 바보이지만 우리는 이들이 어느 정도 바보인지 알 수 없고, 또 바보의 전략 시간을 맞출 수도 없으므로, 대부분의 똑똑한 사람들은 그들을 이용하려고 시도하지도 않는다. 결과적으로, 아무도 바보들을 막지 못하기 때문에 가격은 원래보다 훨씬 더 많이 움직인다. 이는 너무나 위험하다! 게다가, 가격이 훨씬 더 많이 이동하기 때문에 수익률이 더 높을 수 있으므로 일부 운 좋은 바보들은 그들이 실제로 시장 시기 포착에 능하다고 착각할 수도 있다. 이는 더 많은 바보가 더욱 바보짓을 하도록 동기를 부여한다. 이러한 나쁜 행동과 시장 마찰의 조합은 행동 금융이 무엇에 관한 것인지 설명해준다. **행동적 편향 + 시장 마찰 = 자산의 가격산정오류**

그리고 행동 금융에 대한 이 효과적인 정의는 단순해 보이는 반면 행동 금융을 둘러싼 논쟁은 전혀 해결해주지 못한다. 효율적인 시장 추종자들은 행동 금융이 이단이며, 길을 잃고 '진리'에서 벗어나는 경제학자의 논리라고 주장한다. 그들의 관점에서는 가격이란 항상 펀더멘털 가치를 반영하는 것이다.

효율적인 시장 진영의 일부 사람들은 액티브 투자자들은 전체적인 관점에서는 초과수익을 낼 수 없다는 증거들을 제시하며 가격은 결과적으로 항상 효율적이라고 잘못된 결론을 내린다. 다른 한 구석에서는 '행동적 편향'을 이용하려는 전문가들이 자신은 행동적 편향을 가진 투자자들을 이용할 수 있으므로 우위에 있다고 주장한다. 그러나 이런 주장을 펴는 전문가라는 사람은 대개 형편없는 성과를 거두고 있다.[8]

그럼 단절은 어디에서 된 것인가?

단절은 논쟁의 양측에 있는 사람들 모두 가격산정오류의 기회와 차익 거래의 한계를 동시에 고려하는 데 실패했다는 데 있다. 효율적인 시장 신봉자들은 실무자들이 종종 시장에서 손해를 보는 것을 알지만 차액 거래의 한계를 고려하지 못한다. 이로 인해 가격은 펀더멘털에서 이탈할 수 있지만 액티브 투자자들은 여전히 수익을 내지 못한다. 실무자는 가격산정오류 기회를 인식하지만 차익 거래의 한계를 무시하여 가격산정오류 기회에 대한 비용이 너무 소요되어 수익을 내지 못하게 된다. 다시 말해, 행동 금융이란 모두가 가진 문제에 대한 해답일 가능성이 있다. 행동 금융은 우리가 왜 비효율적 시장가격을 목격하게 되는지, 대부분의 액티브 관리자들이 왜 시장 초과 수익을 내지 못하는지 설명해줄 수 있다.[9]

좋은 투자는 좋은 포커와 같다: 테이블을 잘 선택하라

행동 금융은 성공적인 액티브 투자자가 되기 위한 프레임워크의 힌트를 준다.

1. 행동 편향으로 인해 가격이 펀더멘털에서 멀어지는 시장 상황을 파악한다(예: 시장 기회 식별).

2. 현명한 시장 참여자의 행동/인센티브를 파악하고 이들의 차익 거래 비용을 이해한다.

3. 가격산정오류가 크고 차익 거래 비용이 대다수 차익 거래 자본들에게는 크지만 저 차익 거래 비용을 가진 액티브 투자자에게는 그렇지 않을 때를 포착하라.

전술한 상황은 이길 수 있는 포커 게임 종류를 찾는 포커 선수와 유사하다고 생각할 수 있다. 포커의 맥락에서는, 적절한 테이블을 선택하는 것이 성공에 있어 아주 중요한 요소다.

1. 테이블에 앉아 있는 애송이들을 파악하라(기회도 높음).

2. 테이블에 앉아 있는 타짜들도 파악하라(기회도 낮음).

3. 많은 애송이와 몇몇 타짜들이 섞인 테이블을 찾아라.

포커의 비유에 따라 그림 2.2는 시장에서 액티브 투자자로서 반드시 확인해야 하는 사항들을 간략하게 설명해준다.

▲ 그림 2.2 시장의 기회 파악

1. 테이블에서 최악의 선수는 누구인가?
2. 테이블에서 최고의 선수는 누구인가?

장기간에 걸쳐 성공하려면, 액티브 투자자는 어리숙한 투자자들이 창출한 시장 기회를 알아내는 데 능숙해야 하지만, 동시에 차액 거래 비용이 너무 높아 전문적 시장 참여자들이 행동할 수 없거나 행동할 의사가 없는 상황을 알아내는 데도 능숙해야 한다.

최악의 선수에 대한 이해

모든 인간은 행동 편향으로 고통받고, 이러한 편향은 스트레스를 받는 상황에서 확대된다. 결국, 우리는 인간일 뿐이다.

우리의 금융 전장에서 투자 결정에 영향을 미칠 수 있는 수많은 편견들의 목록을 다음과 같이 열거할 수 있다.

- 과신("예전부터 알고 있었어.")
- 낙관론("시장은 항상 상승한다.")

- **자기 귀인**self-attribution **편향**("나로 인해 주가가 상승했고…")
- **소유 효과**endowment effect("나는 이 매니저와 25년간 일해봤어. 잘할 거야.")
- **앵커링**anchoring("지난해 시장이 50% 상승했으니, 올해도 45~55% 상승할 거야.")
- **가용성**("지난 분기의 끔찍한 실적 봤지? 이 주식은 완전 엉망이야!")
- **프레임**framing("99% 확률로 약정 수익률을 낼 수 있는 채권과 채무불이행 발생률이 1%인 채권 중 어느 것을 더 선호하십니까?" 힌트: 이 둘은 동일한 채권이다.)

심리학 연구 결과는 명확하다. 인간은 결함을 가진 의사결정권자이며, 특히 강압하에는 더욱 그렇다. 그러나 엉성한 투자자의 행동을 식별했다고 해서 반드시 이를 이용할 수 있는 시장 기회가 존재한다는 뜻은 아니다. 앞서 설명했듯이, 더 똑똑한 다른 투자자들은 분명 우리가 그 기회를 알아채기 전에 가격산정오류를 알고 있을 것이다. 그들은 이 기회를 즉시 이용하려고 시도할 것이며, 이는 우리로부터 편향된 시장 참여자들에 의해 생긴 가격산정오류로부터 수익을 얻을 수 있는 기회를 없애버릴 것이다. 우리는 경쟁을 피하고 싶어 하지만, 경쟁을 피하려면 경쟁을 이해해야 한다.

최고의 선수에 대한 이해

금융 시장의 맥락에서 최고의 포커 선수들은 종종 가장 많은 돈을 관리하는 투자자들이다. 이러한 시장 참여자들은 올스타 군단을 거느린 헤지 펀드나 엄청난 액수의 복합 펀드를 굴리는 등 전형적인 거물 기관들이다. 이 투자자들에게 제공되는 자원은 놀라우리만큼 어마어마하다. 이런 종류의 적수는 거의 제압할 방법이 없다. 고맙게도 압도적인 힘만이 골리앗을 죽일 수 있는 유일한 방법은 아니다. 많은 최고의 거물들은 비뚤어진 경제적 인센티브에 취해 있어서 우리는 그들의 허를 찌를 수도 있다.

이 뛰어난 선수들의 인센티브를 자세히 살펴보기 전에, 차익 거래의 개념을 간단히 살펴보자. '차익 거래'의 교과서적 정의는 동일한 증권을 사용하는 다른 투자 상품들 간에 발생한 가격산정오류를 이용해 무위험 이익을 얻을 수 있는 무비용 투자를 의미한다(앞서 오렌지 사례를 기억하자). 그러나 실제로는 차익 거래에는 비용이 발생하고 리스크 가정도 필요하므로 차익 거래의 효과에는 한계가 있다. 차익 거래의 한계에 대해서는 여러 증거들이 넘쳐난다. 몇 가지 예를 들면 다음과 같다.

- **펀더멘털 위험**: 차액 거래자들이 무위험 차액 거래가 가능한 완벽 대체재가 없는 주식에서 발생한 가격산정오류를 찾아냈을 수 있다. 헤지를 위해 매입한 대체 주식에 악재라도 발생하면 차액 거래자는 예기치 않은 손실을 입을 수 있다. 예를 들어, 포드나 GM은 비슷한 주식이지만 동일한 회사는 아니다.
- **노이즈 거래자 위험**: 일단 포지션을 취하면, 노이즈 거래자가 펀더멘털 가치로부터 가격을 더 이격시켰을 때 차액 거래자가 추가로 투자해야 할 자본이 고갈되어 조기에 포지션을 처분해야 할 처지에 몰릴 수 있다.
- **집행 비용**implementation cost: 차액 거래에서는 종종 공매도가 이용되는데, 공매도를 위해 빌린 주식 비용으로 지불해야 하는 '숏 리베이트short rebate'로 인해 비용이 많이 들 수 있다. 경우에 따라 이러한 차입 비용이 잠재적 이익을 초과할 수도 있다. 예를 들어, 숏 리베이트 비용이 10%이고 예상 기대 차익 거래 이익이 9%라면, 가격산정오류로부터 이익을 얻을 수 있는 방법은 존재하지 않는다.

언급한 세 가지 시장 마찰은 중요하다. 잠재적으로 다른 것들도 많이 있지만, 대부분의 똑똑한 선수들에게 가장 큰 위험은 장기적인 수익과 직업상의 위험 사이에 균형을 잡는 것이다. 이 점에 대해서는 설명이 조금 필요하다. 차익 거래의 가장 큰 방해 요소는 단기 성과 평가에 직면한 현명한 펀드 매니저에게 주어진 시간 제약이다. 추적 오차tracking error로 발생한 압박이나 표준 벤치마크를 벗어난 수익률 경향을 맞이한 경우를 생각해보라. 전문 투자자가 10만 명이나 되는 소방관의 연금을 투자하는 직업을 갖고 있다고 가정해보자. 그들은 몇 가지 투자 전략 중 선택할 수 있는데, 다음과 같은 전략으로 투자할 수 있을 것이다.

- **전략 A**: (몇 가지 마법을 사용해) 25년 동안 매년 1%씩 시장 초과 수익을 내는 전략이다. 또한 이 전략이 해당 연도의 지수보다 1% 이상의 저수익은 절대 발생하지 않는다는 사실도 알고 있다.

- **전략 B**: (다시 말하지만, 어떤 마법을 동원해) 향후 25년 동안 평균적으로 매년 5%씩 시장 초과 이익을 내는 차액 거래 전략이 있다. 이 전략의 문제점은 투자자는 5년 동안 연간 5% 이상 지수 대비 저수익을 내는 시기가 있다는 사실도 알고 있다는 점이다.

투자 전문가는 어떤 전략을 택할까? 만약 그들이 10만 명의 소방관을 위해 고용된다면, 투자자들에게는 차선책임에도 불구하고 그 선택은 대개 명백하다. 즉, 전략 A를 선택한 다음 해고의 위험을 피하게 된다!

왜 A를 선택해야 하는가? 이 전략은 B에 비해 나쁜 장기 전략이다. 투자 관리자의 인센티브는 복잡하다. 펀드 매니저는 자본의 주인이 아니라 자본을 소유한 사람을 대신해 일한다. 말하자면 금융 용병인 셈이다. 이런 펀드 매니저들은 때로 자신들이 직장을 유지할 확률을 높일 수 있는 결정을 내리지만, 그 결정이 반드시 투자자들의 위험 조정 수익을 최대화하지는 않을 것이다. 이런 매니저들에겐 상대적 실적이 전부이고 추적 오차는 위험한 것이다. 앞의 예에서, 전략 B의 추적 오차를 소화하기에는 너무 큰 고통이 따른다. 소방관들은 5년간의 저조한 실적 때문에 고함을 지르기 시작할 것이고, 매니저는 5년 후 주가가 재반등하는 것을 보기도 전에 해고될 것이다. 그러나 A 전략을 따른다면, 펀드 매니저들은 직업상의 위험을 피할 수 있지만 소방관들의 연금은 장기간 수익 감소의 스트레스를 견디지 못할 것이다.

오랜 시간 동안을 놓고 보면 가격산정오류의 기회가 엄청나게 클지도 모른다. 그러나 자본의 주인들이 단기 실적을 보고 자신을 의심하고 연금을 철회할 수도 있다는 근본적인 문제를 안고 있는 (똑똑한) 매니저는 변동성이 높은 장기 가격산정오류 기회를 전략에서 제외시켜버리게 된다.

단기의 추적 오차가 가진 위협은 매우 현실적이다. 많이 인용되는 켄 히브너^{Ken Heebner}의 CGM 포커스 펀드^{Focus Fund} 사례를 살펴보자.[10] 『월 스트리트 저널^{WSJ, Wall Street Journal}』기사로부터 켄의 펀드 실적과 관련된 몇 가지 사실을 알 수 있다.

> "켄 히브너의 37억 달러 CGM 포커스 펀드는 연 18% 이상 상승했으며, 그다음 높은 수익을 낸 펀드와 비교해도 3% 포인트 이상 앞섰다."

다음으로 WSJ는 켄의 펀드에 투자한 사람들의 실적과 관련된 또 다른 사실을 게재했다.

> "펀드 투자자들은 이런 이익의 대부분을 누리지 못했다. 전형적인 CGM 포커스 주주는 10년 주기가 끝나는 11월 30일까지 10년 동안 매년 11%의 손실을 입었다."

켄의 펀드는 복리로 매년 18%씩 증가했지만, 펀드의 투자자들은 연간 11%의 손실을 입었는데, 이는 켄의 펀드를 효과적으로 매입 또는 환매할 시기를 알지 못하는 전형적인 투자자의 무능함을 반영한다(그림 2.3 참조).[11] 켄의 펀드 실적이 저조할 때(그래서 기회가 높을 때) 그들은 환매했다. 그의 펀드가 대단한 실적을 내면(그래서 기회가 낮을 때) 그들은 더 많은 자본을 투입했다. 결국 켄은 천재처럼 보이지만 실제로 켄의 능력으로 이득을 본 투자자는 거의 없다. 모두가 패하는 전략인 셈이다.

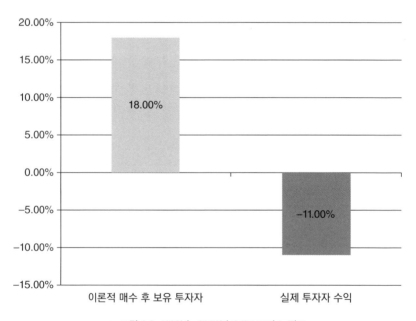

▲ 그림 2.3 1999년~2009년 CGM 포커스 펀드

켄 히브너의 경험은 자산 운용가의 이러한 이해충돌 문제를 부각시킨다. 이 문제에 내포된 역학은 안드레이 슐라이퍼Andrei Shleifer와 로버트 비쉬니Robert Vishny가 1997년

「금융 저널Journal of Finance」 논문을 통해 분석했는데, 논문에서는 '차익 거래의 한계'라는 적절한 용어로 기술됐다.[12] 켄의 경험과 슐라이퍼와 비쉬니가 준 교훈은 다음과 같다. 현명한 매니저들은 투자자들이 **단기 실적에만 집중한다면 장기적인 시장 기회를 회피한다.**

그런데 당신은 매니저들을 비난할 수 있겠는가? 만약 그들의 경력이 한 달, 1년 또는 심지어 5년마다 상대적인 성과에 종속된다면, 자산 관리자들은 장기 예상 위험 조정 수익보다 단기적 상대 성과에 더 신경을 쓸 것이 분명하다. 매니저들이 적극적으로 자기 자리를 보호하든, 고객이 근시안적 지표를 중심으로 대화를 주도하든, 최종 결과는 마찬가지다. 펀드 투자자들은 손해를 볼 것이고 가격은 항상 효율적인 것이 아니게 된다.

장기 액티브 관리 성공의 열쇠

"똑똑한 사람들이 많다. 그래서 이기기가 쉽지 않다."

– 찰리 멍거Charlie Munger / 버크셔 해서웨이Berkshire Hathaway 부회장[13]

여기서는 시장을 구성하는 몇 가지 요소를 개략적으로 설명했다. 첫째, 일부 투자자들은 적절하지 못한 투자 결정을 하고 있으며, 두 번째로 일부 매니저들은 인센티브 구조 때문에 진정한 시장 기회를 이용할 수 없다는 것을 보았다. 우리는 이러한 요소들을 그림 2.4에서 지속 가능한 장기 성과를 위한 간단한 공식으로 묶어봤다.

▲ 그림 2.4 장기 성과 공식

장기적인 성과 공식은 두 가지 핵심 요소로 구성된다.

- 지속 가능한 알파
- 지속 가능한 투자자

지속 가능한 알파는 시장에서 행동 편향으로 발생한 가격산정오류를 체계적으로 이용하는 액티브 주식 선별 프로세스를 의미한다(즉, 최악의 포커 선수를 찾는다). 이 능력이 지속 가능하려면, 장기적으로 차액 거래를 하느라 이익을 모두 날려버려서는 안 된다. 일반적으로, 지속 가능한 우위가 성공하려면 단기간의 상대 성과에 대한 무관심과 장기간에 걸친 전략이 필요하다. 이런 요구사항은 장기 성과 공식의 두 번째 요소인 지속 가능한 투자자와 연결된다. 지속 가능한 투자자들은 단기의 저조한 실적이나 시장 경고 등의 희생자가 되어서는 안 된다. 단기간의 이익만 챙기는 지속 가능하지 않은 투자자들은 자신들이 위임한 자산 운용사의 차익 거래 비용을 크게 높일 것이고, 결국 가격산정오류 기회를 이익으로 실현하지 못하게 될 것이다.

이 공식에 따르면 장기간 지속될 수 있는 자제력(즉, 지속 가능한 투자자)이 요구되는 확고한 우위(즉, 지속 가능한 알파)를 찾아낼 수 있다면, 이 프로세스는 시간이 지나면서 초과 수익을 낼 수 있는 유망한 장기 전략 역할을 할 가능성이 높다.

이론에서 실전으로 이동

책에서 다루는 대부분은 성공적인 액티브 투자를 위한 지적 프레임워크가 무엇인지를 설명하는 것이다. 가치 투자가 성장 투자보다 나은지, 혹은 극초단타 매매가 돈육 선물에 투자하는 것보다 나은지에 대한 설명은 하지 않는다. 그러나 구체적인 설명 없이도 지속 가능한 수익을 찾아내기 위한 구성요소를 따르는 것은 간단하다.

- 형편없는 선수들을 이용할 수 있는 지속 가능한 알파 프로세스를 찾아라.
- 훌륭한 선수들의 한계를 이해하라.
- (훌륭한 선수들이 회피하고 있는) 우수한 프로세스를 지속 가능한 자본과 결합하여 기회를 활용하라.

부연 설명을 위해, 이제 대부분의 독자들에게 익숙한 토론인 '가치 대 성장'이라는 논쟁에 이 구조가 얼마나 잘 들어맞는지 예를 들어보겠다. 학계 연구 결과와 일치하는 범위 내에서 설명의 편의를 위해, 가치 투자^{value investing}란 어떤 펀더멘털 가격 척도(예를 들어 높은 장부가치 대비 시장가치^{book-to-market}, 즉 B/M율)에 따라 저가 기업의 포트폴리오를 매수하는 전략이라고 개략적으로 간주한다. 성장 투자growth investing란 반대로, 펀더멘털에 비해 주가가 높은 회사를 구매하고 펀더멘털이 빠르게 성장할 것으로 기대한다. 켄 프렌치의 데이터를 사용해[14] 1927년 1월 1일부터 2014년 12월 31일까지 가치 포트폴리오(높은 B/M 십분위, 가치 가중 수익률), 성장 포트폴리오 (낮은 B/M 십분위, 가치 가중 수익률) 및 S&P 500 총 수익률 지수를 조사한다. 여기서 가치 가중value-weight이란 각 기업의 규모에 따라 해당 주식의 포트폴리오 비중을 비례 할당한다는 뜻이다. 결과는 표 2.1과 같다. 모든 수익은 총 수익률이며 배분 이익 (예: 배당)의 재투자를 포함한다. 수익률에는 모든 비용이 반영되어 있다.

▼ 표 2.1 가치 대 성장(1927년~2014년)

	가치	성장	SP500
CAGR	12.41%	8.70%	9.95%
표준 편차(Standard Deviation)	31.92%	19.95%	19.09%
하방 편차(Downside Deviation)	21.34%	14.41%	14.22%
샤프 지수(Sharpe Ratio)	0.41	0.35	0.41
소르티노 지수(Sortino Ratio, MAR = 5%)	0.54	0.37	0.45
최대 하락 비율(MDD, maximum drawdown)	−91.67%	−85.01%	−84.59%
최저 월 수익률	−43.98%	−30.65%	−28.73%
최고 월 수익률	98.65%	42.16%	41.65%
수익이 난 개월 수	60.51%	59.09%	61.74%

기록을 통해 본 결과는 명백하다. 1927년부터 2014년까지의 가치주가 성장주를 큰 폭으로 앞섰기 때문이다. 가치주의 포트폴리오는 연복리 12.41%의 성장률을 얻은 반면, 성장 주식 포트폴리오는 연간 8.70%의 실적을 달성하는 데 그쳤다. 시간이 흐르면서 반복적으로 그리고 지속적으로 관찰돼온 수익률의 큰 차이는 학계 연구자들에 의해 가치 아노말리value anomaly라고 명명됐다. 물론, 학자들은 왜 차이가 큰지에 대해 여전히 논쟁하고 있다(예를 들어, 앞서 논의한 바와 같이 가치 투자는 단순히 더 위험하다거나 가격산정오류 때문에 더 높은 수익을 올릴 수 있다는 등의 논지를 말한다). 이 논쟁은 2008년 유진 파마가 인터뷰에서 안드레이 슐라이퍼와 술을 마시며 나눴던 개인적 대화를 언급한 부분에서 가장 잘 드러난다.[15] 안드레이는 가치 프리미엄은 가격산정오류가 원인이라고 믿는 반면, 파마 자신은 가치 프리미엄은 더 높은 리스크 때문이라고 강조했다.

거장들은 앞의 설명에 동의하지 않을 수도 있지만, 가치주 투자가 성장주를 큰 폭으로 앞섰다는 경험적 사실에 대해서는 그 누구도 반박할 수 없다.

사실관계는 파악했다. 다음 단계: 형편없는 선수 식별

데이터는 가치 투자가 성장 투자보다 기대 수익률이 더 높다는 사실을 보여줬다. 그러나 가치주가 미래에도 수익을 이어나갈지 여부를 좀 더 잘 이해하기 위해서는 지속 가능한 액티브 투자 프리즘을 살펴보고 수익 차이가 리스크에서 기인한 것인지(효율적인 시장 측면의 설명) 또는 가격산정오류(행동적 금융 측면의 설명)로 인한 것인지 파악해야 한다. 가격산정오류 주장이 유효한 것인지 확인하려면, 가치와 성장주 매수에 있어서 체계적으로 형편없는 결정을 내리는 시장 참가자가 존재하는지 확인해야 한다. 라코니쇼크[Lakonishok], 슐라이퍼, 비쉬니(이 세 명을 LSV로 칭한다)는 그들의 논문 '역발상 투자, 외삽, 그리고 위험'에서 이 질문에 대해 설명했다.[16] LSV는 투자자들이 과거 성장률에 지나치게 집착하여 너무 멀리까지 추세를 외삽해 추정하는 상황인 대표성 편향[representative bias]에 시달리고 있다는 가설을 세웠다. 그림 2.5는 디초우[Dechow]와 슬로안[Sloan]의 1997년 논문인 '역발상 투자 전략으로 돌아가기: 나이브 기대 가설의 시험'에 있는 데이터를 갱신한 자료를 통해 LSV의 개념을 보여주고 있다.[17] 가로축은 주가가 비싼지(낮은 B/M율) 싼지(높은 B/M율)를 기준으로 하여 제일 비싼 것이 왼쪽에 위치하고 오른쪽으로 가면서 싼 정도를 나타내며, 각 주식을 밸류에이션[valuation]에 따른 버킷 단위로 분류했다. 세로축은 각 가치 버킷의 과거 5년간 수익 성장률을 나타낸다. 버킷 10의 주가는 가장 저렴하며, 지난 5년간 평균 1%의 마이너스 수익 성장률을 보였다.

둘 사이에는 거의 완벽한 선형 관계가 존재한다. 저가의 주식은 지난 5년 동안 형편없는 수익 증가를 보인 반면, 고가의 주식은 지난 5년 동안 놀라운 수익 증가를 보여왔다. 이 사실 자체가 그리 놀랄 일은 아니지만, 거의 정확히 일치하고 있는 선형 관계를 보면 매우 흥미롭다.

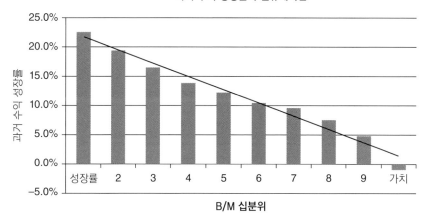

과거 수익 성장률과 밸류에이션

▲ 그림 2.5 투자자들은 과거 성장률을 미래로 외삽한다.

그림 2.5는 과거 수익 증가율이 미래에도 지속될 것이라는 일반적인 시장의 기대를 뚜렷이 보여준다. 성장 회사는 과거 성장률이 지속될 것으로 시장 참여자들이 믿기 때문에 비싸다. 그렇지 않다면, 왜 이 주식들에 그렇게 많은 돈을 지불했겠는가? 한편 가치주들이 저렴한 이유도 설명이 되는데, 시장은 과거의 저조한 성장률도 지속될 것으로 보고 있는 것이다.

하지만 이런 일이 정말로 일어날까? 저가의 주식은 미래에도 형편없는 수익을 내고 고가의 주식은 미래에 높은 수익 성장을 실현했을까? 이것은 실험을 통해 테스트할 수 있는 경험적인 질문이다. 성장 회사는 평균적으로 더 빠른 성장을 계속하는가, 아니면 시장 기대치에 구조적인 결함이 있는가?

그림 2.6에서는 향후 5년 동안 이익 증가율에 어떤 일이 발생했는지 살펴봤다. 가치주들은 예상대로 계속 형편없는 수익 증가율을 보였을까? 성장주들은 엄청난 수익 증가를 유지했을까?

아니, 그렇지 않았다. 그 차트는 구조적으로 형편없는 포커 플레이에 대한 증거였다. 실현 수익 성장률(어두운 막대기)은 체계적으로 전체 평균 성장률을 따라 회복한다. 가치주들은 수익 성장 기대치를 앞서고 성장주들은 기대치 이하의 실적을 보인다. 이 심오한 관찰에 대해 잠시 생각해보자.

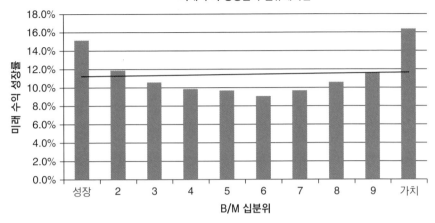

미래 수익 성장률과 밸류에이션

▲ 그림 2.6 실현 성장률은 체계적으로 평균으로 회귀한다.

예상을 뒤엎는 이러한 현상은 값싼 '가치' 주식에 우호석이 되고 값비싼 '성장' 주식에는 비호의적이 되는 가격 변동으로 이어진다. 이러한 편차는 적어도 부분적으로는 왜 고가 주식 투자자들이 저조한 실적을 내고, 저가 주식 투자자는 좋은 실적을 내며, 패시브 투자자들이 그 중간쯤에 위치하는지를 설명해준다.

요약하자면, 평균적으로 시장은 가치주를 내던지고 성장주들에 환호한다. 포커 플레이 관점에서 보면 성장주를 매입하고 가치주를 매도하는 것은 체계적으로 좋지 않은 전략의 한 예다. 지난번 판에서 이긴 자가 다음 판에서도 이길 것으로 가정하는 전략은 패배를 부르는 접근이다. 그렇다면 이 가치 아노말리 상태에서 가장 훌륭한 포커 선수는 어떻게 행동할 것이며, 그는 항상 손쉽게 어설픈 선수를 이용할 수 있을까?

다음 단계: 최고의 선수의 행동 식별

우리가 세상에서 가장 똑똑한 투자자가 될 가능성은 높지 않다. 예를 들어, 조지 소로스, 줄리안 로버트슨Julian Robertson, 레온 쿠퍼만Leon Cooperman, 폴 튜더 존스는 항상 우리보다 더 똑똑할 것이다. 그러나 우리가 투자라는 테이블에서 최고의 선수가 되지 못한다면, 어떻게 이 강력한 투자자들을 이길 수 있을까? 우리에게는 가장 똑똑한 투자자들이 참여하기를 꺼리는 시장 기회를 찾아냄으로써 이길 수 있는 방법이 있다. 그러나 왜 현명한 투자자는 가치 투자 같은 방법을 사용해 시장 초과 수익을 내려는 단순한 방식으로는 이 게임에 참여하지 않으려는 것일까?

언급했듯이, 똑똑한 투자자들은 대개 다양한 투자자 집단으로부터 거액의 자금을 유치한다(다시금, 조지 소로스, 줄리안 로버트슨, 폴 튜더 존스 같은 큰손들이나, 블랙록BlackRock, 피델리티Fidelity 등의 대형 기관을 생각해보라). 이 점은 여러 측면에서 지당하다. 투자자들은 자신의 돈을 똑똑한 사람들에게 맡기고 싶어 한다. 문제는 정말 똑똑한 투자자들이 종종 행동적 편향에 사로잡힌 투자자들을 대신하여 돈을 운용한다는 점이다(시스템 1 사고). 슐라이퍼와 비쉬니가 강조했으며, 켄 히브너의 사례로부터 확인할 수 있는 것은 많은 현명한 시장 참여자들은 투자자들이 부과한 단기적 성과 평가 척도로 인해 어려움을 겪고 있다는 사실이다. "이번 분기 벤치마크 대비 수익이 어땠는가? 오늘 기준으로 올해의 실적은 어떤가? 이번 달에는 어떤 거시적 동향을 활용할 것인가?" 이 모든 질문은 시장에서 흔히 던져지는 것이다. 해고의 위험 때문에 뱅가드Vanguard 펀드의 패시브 포트폴리오로 대체하는 것이 바로 내재된 위협인 것이다.* 장기 가치 창조보다 직업의 안정과 고객의 기대를 더 우선순위에 두면 우스운 일이 벌어진다.

마르쿠스 브루너마이어Markus Brunnermeier와 스테판 나겔Stefan Nagel의 유명한 논문 '헤지 펀드와 기술 버블'은 다른 사람들의 돈을 다루는 가장 영리한 투자자들이 직면하는 왜곡된 인센티브 구조를 설명해준다.[18] 효율적인 가격 형성에 관련된 모든 교과서적 가르침과는 반대로 스마트 머니는 때로는 가격산정오류를 이용하는 것이 아니라 가격산정오류를 더 부추겨야 인센티브를 받도록 설계되기도 한다! 브루너마이어와 나겔은 많은 헤지 펀드 매니저들이 1990년대 후반의 인터넷 버블에서 형성된 가치와 성장주 사이의 가격산정오류를 이용하려고 하지 않았다는 사실을 발견했다. 그들은 실제로 성장주를 매입하고 가치주는 내다 팔았다. 이 방법을 통해 그들은 한동안 지수를 더 가까이 따라갈 수 있었다. 한편, 타이거 펀드의 줄리안 로버트슨 같이 가치 투자 전략을 고수했던 불쌍한 헤지 펀드는 운영 자산이 바닥나면서 사업 모델

---

* 뱅가드(Vanguard) 펀드는 뱅가드 투자 자문사에서 발행한 펀드로, 전체 운용자산이 5,600조 원을 넘어서는 대표적인 초대형 미국 펀드다. 일반적으로 지수를 따르는 패시브 형태로 운영하며 미국 상장 기업 전부를 추종하기도 한다. 매우 안전하게 운용하고 수수료가 낮아 연금 등의 운용 도구로 많이 활용되고 있다. – 옮긴이

이 무너져버렸다.

그러나 1994년부터 1999년 사이에 파산한 유명 가치 투자자는 줄리안 로버트슨뿐만이 아니었다. 이 시기에, 배런Barron은 워렌 버핏의 상대적 수익률에 대해 다음과 같은 말을 남긴 것으로 유명하다.[19]

"워렌 버핏의 마법 손길은 이제 효력이 다한 것일지도 모른다."

배런의 관찰은 많은 점에서 타당하다. 가치 투자자들 그룹은 1990년대 말의 시장 상황에서는 완패를 당했다. 일반적 가치 투자(그림 2.7 참조)는 6년 동안이나 전체 시장 지수 대비 저조한 수익률을 기록했다!

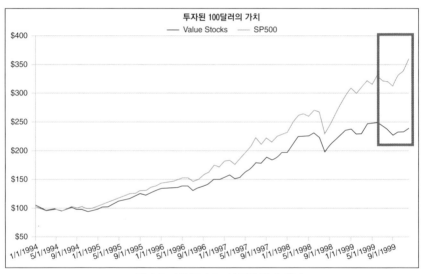

▲ 그림 2.7 가치 투자도 저수익을 낼 수 있다.

분명한 건, 가치 투자자가 되려면 소수만이 보유한 인내심과 믿음이 필요하다는 점이다. 이론적으로는 가치 투자(저가 주식을 매수한 뒤 장기간 보유)가 쉬워 보이지만, 실제로 진정한 가치 투자는 거의 불가능하다.

우리는 켄 프렌치의 자료를 이용해 1990년대 후반에는 가치 투자자가 되는 것이 얼마나 고통스러운 일이었는지 조사했다. 1994년 1월 1일부터 1999년 12월 31일까지 가치 포트폴리오(높은 B/M 십분위, 가치 가중 포트폴리오 수익률), 성장 포트폴리오 (낮은 B/M 십분위, 가치 가중 포트폴리오 수익률), S&P 500 총 수익률 지수(SP500), 러셀Russell 2000 총 수익률 지수(R2K), 소형주 지수를 조사했다. 결과는 표 2.2와 같다. 모든 수익은 총 수익이며 배분 이익(예: 배당)의 재투자를 포함했다. 수익률에는 모든 비용이 반영됐다.

▼ 표 2.2 가치 투자의 실적이 더 안 좋을 수 있다(1994년~1999년).

	가치	성장	SP500	R2K
CAGR	18.35%	27.71%	23.84%	13.39%
표준 편차	11.79%	16.53%	13.63%	16.96%
하방 편차	7.59%	11.25%	10.50%	14.27%
샤프 지수	1.09	1.28	1.30	0.55
소르티노 지수(MAR = 5%)	1.66	1.87	1.67	0.64
최대 하락 비율(MDD)	−11.58%	−16.33%	−15.18%	−29.78%
최저 월 수익률	−8.62%	−14.92%	−14.31%	−19.42%
최고 월 수익률	8.05%	10.69%	8.04%	11.32%
수익이 난 개월 수	68.06%	70.83%	73.61%	66.67%

가치 포트폴리오의 수익률은 절대적 기준으로는 나름 괜찮았지만 상대적인 기준으로 볼 때는 끔찍했다. 연간 수익률(표 2.3 참조)을 보면, 가치 투자는 거의 매년 단순 패시브 시장 지수보다도 성적이 나빴다.

▼ 표 2.3 연간 수익률

	가치	성장	SP500	R2K
1994	−2.83%	2.53%	1.35%	−1.82%
1995	36.47%	35.47%	37.64%	28.45%
1996	14.22%	23.20%	23.23%	16.49%
1997	32.52%	31.15%	33.60%	22.36%
1998	29.75%	44.23%	29.32%	−2.55%
1999	5.45%	33.90%	21.35%	21.26%

단순 시장 지수 펀드(SP500)는 6년 동안 5년 연속으로 가치 투자를 앞섰으며, 때로는 두 자리 수치 이상으로 능가했다. 이 시기에 가치 투자 관리자들이 겪었을 일을 느껴보려면 이렇게 자문해보라.

당신의 자산 관리자가 6년 중 5년 동안 벤치마크보다 실적이 형편없었으며 때로는 두 자리 수 이하로 나빴다면, 그를 해고할 것인가?

투자자의 99.9%는 그 질문에 "예!"라고 답할 것이다(누군가에게 6년 동안이나 기회를 제공한다는 것 자체가 애초부터 말이 안 될 수도 있다). 전부는 아니라도 대부분의 전문 자산 관리자들은 이러한 저조한 실적을 내면 해고됐을 것이다. 자산 운용사들은 이 사실을 직관적으로 알고, 단기적으로는 바보처럼 보이겠지만 순수 가치 투자 전략을 피함으로써 수익률을 흡수해버린다.

6년 동안 가치 투자가 완패한 것을 보면 두 가지 핵심 사실을 알 수 있다.

1. 장기 투자자들에게 있어, 6년간의 고통은 실로 대단한 것이다. 왜냐하면 성과에 대한 고려보다 직업의 안정성을 더 고려하는 사람에게 있어 이러한 고통은 최고의 포커 선수들과의 경쟁에 제한을 주므로, 좋지 않은 패를 든 선수로 전락시킬 것이고, 따라서 경쟁에서 도태될 것이기 때문이다.

2. 지속 가능한 액티브 투자는 특별한 투자자를 필요로 하는데, 투자자들이 잘 절제되어 단기 실적에는 무감각하고, 긴 시야를 갖기를 요구한다. 이러한 독특한 투자자들은 우리가 이전에 그림 2.4에서 '지속 가능한 투자자'라고 지칭했던 유형이다.

자, 이제 잠시 현실을 떠나 1999년에 수익 실현을 종용하지 않았던 고객을 가진 액티브 가치 투자자를 상상해보자. 그들의 가상 수익은 장기적으로 어떻게 되었을까? 표 2.4에서 알 수 있듯이, 그 이후의 가치 투자는 신속하게 회복됐고 이후 전 기간 동안 가치 투자가 훨씬 더 좋은 성과를 보였다. 표 2.4는 6년의 저조한 실적이 있은 뒤 2000년 1월 1일부터 2014년 12월 31일까지 15년 동안 동일한 포트폴리오의 수익을 보여준다.

	가치	성장	SP500	R2K
CAGR	9.12%	2.75%	4.45%	7.38%
표준 편차	24.05%	16.90%	15.22%	20.42%
하방 편차	17.73%	12.50%	11.42%	13.77%
샤프 지수	0.41	0.14	0.24	0.36
소르티노 지수(MAR = 5%)	0.37	−0.07	0.05	0.31
최대 하락 비율(MDD)	−64.47%	−58.21%	−50.21%	−52.89%
최저 월 수익률	−28.07%	−16.13%	−16.70%	−20.80%
최고 월 수익률	36.64%	11.21%	10.93%	16.51%
수익이 난 개월 수	58.89%	56.67%	60.56%	58.89%

가치 전략을 고수하는 것은 고통스러웠겠지만, 2000년부터 2014년까지 시장 벤치마크(S&P 500) 대비 매년 거의 5% 포인트 우위라는 막대한 보상을 받았다.

전체 기간을 놓고 보면 인내심을 가진 절제된 투자자들은 보상을 받았다. 표 2.5는 1994년 1월 1일부터 2014년 12월 31일까지 전체 기간 동안의 결과를 보여준다.

▼ 표 2.5 요약 통계량(1994년~2014년)

	가치	성장	SP500	R2K
CAGR	11.68%	9.33%	9.65%	9.06%
표준 편차	21.27%	17.00%	14.92%	19.48%
하방 편차	16.23%	12.25%	11.19%	13.97%
샤프 지수	0.50	0.45	0.51	0.41
소르티노 지수(MAR = 5%)	0.51	0.44	0.48	0.40
최대 하락 비율(MDD)	−64.47%	−58.21%	−50.21%	−52.89%
최저 월 수익률	−28.07%	−16.13%	−16.70%	−20.80%
최고 월 수익률	36.64%	11.21%	10.93%	16.51%
수익이 난 개월 수	61.51%	60.71%	64.29%	61.11%

결론은 무엇일까? 장기 투자자에게는 가치 투자가 성장 투자 대비 최적의 결정이겠지만, 위대한 줄리안 로버트슨을 포함한, 세상의 가장 똑똑한 자산 관리자들에게 가치 투자는 사업 모델로서는 맞지 않았다. 이러한 전문가들은 인터넷 버블 기간 동안 종종 투자자들로부터 가치주를 매도하고 과평가된 성장주를 대신 매입하도록 강요당해 수익률을 악화시키게끔 위협받기도 한다. 그들은 시장을 따라잡을 필요가 있었

고 다른 모든 이들이 하는 것처럼 그렇게 했다. 그 결정은 자신들의 일자리를 유지하는 데는 도움을 주었겠지만, 절제되고 긴 안목을 가진 투자자들이 있었음에도 불구하고 그들의 수익을 극대화할 수 있는 방법을 막아버렸다.

종합하기

우리는 지속 가능한 액티브 투자 체제가 어떻게 장기적인 성공 전략을 만들 수 있는지를 강조하기 위해 가치 및 성장 투자를 실습해본 셈이다. 가치 투자는 이 패러다임에 잘 들어맞지만 심각한 결점이 있으며, 끔찍할 만큼 저조한 실적의 연속을 견뎌야 했다. 가치 투자의 교훈은 성공적인 액티브 투자는 단순하지만 쉽지는 않다는 것이다. 만약 액티브 투자가 쉬웠다면 모든 사람이 그렇게 할 것이고, 만약 모든 사람이 그것을 한다면 아마도 장기간에 걸쳐 엄청난 규모의 위험 조정 수익을 발생시키지는 못할 것이다.

요약하자면, 그림 2.4의 장기 성과 방정식은 지속 가능한 성과에 필요한 두 가지 요소를 부각시켰다.

1. 지속 가능한 프로세스는 투자자의 체계적인 기대 오차를 이용한다.
2. 지속 가능한 투자자는 긴 안목을 가지고, 남다른 사람이 되려는 의지가 있다.

이 두 조각의 퍼즐은 포커가 주는 고전적인 교훈에 다시 연계된다.

1. 테이블에서 최악의 포커 선수를 찾아낸다.
2. 테이블에서 최고의 포커 선수를 찾아낸다.

그리고 이러한 고전적 교훈은 행동 금융의 두 가지 축으로 이어진다.

1. 행동 편향과 투자자들의 기대 형성 과정을 이해한다.
2. 시장 마찰과 그것이 시장 참여자들에게 어떤 영향을 미치는지 이해한다.

따라서 향후에 시장 참여자가 하나의 전략이 다른 전략보다 뛰어나다고 제안해온다면, 두 가지 기본적인 질문을 던져보라. (1) 이 프로세스로 선택된 주식들에게 가격산정오류가 발생한 원인은 무엇인가? (2) 다른 똑똑한 투자자들이 이 가격산정오류 기회를 아직 이용하지 않은 이유는 무엇인가? 이 두 질문에 대한 확실한 답변이 없다면, 그 투자 프로세스의 지속 가능성은 낮다.

성장 투자는 수상쩍은데, 왜 하는 것인가?

우리는 이전 절에서 가치주가 성장주보다 얼마나 더 우수한지에 대해 이야기했고, 성장주를 매입한 다음 보유하는 전략은 상대적으로 나쁜 전략임을 설명했다. 그러나 대부분의 복합 펀드들은 여전히 투자 가능한 범위 내에 가치주와 성장주를 모두 포함한다. 시장에서 가치/성장주 식의 사고방식이 얼마나 보편적인지 알아보기 위해 그림 2.8에 주식 범주를 9개의 버킷으로 나누는 전통적인 3×3 방식의 예를 도표로 나타냈다. 두 축은 규모(세로축이며 큰 것이 위에 위치한다)와 가치(수평축으로서 왼쪽이 가치 투자이고 오른쪽이 성장 투자다)다.

규모 \ 스타일	가치	혼합	성장
대형			
중형			
소형			

▲ **그림 2.8** 가치와 성장주 표

그림 2.8이나 일부 변형된 표는 미국의 거의 모든 주요 투자 회사가 사용한다. 하지만 성장이 차선의 투자 접근법이라면, 왜 성장 주식을 포트폴리오 일부로 고려하도록 제안하는 틀을 만들려는 것일까? 이 질문에 대한 답변 중 하나는 성장주들은 비록 낮은 상대 수익률을 가짐에도 불구하고 포트폴리오에 다각화의 편익을 제공한다는 사실과 관련돼 있을 것이다. 표 2.6에서는 1990년대 후반(표 2.2에서 조사했던 기간)의 맥락에서는 가치주가 성장주보다 수익이 저조했으므로 다각화 편익을 명시적으로 확인할 수 있었다. 여기서는 1994년에서 1999년까지 포트폴리오의 절반은 가치주에 투자하고 절반은 성장주에 투자하도록 매달 재조정하는 전략에 대해 알아보자.

▼ 표 2.6 가치와 성장주를 혼합하면 변동성이 낮아진다(1994년~1999년).

	가치	성장	50% 가치, 50% 성장	SP500
CAGR	18.35%	27.71%	23.19%	23.84%
표준 편차	11.79%	16.53%	12.86%	13.63%
하방 편차	7.59%	11.25%	9.49%	10.50%
샤프 지수	1.09	1.28	1.32	1.30
소르티노 지수(MAR = 5%)	1.66	1.87	1.78	1.67
최대 하락 비율(MDD)	-11.58%	-16.33%	-13.93%	-15.18%
최저 월 수익률	-8.62%	-14.92%	-11.77%	-14.31%
최고 월 수익률	8.05%	10.69%	7.97%	8.04%
수익이 난 개월 수	68.06%	70.83%	70.83%	73.61%

크게 보면, 1990년대 말에는 혼합 투자자(가치와 성장)가 되는 것이 순수한 가치 투자자가 되는 것보다 더 현명한 전략이었다. 혼합 투자자는 순수 성장주 포트폴리오의 성과를 달성하지는 못했지만, 그 수익률은 범 시장 지수에 더 가까웠고 해고될 확률은 낮았다. 표 2.7의 연간 수익률 수치를 살펴보면 이 점을 명확히 보여준다.

▼ 표 2.7 혼합 포트폴리오의 연간 수익률

	가치	성장	50% 가치, 50% 성장	SP500
1994	-2.83%	2.53%	-0.09%	1.35%
1995	36.47%	35.47%	36.07%	37.64%
1996	14.22%	23.20%	18.77%	23.23%
1997	32.52%	31.15%	32.08%	33.60%
1998	29.75%	44.23%	37.15%	29.32%
1999	5.45%	33.90%	19.37%	21.35%

1999년이라면 해고가 보장된 것이나 마찬가지인 순수 가치 투자 방법과는 달리, 혼합 포트폴리오는 획기적인 수익을 올리지는 못했지만 고객 면담에서 최소한의 체면은 살릴 수 있는 상황이었을 것이다. 물론, 우리는 이 이야기의 결론을 이미 알고 있다. 이 특별한 기간 동안은 성장주와 가치주를 혼합하는 전략이 다각화라는 대단한 이점을 제공해줬다. 혼합은 순수한 가치 투자가 겪어야 했을 고통을 줄여줬다.

마찬가지로, 표 2.8에서 볼 수 있듯이 혼합 포트폴리오는 1994년부터 2014년까지의 긴 기간(표 2.5에서 검토했던 기간)에도 투자 관리자에게 상당한 수익을 주었고, S&P 500 벤치마크보다 더 높은 위험 조정 수익을 제공했다. 1994년에서 2014년까지 혼합 포트폴리오는 순수 성장주 전략이 겪었을 고통을 감소시켰다.

▼ 표 2.8 가치와 투자를 혼합하면 변동성이 낮아진다(1994년~2014년).

	가치	성장	50% 가치, 50% 성장	SP500
CAGR	11.68%	9.33%	10.86%	9.65%
표준 편차	21.27%	17.00%	17.42%	14.92%
하방 편차	16.23%	12.25%	12.87%	11.19%
샤프 지수	0.50	0.45	0.53	0.51
소르티노 지수(MAR = 5%)	0.51	0.44	0.53	0.48
최대 하락 비율(MDD)	−64.47%	−58.21%	−56.63%	−50.21%
최저 월 수익률	−28.07%	−16.13%	−22.10%	−16.70%
최고 월 수익률	36.64%	11.21%	23.28%	10.93%
수익이 난 개월 수	61.51%	60.71%	62.30%	64.29%

이러한 액티브 관리자들이 얻은 또 다른 이점은 기술 버블 시대에서도 자리를 보존했다는 것이다. 물론 이 접근법의 단점은 성장 투자 요소를 포함함으로써 절대 이익을 낮춘다는 점으로서, 전 기간에 액티브 가치 전략을 했을 때와 비교해 수익이 희석됐다.

그렇지만 더 나은 다각화는 없을까?

앞에서 요약한 바와 같이, 투자자와 전문 펀드 매니저는 포트폴리오에 성장주를 포함시키는 이점을 높이(특히 앞서 살펴본 기간 같은 때는) 평가한다. 왜냐하면 가치와 성장은 비교적 낮은 상관관계를 가지므로 벤치마크에서 상대적으로 멀리 이격되지 않아서 변동성이 관리 가능한 상태가 되도록 해주기 때문이다. 그러나 포트폴리오 다각화 편익을 위해 성장주를 포함하는 것은 낮아진 기대 포트폴리오 수익률의 형태로 비용이 발생한다. 성장 투자는 지속 가능한 액티브 전략이 아니다. 사실, 그 반대의 경우다. 지속적으로 형편없는 전략이다. 하지만 투자자는 무엇을 해야 하는가?

이상적으로는 성장 포트폴리오 다각화 편익을 누릴 수 있지만, 다각화 전략은 지속가능한 액티브 프레임워크에 더 잘 부합하는 액티브 주식 선택 기법을 통해 성취해야 한다.

다행히도 이 문제에 대한 잠재적인 해결책이 있는데, 모멘텀 투자가 바로 그것이다. 1990년대 초 나라시만 제가디시$^{Narasimhan\ Jegadeesh}$, 셰리단 티트만$^{Sheridan\ Titman}$ 등의 학자들은 1993년 논문 '승자를 매수하고 패자를 매도하는 전략으로의 귀환: 시장 효율성의 암시'에서 과거의 수익률로 미래의 수익을 예측할 수 있다는 일반적인 전략 부류를 지칭하는 '모멘텀'이라는 이전의 개념에 다시 주목하기 시작했다.[20] 즉, 주가가 지난 1년 동안 비교적 양호한 실적을 보인다면, 미래에도 비교적 양호한 실적을 계속 유지할 것이라고 예측하는 것이다. 연구원들은 회사의 규모나 가치 요인이 조절될 때조차도 지속될 수 있는 모멘텀을 찾으려는 후속 연구를 수행했다. 그리고 그 효과는 200년이 넘는 시간 표본에 대해 유효해 보이며,[21] 상품, 동화, 심시어 채권 같은 여러 자산 부류에 걸쳐 유효한 것으로 보인다.[22] 더욱이 연구자들은 모멘텀은 가치 투자와 상대적으로 상관관계가 낮아 다각화 편익을 제공해줄 수 있음을 알아냈다. 간단히 말해서, 모멘텀에 대한 증거가 축적되며 성장 투자와 유사한 다각화 편익을 제공하는 것으로 보인다.

그리고 모멘텀 투자 전략은 학문적으로는 잘 확립되어 있지만, 이러한 전략은 실제 시장에서 발견되는 많은 '성장주'와 비교할 때 액티브 전략으로 관리되는 펀드에는 일반적으로 잘 사용되지 않는다. 사실, 대부분의 사람들이 '모멘텀' 투자를 들으면 성장 투자와 같은 것으로 여긴다. 불행히도, 이러한 반응은 시장의 잘못된 인식을 보여준다. 모멘텀과 성장은 때로는 관련이 있지만, 완전히 같지는 않다. 더구나 우리는 성장주와 달리 모멘텀은 지속 가능한 액티브 프레임워크에 잘 들어맞기 때문에 가치주에 대한 더 나은 다각화가 될 수 있다고 믿는다. 이것은 또 다른 지속 가능한 전략이다. 다음 장의 목표는 오로지 가격에만 초점을 둔 모멘텀 투자가 펀더멘털과 가격 모두를 고려하는 성장 투자보다 더 나은 대안인 이유를 설명하는 것이다. 우리의 임무는 독자들로 하여금 여러 증거를 통해 '성장'을 '모멘텀'으로 대체하는 새로운 스타일 상자 패러다임$^{style-box\ paradigm}$(그림 2.9)으로 이동하도록 확신시키는 것이다.

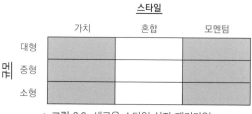

▲ 그림 2.9 새로운 스타일 상자 패러다임

요약

액티브 전략의 지속 가능성을 평가하기 위해, 여기서는 지속 가능한 액티브 투자 프레임워크를 통해 왜 특정 전략은 효과가 있고 어떤 것은 그렇지 않은지 더 잘 이해할 수 있게 했다. 그러고 나서 전통적인 가치주와 성장주의 논쟁을 지속 가능한 프레임워크의 관점을 통해 살펴봤다. 우리는 가치 투자가 효과가 있다고 벤 그레이엄이 말했기 때문이 아니라, (1) 잘못된 기대치와 연결된 가격산정오류를 체계적으로 포착하고 (2) 가격산정오류를 이용하는 것이 쉽지 않기 때문에 가치 투자가 효과가 있다는 사실을 알아봤다.

다음으로, 성장주의 실적이 역사적으로 저조하다는 오랜 동안의 증거에도 불구하고 투자자들이 합리적으로 성장주에 투자하는 이유에 대해 다뤘다. 성장 투자가 가치 투자보다 더 큰 수익을 거둔 인터넷 버블이라는 독특한 시기를 조명해봤고, 그 기간 동안 많은 전문 투자 관리자들이 일자리를 잃었다는 사실을 알았다. 다음으로, 성장 투자와 관련된 편익(다각화)과 비용(장기 실적 저하)에 대해 알아봤다. 마지막으로, 투자자들에게 성장 포트폴리오를 모멘텀 포트폴리오로 대체할 것을 제안함으로써 2장을 마쳤다. 바라는 것은 모멘텀이 성장 포트폴리오처럼 가치 중심 포트폴리오에 다각화 편익을 제공하고, 포트폴리오의 장기적인 수익률도 해치지 않는 것이다. 3장에서는 모멘텀 투자에 대해 설명하고, 모멘텀이 성장 투자보다 가치를 더 잘 보완할 수 있는 이유를 설명한다.

참고문헌

1. Wesley Gray, *Embedded: A Marine Corps Advisor Inside the Iraqi Army*, Naval Institute Press, Annapolis, 2008.

2. Eugene F. Fama and Kenneth R. French, "The Cross Section of Expected Stock Returns," *The Journal of Finance* 47 (1992): 427-465.

3. Steven S. Crawford,Wesley R. Gray, and Andrew E. Kern, "Why Do Fund Managers Identify and Share Profitable Ideas," *Journal of Financial and Quantitative Analysis*, Forthcoming.

4. Nick Barberis and Richard Thaler, "A Survey of Behavioral Finance," in: G. M. Constantinides & M. Harris & R. M. Stulz (ed.), *Handbook of the Economics of Finance*, 1st ed., volume 1, (North Holland: Elsevier, 2003), chapter 18, pp. 1053-1128.

5. 비록 대부분 케인스가 말한 것으로 알려져 있긴 하지만, 그가 실제로 이런 말을 했다는 증거는 거의 없다. 좀 더 자세한 내용은 다음 문헌을 참고하라. Jason Zweig, "Keynes: He Didn't Say Half of What HeSaid. Or Did He?" *Wall Street Journal* (February 11, 2011), blogs.wsj.com/marketbeat/2011/02/11/keynes-he-didnt-say-half-of-what-he-said-or-did-he/, accessed 2/28/2016.

6. Daniel Kahneman, *Thinking, Fast and Slow* (New York: Farrar, Straus and Giroux, 2011).

7. J. Bradford DeLong, Andrei Shleifer, Lawrence Summers, and Robert Waldmann, "Noise Trader Risk in Financial Markets," *Journal of Political Economy* 98 (1990): 703-738.

8. Larry Swedroe, "Behavioral Finance Falls Short," April 24, 2015, ETF.com. www.etf.com/sections/index-investor-corner/swedroe-behavioral-finance-falls-short?nopaging=1, accessed 2/28/2016.

9. 바베리스[Barberis]와 탈러[Thaler]. 물론 빌 샤프[Bill Sharpe]의 산술적 액티브 관리에 대한 주장 역시 전반적으로 액티브 관리자들이 왜 시장을 이기지 못하는지를 어느 정도 설명해준다.

10. E. Laise, "Best Stock Fund of the Decade: CGM Focus," *Wall Street Journal* (December 31, 2009), www.wsj.com/articles/SB1000142405274 870487680457462856160901 2716, accessed 12/29/2015.

11. 달러 가중dollar-weight 수익률과 매수 후 보유buy-and-hold 수익률의 차이 일부는 CGM 포커스 펀드의 수익률 시퀀스에서 기인했을 수 있다. 좀 더 자세한 정보 는 'Does the DALBAR Study Grossly Overstate the Behavior Gap'에 있는 마이클 키체스Michael Kitces의 2012년 10월 3일 글을 보면 된다. https://www.kitces.com/blog/does-the-dalbar-study-grossly-overstate-the-behavior-gap-guest-post/, accessed 2/28/2016.

12. Andrei Shleifer and Robert W. Vishny, "The Limits of Arbitrage," *The Journal of Finance* 52 (1997): 35-55.

13. Charlie Munger, May 4, 2005, Wesco Financial Annual Meeting. Based on notes from Whitney Tilson. www.tilsonfunds.com/wscmtg05notes.pdf, accessed 2/28/2016.

14. mba.tuck.dartmouth.edu/pages/faculty/ken.french/data_library.html, accessed 12/30/2015.

15. Eugene Fama Interview, 2008, American Finance Association. www.afajof.org/details/video/2870921/Eugene-Fama-Interview.html, accessed 12/29/2015

16. Josef Lakonishok, Andrei Shleifer, and Robert W. Vishny, "Contrarian Investment, Extraploation, and Risk," *The Journal of Finance* 49(5) (1994): 1541-1578.

17. Patricia M. Dechow and Rishard G. Sloan, "Returns to Contrarian Investment Strategies: Tests of the Naïve Expectations Hypothesis," *Journal of Financial Economics* 43 (1997): 3-27. 잠시 부연하자면, 디초우와 슬로안은 1997년에 가치 아노말리가 1994년 LSV가 제시한 것처럼 비이성적 투자자들의 나이브한 외삽에 의한 것이 아니라고 주장했다. 그들은 가치주의 뛰 어난 성과는 시장 참여자들이 구조적으로 낙관적일 수밖에 없는 애널리스트의 예측에 대한 잘못된 믿음에서 기인한다고 주장했다. 그림 2.5에 사용된 밸류에 이션 데이터에 연계된 것은 B/M임을 주목해보자. 주가수익비율 같은 밸류에이 션 지표를 사용하면, 상황은 많이 달라진다. 그러나 좀 더 깊이 분석해보면 다른 밸류에이션 지표하에서도 가치 아노말리는 투자자들의 기대 오차로 인한 가격

산정오류에 어느 정도 기인하고 있으며 다른 리스크로는 충분히 설명되지 않는다는 사실을 알 수 있다.

18. Markus Brunnermeier and Stefan Nagel, "Hedge Funds and the Technology Bubble," *The Journal of Finance* 59 (1993): 2013-2040.

19. Andrew Bary, 1999, "What's Wrong, Warren?" *Barron's* (1999), www.barrons.com/articles/SB945992010127068546, accessed 12/29/2015.

20. Narasimhan Jegadeesh and Sheridan Titman, "Returns to Buying Winners and Selling Losers: Implications for Stock Market Efficiency," *The Journal of Finance* 48 (1993), 65-91.

21. Chris Geczy and Mikhail Samonov, "Two Centuries of Price Return Momentum," *Financial Analysts Journal* (2016).

22. Clifford S. Asness, Tobias J. Moskowitz, and Lasse H. Pedersen, "Value and Momentum Everywhere," *The Journal of Finance* 68(3) (2013): 929-985.

CHAPTER 3

모멘텀 투자는
성장 투자가 아니다

"주식이 오르고 있기 때문에 매수를 하는 것은 가장 바보 같은 짓이다."

– 워렌 버핏[1]

우리는 과거의 상대적 수익률이 현재도 지속될 것이라는 뜻으로 **모멘텀**momentum이라는 용어를 사용한다. 과거의 승자는 미래의 승자가 되는 경향이 있는 반면, 과거의 패자는 미래에도 패자가 되는 경향이 있다. 전문가들은 종종 이런 종류의 전략을 오랫동안 있어왔던 상대강도 전략relative strength strategy이라고도 부른다. 실제로 로버트 레비Robert Levy는 1967년에 '투자 선택 기준으로서의 상대강도'라는 논문을 발표했다. 레비는 "역사적으로 가장 강력한 주식을 매입함으로써 얻을 수 있는 이익이 무작위 선정으로 얻는 수익보다 높다."라고 결론 내린다.[2] 이상하게도, 상대강도 전략에 대한 연구는 레비 이후에는 보이지가 않았다. 무슨 일이 일어난 것일까? 바로 효율적인 시장 가설이 등장했던 것이다.

'효율적 시장'이라는 마피아가 '상대강도'를 죽이다

2장에서 언급했듯이, 효율적인 시장 가설EMH은 1960년대와 1970년대에 시카고 대학교에서 개발됐다. 그 후 EMH 가설은 학계에서 지속적으로 번창했다. EMH를 반쯤만 심하게 해석하자면, 자산 가격은 공개된 모든 정보를 반영하므로 투자자들은 위험 통제 후 랜덤으로 선택된 주식 바스켓에서는 어떤 경우도 일관되게 초과 성과를 달성할 수 없다는 뜻이 된다. EMH의 지지자인 버튼 말키엘은 1973년 그의 고전인 『시장 변화를 이기는 투자』에서 다음과 같이 역력히 토로했다. "신문의 경제면에 눈을 가린 원숭이가 다트를 던져 종목을 골라도 전문가들이 신중하게 고른 것만큼 실적을 내는 포트폴리오를 선택할 수 있다."[3] 따라서 EMH 관점으로는 모든 의도 및 목적과 상관없이 레비의 상대강도 전략 성과에 대한 증거를 찾는 일은 불가능한 것이었다.

(논문 발표 당시 사기업에서 일하고 있던) 레비 같은 전문가들은 효율적인 시장 가설을 신봉하는 데 초점을 맞춘 학자들에게 압도당했던 것으로 보인다. 업계 전문가들의 논문은 상위권 금융 학술 저널에 게재되는 것이 원천적으로 금지됐고, EMH 아이디어에 반하는 연구를 수행하는 학자들은 떠오르고 있는 EMH 전당에서 쫓겨났다.[4] 이후 25년 동안 논문을 통한 학술 연구는 암울한 시대로 접어들었고, 상대강도 전략에 대한 논의의 장은 EMH 치어리더들이 공간을 모두 차지하는 바람에 사실상 금지된 셈이었다.

그러나 상아탑의 모든 것이 다 잘 돌아간 것은 아니다. EMH와는 부합되지 않는 아노말리들이 1970년대의 문헌에서부터 등장하기 시작했다. 예를 들어 이전에 언급했듯이 그중 벤 그레이엄은 값싼 주식 한 바구니를 사면 시장 수익을 초과하는 경향이 있음을 보여줬고, 학자들은 공식적으로 가치주 효과를 검토하기 시작했다. 가치주와 소위 다른 아노말리 현상에 대한 증거가 쌓여가면서 EMH에 결함이 있을지도 모른다는 사실을 시사해줬지만 EMH 지지자들은 여전히 확신을 갖고 버텼다. 그러나 많은 EMH 지지자가 호사를 누리던 시기에, 아모스 트베르스키Amos Tversky는 대니얼 카너먼Daniel Kahneman과 함께 인간의 편향이 금융 의사결정에 어떻게 영향을 미치는지에 대해 탐구하기 시작했다. 카너먼과 트베르스키는 투자자의 내적 행동 편향과 금융학 분야에서 발견된 여러 아노말리들 사이의 초기 연결고리 중 일부를 확립했다.

잿더미 속에서 일어난 '모멘텀'

마침내 1990년대 초, 나라시만 제가디시와 셰리단 티트만은 그들의 선구적인 1993년 논문 '승자를 매수하고 패자를 매도하는 전략으로의 귀환: 시장 효율성의 암시'에서 레비의 1967년 논문 연구 결과를 부활시켰다. 이 논문은 1967년 레비의 정신을 근본적으로 복제하긴 했지만, 좀 더 풍부한 데이터와 컴퓨팅 파워를 갖춘 데다, EMH에 반기를 든 논문 발표 구축을 기꺼이 대신할 자세가 되어 있었다. 지금은 EMH라는 갑옷에 더욱 큰 균열이 생겨나고 있다.

흥미롭게도, 제가디시와 티트만의 논문을 현대 주식 선택 모멘텀 전략의 주요 논문으로 여기는 사람들이 많음에도 불구하고 그들의 논문에는 '모멘텀'이라는 단어가 단 한 번도 언급되지 않았다. 우리는 마크 카하트$^{Mark\ Carhart}$의 시카고 대학교 논문이 금융 저널에 발표된 다음 '모멘텀'이라는 용어가 채택됐다고 이해하고 있다. 논문에서 카하트는 모멘텀 인자를 만들었는데, 이는 제가디시와 티트만의 논문에 서술된 주식 선택 전략의 상대강도를 근본적으로 반영한 것이다.[5] 카하트의 논문이 발표된 직후, 모멘텀은 오래된 '상대강도 전략'이란 이름을 대체하는 새로운 학술 용어가 됐다. 물꼬가 트이자 모멘텀 전략에 대한 많은 논문이 발표됐다. 그 증거는 너무나 압도적이어서 모멘텀 아노말리는 다름 아닌 EMH 이론의 원 설계자인 유진 파마에 의해 '프리미어 아노말리'로 칭송되기도 했다.[6]

놀랍게도, 현대의 학자들이 주식 선별 모멘텀의 개념에 초점을 다시 맞춘 반면, 많은 실무자는 여전히 과거 시간에 빠져 있는 듯하다. 이 퇴행적 행동의 이유는 아마도 실무자들의 훈련 파이프라인과 관련이 있을 것이다. 포트폴리오 관리를 가르치는 모든 MBA의 교육 담당 학자들은 여전히 자산 배분 결정 문제를 해결하기 위해 포트폴리오 수학을 배우고 있다. 주식 선택 교육은 시간 낭비일 뿐이었다. EMH 이론을 엄격히 해석해보면, 주식 선택이란 어리석은 자들의 게임일 뿐이기 때문이다. 물론 MBA의 '반역자'들에게는 연구해야 할 '가치주 아노말리'가 항상 있었고, 그것은 네브라스카 오마하 출신의 투자 영웅인 워런 버핏의 엄청난 성공으로 대중화됐다. 그러나 가치 투자와는 달리 모멘텀 투자에서는 벤 그레이엄이나 워런 버핏 같은 챔피언이 등장하지 않았다. 설상가상으로, 가치 투자라는 가설과 관련된 영웅들은 아이러니하게도, 모멘텀에 관한 한 EMH 학자들의 의견에 동의했다. 그들의 가치 투자 접근은 완벽히 합리적이었지만, 모멘텀 투자는 바보와 이단자에 의해서만 행해지는 부두 마술의 일종인 블랙 아트로 여겨졌다. 물론, 이 모든 것은 실제 증거를 직면하면 사라진다. 실제 증거들은 모멘텀 투자가 가치 투자보다 더 나은 아노말리를 갖는다는 것을 보여주고 있기 때문이다.7

EMH는 학술 논문의 분야에서 효율적 시장 이론이 얼마나 적절한지를 보여주며 수년간 대단한 성공을 거두었다. EMH는 수많은 논쟁에서 승리했으며, 일반적으로 가격은 효율적이었다. 그러나 바로 이 가격 효율성이, 모멘텀 투자를 뒷받침하는 증거들이 EMH 가설을 믿는 자들을 그토록 낙담케 만드는 이유이기도 하다. 가치 투자 아노말리는 투자자들이 그들의 지적 능력을 발휘하고 면밀한 연구를 하며 다른 투자자보다 재무제표를 잘 이해하면 아마도 시장 초과 수익을 낼 수 있을 것이라 말하는 셈이다. 그러나 모멘텀 아노말리는 완전히 다른 것을 이야기한다. 가격 모멘텀은 펀더멘털과는 아무런 관련이 없으므로 얼간이조차도 상대 주가 수익에만 집중하면 성공적인 전략을 펼칠 수 있다. 그 이유는 가격이라는 간단한 척도가 미래의 주가를 예측할 수 있는 것으로 보이기 때문이다. 이러한 발견은 EHM 이론과는 정면으로 상충한다. 심각한 문제가 발생한 셈이다.

행동 금융 이론가들이 모멘텀을 설명해준다

금융 경제 분야는 학계 연구원들 덕분에 발전했고, EMH의 잿더미에서 행동 금융 패러다임이 불사조처럼 등장했다. 이 새로운 패러다임은 그 바탕이 되는 이론으로는 EMH를 고수하지만, 가격이 효율적인 수준에서 어떻게 그리고 왜 벗어날 수 있는지 이해하고 설명하기 위해 투자자의 합리성과 무마찰 시장에 관해서는 EMH 가정을 완화했다. 이 프레임워크는 2장에서 설명한 지속 가능한 액티브 투자 개념의 토대를 마련했다.

핵심 가치 투자자들은 모멘텀 투자에 대해 또 다른 종류의 불안감을 갖고 있는데, 이는 가치 투자 서적의 인용구나 등장인물들의 말에서도 짐작할 수 있듯이, 애매한 논리와 종교적 열성에 기반을 두고 있는 근심의 일종이다. 예를 들어, 워렌 버핏은 "주식이 오르고 있기 때문에 매수를 하는 것은 가장 바보 같은 짓이다."라고 말했다. 경험에 비춰볼 때 버핏의 조언은 잘못된 규칙이 아니며, 워렌 버핏은 분명 그 통찰력을 연구해볼 가치가 있는 뛰어난 투자자다. 그러나 경험칙이 상황의 미묘한 차이를 항상 포착하는 것은 아니다. 높아진 가격이 항상 신뢰할 수 없는 신호인 것은 아니다. 예를 들어, 주식의 고유 가치가 더 높아진 가격보다도 높다면 여전히 가치 투자인 것 아닌가? 혹은 더 높아진 가격은 정말로 긍정적 피드백 고리를 형성해서 기업의 본질적인 가치를 증가시키는 것은 아닐까? 고가로의 가격 이동은 기업의 자본 비용을 낮추어, 더 나은 인력을 유치하거나 심지어 무료 광고 효과가 발생하는 등 비록 재귀적인 형태일지라도 펀더멘털 가치를 증가시킬 수도 있다. 간단히 말해서, 펀더멘털 대비 높은 가격이 형성된 주식으로 정의되는 성장 주식은 일반적으로 나쁜 것이지만, 더 높은 가격이 형성된다면 그 자체로 항상 나쁜 것은 아니다. 사실 다른 사정의 변화가 없다면 일반적으로 긍정적인 발전이다.

다음과 같은 가상 시나리오를 고려해보자.

- 페이스북은 지난해 100% 상승했고 주가수익비율price to earnings ratio은 15이다.
- 구글은 50% 하락했고 주가수익비율은 15이다.

어느 주식이 더 좋을까? 고전적 가치 투자자의 관점에서는, 이들 주식은 모두 주가수익비율이 15이므로 밸류에이션 측면에서는 (약간의 논란이 있을 수 있지만) 동일하다. 그러나 심리학에 따르면 일부 투자자들은 구글이 더 나은 기회라고 느낄 것이다. 왜냐하면 가치주들은 대개 가격이 하락한 것들이기 때문이다. 어떤 가치 투자자가 100%나 상승한 주식을 사려고 할 것인가? 진정한 가치 투자자들은 강한 가격 상승 움직임은 의심하도록 뼛속부터 각인되어 있다. 이는 우리 스스로가 본래 가치 투자자이므로 잘 알고 있다. 전통적 가치 투자나 파산 직전 회사에 대한 투자 기회 등의 관점에서 보면 강한 가격 상승의 움직임은 일반적으로 좋지 않은 신호다. 가격의 상향 이동은 주가가 예전만큼 싸지 않으며 적어도 지금은 상대적으로 더 비싸다는 것을 암시한다. 그러나 높은 가격에 주식을 사는 것과 관련된 혐오감은 가치 투자자들에게만 국한된 것은 아니다. 이러한 불신은 일반적으로 모든 투자자가 느끼는 것이다. 물건값이 더 상승하고 나서 사려는 얼간이는 아무도 없다. 사실, 사람들은 그 반대의 충동을 느낄 수 있다. 가격이 상승한 주식을 소유하고 있다면 그것을 팔아 이익을 실현하고 싶을 것이다. 어쨌건 이익을 실현하는 것은 기분 좋은 일이다. 이 효과는 종종 처분 효과disposition effect라고 불린다. 처분 효과가 모멘텀 아노말리와 관련이 있다는 이론을 뒷받침할 수 있는 강력한 경험적 증거가 있다.[8]

52주 최고가를 기록한 주식을 생각해보자. 많은 투자자는 펀더멘털 기준으로 볼 때 이 주가가 여전히 싼 것이더라도, 주가는 이미 과대평가됐고 더 오를 가능성이 없다는 의미로 해석하게 된다. 이러한 해석은 명백히 잘못된 것이다. 52주 최고가 주식의 수익률은 52주간 최저가 주식을 크게 앞지른다.[9] 그러나 많은 시장 참여자가 주가가 과대평가됐다는 편견을 갖고 있다면, 합리적인 가설은 시장 참여자들이 직감적으로 '주식이 이미 너무 많이 올랐다'고 인식하기 때문에 주가 입박이 발생해 펀더멘털 가치에 도달하지 못하게 방해할 수도 있다는 것이다. 이러한 상황은 모멘텀 투자가 본질적으로 가치 투자의 적이 아니라 사촌에 가까운 개념으로 만든다. 왜 그런 것일까? 가치 투자의 우위는 종종 단기적으로 저조한 펀더멘털이 형성된 상황에서 발생한 비관주의가 미래의 기대치에 비해 주가를 너무 하락시켜서 발생하는 것으로 특징지을 수 있다. 아마도 모멘텀 투자의 우위란 단기적으로 강력한 펀더멘털이 형성된 상황에서 발생한 비관주의가 주가를 미래의 기대치에 비해 여전히 싼 상태로 계속 유지시키는 것으로 특징지을 수 있을 것이다.

잠깐만! 모멘텀 투자는 단지 성장 투자일 뿐이며, 그건 효과가 없잖아!

만약 주식들이 단기의 강한 펀더멘털과 관련된 비관론 때문에 저렴할 수 있다고 주장한다면, 그게 바로… 성장 투자 아닌가?

　아니다.

하지만 명확히 하기 전에 가치와 성장의 이면에 있는 심리학을 살펴보자. 가치와 성장에 대한 앞서의 논의에서, 여러 증거들이 가치가 성장을 능가한다는 것을 보여줬다. 이러한 차이가 발생하는 원인은 부분적으로 시장에서의 행동적 편견에서 비롯된 가격산정오류 때문이다. 예를 들어, 2장에 언급된 라코니쇼크, 슐라이퍼, 비쉬니의 원래 연구는 펀더멘털 대비 가격의 비율이 시장에서 발생한 기대 오차를 대변할 수 있음을 보여줬다. 투자자들은 과거에 수익 증가율이 높았던 성장주는 여전히 성장이 지속될 것이고 과거에 수익 증가율이 낮았던 가치주는 그 상태가 지속될 것이라고 생각했었다는 점을 상기하라. 여러 증거들은 이러한 예상이 실제로는 발생하지 않았음을 보여줬다. 후속 연구들은 LSV가 발견한 핵심 결과에 대해 다뤘지만[10] 최신 연구 결과들, 예컨대 대니얼과 티트만이 1997년에 가치주의 특징과 주식 수익률에 대해 쓴 논문, 피오트로스키[Piotroski]와 소[So]가 2012년 가치 투자의 수익률과 펀더멘털과의 상호작용에 대해 쓴 논문이나 피오트로스키와 소의 논문에서 설명한 개념을 깊이 파고든 책의 117쪽 논문 등의 결과를 설명하지는 못했다. 이러한 좀 더 최근의 논문들은 가치 아노말리는 변동성이 심하고 이용하기 어렵기는 하지만 가격산정오류에 의해 일정 부분 유도됐다는 것을 확인해준다.[11]

따라서 평균적으로, 투자자들은 성장 기업(펀더멘털 대비 높은 주가)의 좋은 소식을 지나치게 신봉하고, 내재가치 이상으로 몰아가며, 가치 기업들(펀더멘털 대비 낮은 주가)에는 그 반대 현상이 나타나 내재가치 이하로 몰고가는 듯하다. 따라서 가치 투자 프레임의 관점으로 보면, 성장 투자자들은 강한 펀더멘털 앞에서는 너무 낙관적인 것이다. 그러나 지금 우리는 주가가 강세일 때 모멘텀 투자자는 너무 비관적이라고 말하고 있는 것인가? 이 입장은 서로 충돌하는 것처럼 보인다. 이 점에 대해 이제 설명하겠다.

하나 분명히 할 것은 모멘텀 투자는 성장 투자가 아니라는 점이다. 앞서 언급한 연구에 따르면, 성장 투자는 과거의 펀더멘털(예: 주가수익비율)에 비해 높은 가격을 갖는 증권으로 특징지을 수 있다. 실질적으로 성장 투자에 대한 여러 가지 다른 정의(예: 합리적인 가격의 성장)가 있다는 사실은 인정하지만, 여기서는 논의의 편의상 학계의 관례적 정의를 고수할 것이다. 성장주 전략과는 대조적으로, 우리는 모멘텀 투자를 펀더멘털과는 상관없이 다른 모든 주식보다 강한 상대적인 성과를 거둔 증권으로 특징짓고 있다. 예를 들어, 모멘텀 전략에서는 다른 주식과 비교해 과거 12개월 동안의 누적 주가 수익률을 고려할 수 있지만, 회사의 수익이나 기타 다른 펀더멘털 지표는 분석에 포함되지 않는다. 미식축구의 영웅 빈스 롬바디Vince Lombardi의 명언에 빗대어 표현하자면, 모멘텀에서는 주가가 전부인 것이 아니라 주가만이 유일한 존재인 것이다.

우리는 펀더멘털 대비 낮은 주가(즉, 가치 척도)와 유사한 강력한 모멘텀 신호는 투자자 기대 오차의 다른 모습이며, 정보 기반 투자자들이 행동 편향이 주가가 펀더멘털 가치에 미치지 못하도록 방해하는 상황을 체계적으로 알아낼 수 있도록 도움을 준다고 생각한다. 2장의 지속 가능한 액티브 투자 프레임워크에서의 형편없는 포커 선수를 생각해보라. 지속 가능한 액티브 전략을 발견하는 첫 번째 단계로서, 가격산정 오류 기회를 창출하기 위해서는 일부 시장 참여자들이 합리적이지 못해야 한다. '형편없는 포커 선수'와 모멘텀이 어떻게 그리고 왜 작동하는지에 대한 메커니즘은 나중에 다시 알아보기로 하자. 그러나 모멘텀(오로지 가격)과 성장 전략(어떤 펀더멘털에 대비한 상대적 가격)을 특징짓는 신호 간에 어떤 차이가 있는지에 대한 부분을 이해하는 것은 독자들이 성장 투자와 모멘텀 투자를 혼동하여 동일시하지 않도록 하는 데 있어 대단히 중요하다.

요지를 분명히 해주는 가장 좋은 방법은 자료를 인용하는 것이다. 여기서는 일반적 모멘텀 신호에 따라 선택한 중대형 회사(과거 12개월 중 상대적으로 가장 실적이 좋았던 상위 10% 회사)와 일반적 펀더멘털 대비 주가 신호에 따라 중대형 회사(최대 PBRprice-to-book ratio(또는 B/M율), 또는 성장 회사로 알려진 것들 중 상위 10% 회사) 중 1963년에서 2013년 사이에 서로 겹치는 회사를 조사해봤다. 놀랍게도 모멘텀 포트폴리오와 성장 포트폴리오에서 서로 겹치는 회사는 단 21%밖에 없었다. 따라서 많은 모멘텀 주식은 성장주가 아니고, 많은 성장주는 모멘텀 주식이 아니었다. 사실 고 모멘텀 주식이라는 것은 가치주일 수도 있고, 성장주일 수도 있으며, 그 사이일 수도 있는 것이다.

성장 대 모멘텀을 더 깊이 파고들기

다음 분석을 통해 성장 기업들과 고 모멘텀 기업들의 특성에 대해 좀 더 깊이 탐구해보자. 데이터 표본으로는 뉴욕증권거래소^{NYSE, New York Stock Exchange}, 미국증권거래소^{AMEX, American Stock Exchange}, 나스닥^{NASDAQ}에 있는 모든 기업을 포함하며, 학계에서 금융 데이터 분석에 있어 표준처럼 여겨지는 CRSP와 Compustat의 데이터도 일부 사용했다. 여기서는 CRSP에 있는 보통주만을 조사하고 모든 REITS, ADRS, 폐쇄형 펀드^{closed-end fund}, 공익회사^{utilities}나 금융 회사는 제거했다. 또한 비버^{Beaver}, 맥니콜스^{McNichols}, 프라이스^{Price}의 기술을 사용해 CRSP의 상폐^{delisting} 후 수익률 데이터도 통합했다.[12] 표본에 포함된 모든 기업은 연도 t의 6월 30일자 기준의 시장가치가 0이 아니어야 한다. 학술적 관행에 따라 B/M을 '가치'에 대한 연간 지표로 사용했다. 장부가는 파마와 프렌치의 방법론[13]을 사용해 6월 30일자 기준으로 계산하고 시장가치도 6월 30일자로 산정했다. 장부가가 마이너스인 모든 회사는 표본에서 제거된다. 여기서의 '성장' 회사란 가장 비싼 B/M율(즉, 낮을수록 비싼 회사다)을 가진 회사다. 계산은 파마 및 프렌치와 유사하게 최근 월을 제외하고 누적 12개월 수익률에 대해 월별 순위를 매겨 일반 모멘텀을 계산했다.

테스트는 NYSE 시가 총액 상위 40% 이상의 주식으로 정의된 모든 중대형 주식에 집중됐다. 이 방식은 경험적 결과가 더 폭넓은 주식 범주들에게도 적용되는지, 또 규모나 시간에 따른 유동성 효과에 대해 안정적인지 알아본다. 유동성이 더 좋은 회사들만 집중한다면, 그 결과는 유동성이 좋지 않은 회사에는 적용되지 않을 수 있다.

시뮬레이션은 다음과 같이 작동한다.

- 매달 상위 10%의 성장주와 고 모멘텀 주식 집단 중에서 30개의 '성장 주식'과 30개의 '모멘텀' 주식을 무작위로 고른다.
- 1963년부터 2013년까지 매달 반복하며 '성장' 주식으로 구성된 월별 재조정 포트폴리오와 '모멘텀' 주식으로 구성된 월별 재조정 포트폴리오를 만든다.
- 1963년부터 2013년까지 성장 전략 및 모멘텀 전략에 대한 성과 통계를 계산한다.
- 위의 단계를 1,000번 반복한다.

위의 실험은 원숭이 한 마리에게 성장주가 쓰여 있는 다트판에 30번 다트를 던지게 하여 성장주를 고르고 또 다른 한 마리는 모멘텀이 쓰인 다트판에 던지게 하는 일을 50년 동안 반복시키는 것과 동일하다. 그런 다음 성장과 모멘텀에 다트를 던진 원숭이에게 동일한 일을 1,000번 반복하도록 하여 결국에는 각 진영에서 선발된 1,000마리의 포트폴리오 원숭이가 표본을 추출한 것과 동일한 효과를 얻을 것이다.

이제 일부 원숭이는 좋은 성과를 얻을 것이고 다른 원숭이는 단순히 운이 좋지 않아 나쁜 성과를 보일 것이다. 그러나 모멘텀 원숭이는 항상 최상위 모멘텀 주식 10%에서 선택하고 성장주 원숭이도 항상 상위 10% 성장 주식에서 선택했다는 점을 기억하자.

먼저, 그림 3.1은 성장 원숭이와 모멘텀 원숭이의 연평균 복리 수익 성장률 분포를 보여준다.

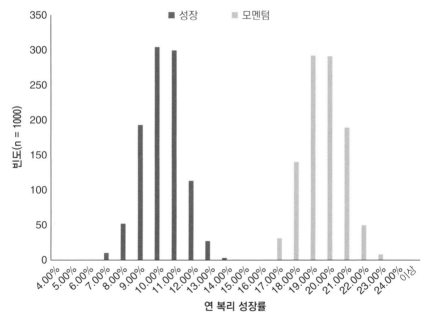

▲ 그림 3.1 CAGR: 성장주 원숭이 대 모멘텀 원숭이

타 원숭이 동료들과 비교했을 때, 억세게 운 좋은 몇몇 성장주 원숭이들은 그 기간 동안 평균 약 14%의 성장률을 기록하고 일부 운 나쁜 모멘텀 원숭이들은 그 기간 동안 평균 약 17%의 성장률을 기록하며 부진했다. 놀랍게도, 50년 동안 단 한 마리의 성장주 원숭이도 모멘텀 원숭이를 이기지 못했다. 이 결과는 놀랍다. 일반적으로, 시뮬레이션이 1,000회 실시되면 분포의 꼬리 부분 또는 극단적 끝단에서는 중첩이 발견되는 법이다. 분명한 건, 복리 수익의 관점에서 보면 모멘텀은 성장 전략과 다르다는 사실이다.

다음으로, 성장주 원숭이 포트폴리오의 변동성과 모멘텀 원숭이 포트폴리오의 변동성을 비교해보자. 아마도 모멘텀이 성장주보다 초과 수익률을 낸 이유는 일반 모멘텀 전략과 관련된 추가 위험에 따른 보상일 것이다.

그림 3.2는 성장주 원숭이나 모멘텀 원숭이를 사용해 형성된 포트폴리오의 연간 변동성은 거의 차이가 없음을 보여준다. 분포가 좁다.

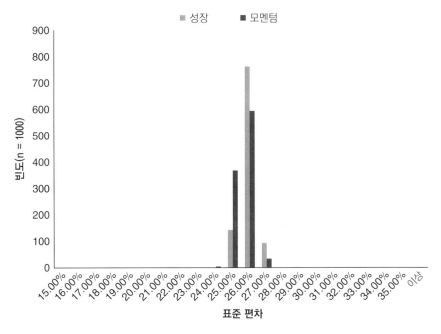

▲ 그림 3.2 변동성: 성장주 원숭이 대 모멘텀 원숭이

그러나 아마 변동성이 성장 포트폴리오에 비해 모멘텀 전략이 갖고 있는 실제 위험을 반영하지 못한 것은 아닐까? 우리는 50년 기간 중 극단적 꼬리 이벤트에 해당하는 최대 하락 비율^{MDD} 또는 고점 대비 저점$^{peak-to-trough}$ 성과를 조사했다. 그림 3.3은 성장 전략과 모멘텀 전략 모두 1,000회의 시뮬레이션 중 극단적 손실을 보는 시나리오를 표로 나타낸 것이다.

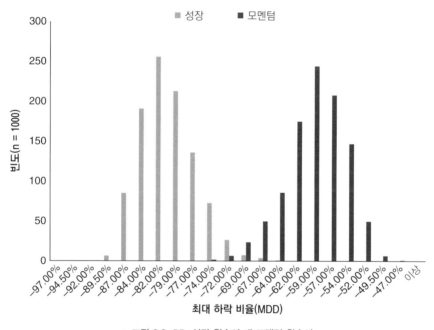

▲ 그림 3.3 DD: 성장 원숭이 대 모멘텀 원숭이

그림 3.3의 왼쪽에는 높은 드로우다운$^{DD, drawdown}$이 있고, 낮은 DD는 오른쪽에 반영되어 있다는 점에 유의하자. 왼쪽에는 연회색 막대가 군집되어 있으므로 평균적으로 볼 때 오른쪽에서 군집된 모멘텀보다 꼬리의 위험은 성장주가 더 높다는 것을 알 수 있다. 일부 겹치는 부분도 있다. 모멘텀이 성장주보다 더 큰 DD를 갖는 시뮬레이션 결과도 일부 있지만 이러한 예는 흔치 않다. 압도적으로 많은 수의 관찰에서 성장주 원숭이들이 모멘텀 원숭이들보다 더 큰 DD를 보여준다.

요약하자면, 펀더멘털 대비 높은 가격으로 측정되는 성장 투자는 과거의 강한 상대적 성과로 측정하는 모멘텀 투자와 같지 않다는 것이다. 이 결론은 각 전략에 관련된 과거 데이터 특성에서 분명하게 보이는데, 이것은 성장과 모멘텀이 다른 동물이라는 점을 보여준다.

하지만 왜 모멘텀이 효과가 있을까?

> "우리는 우리가 이해하고 합의하기도 전에 이미 세상은 평평하지 않다는 사실을 발견했다."
>
> – 클리프 애스니스$^{Cliff Asness}$와 동료들14

클리프 애스니스의 말은 때로는 어떤 것이 왜 진실인지 완전히 이해하기 전에 그것이 진실임을 알 수 있고, 그것이 진실인 이유에 대해 다른 이들과 동의할 수 있다는 점을 강조한다. 이는 모멘텀 투자도 비슷한데, 데이터를 통해 그 효과를 분명히 알수는 있지만 정확히 '왜' 그런지에 대해서는 명확하지 않다. 우리는 이 난제를 해결하려고 노력하지만, 단지 우리 생각이 옳은 방향이기만을 바랄 수밖에 없다는 사실을 겸허히 받아들이기로 한다. 가치 투자는 모멘텀 투자와 달리 직관적이다. 가치 접근법은 시장가격이 펀더멘털로 측정할 수 있는 소위 내재가치를 중심으로 변동한다고 가정하기 때문에 직관적이다. 고전적 가치 투자자들은 펀더멘털과 시장가격의 차이를 알아냄으로써 수익을 얻는다고 주장한다. 그러나 기업의 내재가치에 대한 시장의 기대치가 결코 바뀌지 않는 일이 발생하면 어떻게 될까?(가치 트랩$^{value trap}$이라고도 한다.) 먼 미래에 잉여 현금 흐름 배분 이익이 분배된다고 가정하면 가치 투자자는 그 상황을 이기지 못할 것이다. 가치 투자자 역시 다른 모든 투자자와 마찬가지로, 시장 기대치가 우호적으로 변화돼야 전략이 먹힌다. 가치 투자는 단순히 싸게 매수했기 때문에 효과가 있는 것이 아니다. 가치 투자는 체계적 시장 기대 오차의 다른 모습인 싼 가격-펀더멘털 비율$^{price-to-fundamental ratio}$이 평균적으로 가치 투자자에게 우호적인 방향으로 평균 회귀$^{mean reversion}$하기 때문에 작동하는 것이다. 모멘텀 투자의 핵심 논지도 동일하다. 모멘텀 투자는 상대강도 지표가 시장의 체계적 기대 오차의 다른 모습이어서 평균적으로 모멘텀 투자자에게 우호적인 방향으로 예측대로 회귀하기 때문에 작동한다.

여기서는 모멘텀이 작동하는 이유를 이해하기 위해, 지속 가능한 액티브 프레임워크를 활용해 전략이 장기간에 걸쳐 성공할 수 있는지 알아본다. 지속 가능한 성과를 확인할 수 있는 구성요소는 다음과 같다. (1) 형편없는 포커 선수를 알아내고, (2) 형편없는 포커 선수를 활용하는 데 있어 최고의 포커 선수가 가진 한계를 이해하고, (3) 발생한 기회를 활용한다. 우리는 과거에 강한 기록을 가진 가치주는 미래에도 그 경향이 지속되는 특성이 있음을 보였다.

지속 가능한 액티브 투자 프레임워크의 관점으로 가치 아노말리를 분석하다 보면 자연스레 의문 하나가 생긴다. "모멘텀은 가치 투자와 마찬가지로 지속 가능한 투자 접근 방법인가?" 지속 가능한 액티브 프레임워크를 사용해 이 어려운 문제의 해답을 알아낼 수 있다. 그러나 그전에 먼저, 모멘텀이 (성장 투자와 같지 않으며) 역사적으로 효과가 있었다는 사실을 확실히 밝혀야 한다. (앞서의 분석과도 일치하면서) 설명의 편의상 '모멘텀 투자'란 과거 1년 동안 상대적으로 강한 수익을 거둔 기업들의 포트폴리오를 매수하는 것으로 개략적으로 간주하자. 켄 프렌치의 웹사이트[15]에 있는 모멘텀 포트폴리오 데이터를 사용해 1927년 1월 1일부터 2014년 12월 31일까지 고모멘텀 포트폴리오(높은 모멘텀 십분위, 가치 가중 수익률), 가치 포트폴리오(높은 B/M 십분위, 가치 가중 수익률), 성장 포트폴리오(낮은 B/M 십분위, 가치 가중 수익률) 그리고 S&P 500 총 수익률 지수(SP500)를 조사한다. 결과는 표 3.1에 나와 있다. 모든 수익률은 총 수익률이며 배분 이익(예: 배당) 재투자를 포함한다. 또 결과는 모든 비용을 반영한 것이다.

▼ 표 3.1 모멘텀 성과(1927년~2014년)

	모멘텀	가치	성장	SP500
CAGR	16.85%	12.41%	8.70%	9.95%
표준 편차	22.61%	31.92%	19.95%	19.09%
하방 편차	16.71%	21.34%	14.41%	14.22%
샤프 지수	0.66	0.41	0.35	0.41
소르티노 지수(MAR = 5%)	0.79	0.54	0.37	0.45
최대 하락 비율(MDD)	−76.95%	−91.67%	−85.01%	−84.59%
최저 월 수익률	−28.52%	−43.98%	−30.65%	−28.73%
최고 월 수익률	28.88%	98.65%	42.16%	41.65%
수익이 난 개월 수	63.16%	60.51%	59.09%	61.74%

모멘텀 주식은 큰 폭으로 가치, 성장, 그리고 범 시장 지수를 능가했다. 모멘텀 주식의 포트폴리오는 연복리 16.85%의 성장률을 얻은 반면, 성장 주식 포트폴리오는 연복리 8.70%의 실적을 기록해 연간 8% 포인트나 차이를 보였다. 수익률의 이러한 역사적 차이 때문에 학계 연구원들은 모멘텀을 '프리미어 아노말리premier anomaly'로 여겨왔다. 이 단계에서는 거래 비용 같은 중요하지만 아직 고려하지 않은 몇 가지 사항들이 분명히 있지만, 한 가지 사실만은 명백하다. 모멘텀은 수익 성과에 있어 최고였다. 이제 다음 질문은 이 성과가 과연 지속 가능하냐는 것이다.

모멘텀 아노말리는 형편없는 선수로 인해 발생하는가?

가치 투자의 핵심적인 행동 편향은 '대표성의 오류representative bias'로 설명할 수 있는데, 이는 (시간이 지남에 따라 평균에 회귀하는) 저조한 펀더멘털에 대해 과잉반응하게 만든다. 물론 이 설명은 기저 심리적 요인을 지나치게 단순화한 것이지만, 종합적인 학술적 증거들은 일반적으로 가치 투자에 의해 발생한 초과 수익은 단지 추가적인 리스크 때문만은 아니라는 핵심 논제를 뒷받침하는 듯하다. 즉, 가격산정오류도 어느 정도 초과 수익을 설명해줄 수 있다는 것이다. 모멘텀에서의 종합적 증거도 가치 투자와 맥락을 같이한다. 리스크가 초과 수익에 어느 정도 영향을 주는 것은 확실하지만, 가격산정오류 또한 일정 부분 영향을 끼친다. 모멘텀은 투자자들은 상대적으로 강한 실적을 보이는 상황에서는 긍정적인 뉴스에 둔하게 반응하는 행동을 보인다는 전제를 바탕으로 하고 있다. 표면적으로는, 가치와 모멘텀 투자를 유발하는 행동 기저는 서로 모순되는 것처럼 보인다. 즉, 가치는 과잉반응에 의해 추진되는 반면 모멘텀은 과소반응에 의해 추진된다는 것이다. 도대체 무슨 일인가?

이러한 행동 금융적 해석은 마치 두 마리 토끼를 한꺼번에 잡으려는 것과 다름없어 보인다. 어떤 경우에는 과소반응 편향에 기대고 또 다른 경우에는 과잉반응 편향에 기대기도 한다. 행동 방정식은 너무 간단하다. (1) 심리학 교재를 집어 들고, (2) 데이터에 들어맞는 행동 편향을 확인한다. 유진 파마는 그의 1998년 논문 '시장 효율성, 장기 수익, 행동 금융'에서 소위 행동 금융에 대해 비판했다.[16]

과학적 표준 규칙에 따르면 시장 효율성은 오직 더 나은 모델로만 대체된다. 시장 효율 가설의 대안은 벅찬 과제를 안고 있다. 투자자 심리가 어떤 종류의 사건에 대해서는 동시에 과소반응을 하고, 또 다른 것에 대해서는 동시에 과잉반응을 야기하는 기저가 무엇인지 구체적으로 밝혀야 한다.

세 부류 사람들이 3개의 논문에서[17~19] 즉시 의문을 제기했다. 대니얼Daniel과 동료들 그리고 바베리스Barberis와 동료들은 가치 및 모멘텀 전략 모두에서 초과 수익을 낼 수 있다는 가설을 뒷받침하기 위해 심리적 편향 연구에서 도출된 여러 모델에 집중했다. 홍Hong과 스타인Stein 또한 이 문제에 도전했지만, 약간 다른 각도에서 접근했다. 대니얼과 동료들이나 바베리스와 동료들이 개별 시장 참여자들의 투자자 심리에 초점을 맞춘 반면, 홍과 스타인은 각기 다른 시장 참여자들 간의 상호작용에 초점을 맞추고 있는데, 홍과 스타인은 투자자들은 펀더멘털이나 기술 투자 중 어느 하나만을 활용할 뿐 둘 다 사용하는 투자자는 거의 없다고 가정했다. 세 가지 이론 모두 어느 정도 모멘텀을 설명해주므로 관심 있는 독자들은 이 모든 논문을 찾아볼 것을 권한다. 그러나 이 중 가장 경험에 기반한 기법인 바베리스와 동료들의 논문에 특히 주목해보자.[20]

바베리스와 동료들은 가치와 모멘텀은 서로를 반영하는 편향에 의해 주도된다고 결론지었다. 가치는 앞서 설명한 것처럼 과잉반응 문제로 주도되는데, 과잉반응 상태에서는, 사람들은 최근에 접한 소량의 데이터를 분석하기도 전에 이미 자신만의 결론을 내린다. 이와는 대조적으로, 모멘텀은 과잉반응의 반대인 과소반응에 의해 추진된다. 과소반응 상태에서는, 사람들은 새로운 증거를 접해도 좀처럼 자신의 견해를 바꾸려 하지 않는데, 이는 체계적인 행동 편견 때문일 수도 있고 단지 인간의 인지 능력이 제한되어 있기 때문일 수도 있다(즉, 학술 용어로 '집중력의 한계limited attention'다). 하지만 무엇이 한 상황에서 과잉반응을 유발하고 또 다른 상황에서는 과소반응을 일으키는가?

모든 행동 이론의 난제는 무엇이 과잉반응을 유발하고 무엇이 과소반응을 유발하는지를 이해하는 것이다. 다시 말해, 왜 시장 참여자들은 행동적 '체제 변환regime-shifting'에 관여하며, 우리는 그들이 왜, 그리고 어떻게 그러는지 이해할 수 있는가?

바베리스와 동료들은 그리핀Griffin과 트베르스키의 연구를 참고했는데,[21] 그들은 장기간 연속된 호재와 동떨어지거나 그와 상관없이 발생한 호재는 과소평가(즉, 보수주의)로 이끌고 장기간 호재 속에 발생한 호재는 과대평가(즉, 대표성 representativeness)를 이끈다고 믿게 됐다. 경험적 증거는 바베리스와 동료들의 이론을 강하게 뒷받침한다. 2002년 로버트 블룸필드Robert Bloomfield와 제프리 헤일즈Jeffrey Hales는 코넬 MBA 학생들과 통제된 거래 실험을 수행했고, 그 결과 경영학도들이 새로운 정보를 어떻게 인지하느냐에 따라 행동적 체제 변환에 빠져든다는 사실을 알아냈다.[22]

이 문제를 구체적이고 일상적인 용어로 표현해보자. 계속해서 양호한 실적을 공개하고 있는 회사를 예로 들어보자. 투자자들이 이 회사의 또 다른 강한 긍정적인 실적 발표를 보면 어떻게 생각할까? 투자자들은 이러한 경향이 지속되리라 예상한다. 그렇게 결론을 내려야 지금까지 관측된 수익 추세를 '대표'하기 때문이다. 하지만 이는 투자자들이 과잉반응한 것이다. 그들은 지나치게 낙관적으로 강세장을 보고 있고, 이러한 강한 수익 성장이 미래에도 계속 일어날 것으로 예상하므로, 주식을 펀더멘털과 단절될 정도로 지나치게 높은 수준으로 끌어올리려 한다. 이 시점에서 부정적인 수익 관련 뉴스가 있다면, 투자자들은 그들의 낙관론과 일치하지 않는 뉴스에 충격을 받고 주식을 팔게 되고 가격은 하락한다. 이러한 행동이 성장 투자다.

이제 최근 수익이 다소 고르지 않았던 회사를 예로 들어보자. 이 상태에서 투자자들이 어닝 서프라이즈earnings surprise에 대한 뉴스를 접하게 되면 어떤 일이 일어날까? 그들은 회의적이고, 보수적이며, 웬만해서는 믿음을 바꾸려 하지 않는다. 그들은 또한 적극적인 주식 매수를 주저한다. 결국 뉴스는 반짝 실적에 대한 것이었고 향후 수익도 그다지 강하지 않았다면 어떻게 될까? 이 경우 투자자들은 강한 수익에 미온적 반응을 보이고 최근 수익에 대한 정보 내용을 과소평가한다고 말할 수 있다. 그들은 지나치게 비관적이어서 비록 뉴스에서 여전히 저평가됐다는 소식을 전해도 주가를 올리지는 않을 것이다. 오직 시간이 흐른 뒤에야 가격은 새로운 펀더멘털 정보를 완전히 반영하기 위해 오르게 된다. 이러한 행동은 모멘텀 투자다.

바베리스와 동료들이 매개변수를 다양하게 조정하며 테스트한 다음 내린 결론은 가치와 모멘텀 투자 모두 그럴만했다는 것이었다(즉, 여러 기간에 걸친 최근의 이익 추세에 따라 과소반응이나 과잉반응 모두 확실히 만연해지는 듯했다).

솔직히, 가치나 모멘텀을 모두 이끌어내는 행동 편향에 대한 명확한 결론은 없으며, 어쩌면 앞으로도 영원히 없을지 모른다. 그러나 이 두 가지 아노말리 모두 부분적으로 행동적 편향으로 인한 가격산정오류에 의해 유발된다는 것에는 일반적인 공감대가 형성되어 있는 것 같다. 가치 및 모멘텀 신호는 투자자의 체계적인 기대 오차를 유발하는 행동 편향의 다른 모습일 뿐이다. 경험적 증거는 이 가설을 강하게 뒷받침하며, 아스네스[Asness], 모스코위츠[Moskowitz], 페데르센[Pedersen]의 2013년 '가치와 모멘텀의 만연'이란 제목의 논문에서 체계화됐다.[23]

어떤 면에서 우리는 형편없는 선수들이 가치나 모멘텀처럼 아노말리에 기여하도록 하는 특정한 메커니즘에 대해 너무 신경 쓰지 말아야 할지도 모른다. 모두가 왜 모멘텀이나 가치가 작동하는지 이해하고 동의하는 것은 중요하지 않을 수도 있다. 투자자는 그냥 효과가 있다는 것만 신경 쓴다. 모멘텀은 잘 작동하는 것 같고, 우리는 형편없는 선수들이 그 원인에 얼마나 영향을 끼쳤는지 다뤘기 때문에, 이제는 기본적인 질문을 하나 해야 한다. 왜 스마트 머니는 이 아노말리를 이용해 돈을 벌기 위한 차익 거래를 하지 않았을까?

최고의 선수들은 모멘텀에 대해 어떻게 생각하는가?

가치 투자와 마찬가지로, 모멘텀 투자도 소수의 투자자들만이 소유하고 있는 높은 수준의 훈련을 필요로 한다. 모멘텀이 항상 효과가 있는 것은 아니며 극적으로 실패할 수도 있다. 이러한 가혹한 현실은 많은 자본이 모멘텀에 너무 깊이 발을 담그지 못하게 한다. 간단히 말해 모멘텀은 너무 위험하다.

모멘텀이 때때로 재산 축적에 해로울 수 있다는 점을 지적하기 위해, 2008년 금융위기와 그 이후 기간 동안 모멘텀 투자의 고통에 대해 살펴봤다. 2008년 1월 1일부터 2009년 12월 31일까지 모멘텀 포트폴리오(고 모멘텀 수익률 십분위, 가치 가중 수익률), 성장 포트폴리오(낮은 B/M 수익률 십분위, 가치 가중 수익) 및 S&P 500 총 수익률(SP500)을 조사했다. 결과는 표 3.2에 나와 있다. 모든 수익은 총 수익이며 배분이익(예: 배당)의 재투자를 포함한다. 결과는 모든 수수료를 포함한 값이다.

상대적으로, 상당 부분 모멘텀이 저조했다. 위험 조정 통계량으로 보면, 실적은 훨씬 더 나빠진다. 액티브 모멘텀 전략을 따르는 것은 액티브 가치 전략과 비슷하게, 뛰어난 투자 자문가들이 해고될지도 모르는 강한 직업 위험 요소를 내포하고 있음이 분명하다. 하지만 가치 전략보다 훨씬 더 나쁘다.

▼ 표 3.2 모멘텀 투자의 성과는 나쁠 수 있다(2008년~2009년).

	모멘텀	성장	가치	SP500
CAGR	−17.65%	−8.52%	−6.69%	−10.36%
표준 편차	26.03%	23.45%	45.60%	23.24%
하방 편차	20.67%	17.38%	23.06%	17.37%
샤프 지수	−0.64	−0.30	0.05	−0.39
소르티노 지수(MAR = 5%)	−1.01	−0.64	−0.09	−0.76
최대 하락 비율(MDD)	−51.25%	−46.72%	−61.04%	−47.75%
최저 월 수익률	−15.19%	−16.13%	−28.07%	−16.70%
최고 월 수익률	11.09%	9.92%	36.64%	9.42%
수익이 난 개월 수	50.00%	54.17%	62.50%	54.17%

표 3.3은 금융 위기 기간의 수익률은 물론 그 이후 기간인 2008년 1월 1일부터 2014년 12월 31일까지의 수익률도 포함해서 보여주고 있다. 결과는 모든 수수료를 포함한 금액이다. 단순한 패시브 지수 펀드가 7년이라는 기간에 걸쳐 모멘텀 투자를 능가했다![24]

▼ 표 3.3 모멘텀 투자의 성과는 나쁠 수 있다(2008년~2014년).

	모멘텀	성장	가치	SP500
CAGR	6.55%	8.69%	8.45%	7.44%
표준 편차	22.24%	17.13%	29.73%	16.75%
하방 편차	17.03%	12.92%	20.78%	13.30%
샤프 지수	0.39	0.56	0.41	0.50
소르티노 지수(MAR = 5%)	0.23	0.37	0.36	0.27
최대 하락 비율(MDD)	−51.25%	−46.72%	−61.04%	−47.75%
최저 월 수익률	−15.91%	−16.13%	−28.07%	−16.70%
최고 월 수익률	14.93%	11.21%	36.64%	10.93%
수익이 난 개월 수	61.90%	61.90%	59.52%	63.10%

1994년부터 1999년까지의 가상의 가치 투자자의 결과를 봤을 때 우리가 던졌던 동일한 질문을 스스로에게 해보자.

> 자산 관리자가 7년 동안 벤치마크보다 저조한(때로 두 자리 수) 경우, 해고하시겠습니까?

대부분의 투자자들에게는 당연히 '그렇다!'이며, 이 대답은 자리 보존을 걱정하는 전문 자산 관리자들에게는 '절대 해서는 안 되는 일'이라고 해석된다. 그러나 모멘텀 전략을 이용할 때 소요되는 시장 마찰은 자리 보존 정도의 위험을 훌쩍 넘어선다. 상대적으로 거래 빈도가 낮을 때 효과가 있는 가치 투자(예: 연간 재조정 포트폴리오가 위험 조정 수익을 초과)와 달리, 모멘텀 전략이 효과가 있으려면 더 높은 수준의 거래 빈도(예: 분기 재조정 포트폴리오는 위험 조정 수익을 초과했지만 연간 재조정 포트폴리오는 그렇지 못함)가 필요하다. 거래 빈도는 거래 비용을 증가시키며, 이 비용은 엄청나게 높아질 수 있으므로 전략의 수익성을 제한할 수 있다. 이 상황은 차액 거래의 한계로 설명할 수 있지만, 프라치니[Frazzini] 등은 이 문제를 알아보기 위해 AQR 자산 관리에서 1조 달러 이상의 실시간 거래 데이터를 사용해 조사한 결과, 효율적인 기관 투자자의 거래 비용으로는 그들이 모멘텀 전략을 꺼리는 이유를 설명할 수 없다는 사실을 발견했다.[25]

모멘텀은 성장이 아닌 가치 투자와 유사하다

모멘텀 투자는 성과나 지속 가능한 액티브 투자 프레임워크의 측면에서 성장보다는 가치 투자와 더 유사하다. 성과 측면을 보면, 가치와 모멘텀은 모두 다양한 시장, 자산 등급 및 기간에 걸쳐 학계 연구자들에 의해 광범위하게 테스트된 역사적 위험 조정 수익률을 갖고 있다. 이러한 아노말리 성과를 설명하기 위해, 학계에서는 가치와 모멘텀 프리미엄은 숨겨진 체계적인 위험 요소(더 높아진 기대 수익을 정당화하는 이유)와 가격산정오류 요소(더 높아진 기대 수익의 확실하지 않은 이유)의 조합에 의해 발생한다는 데 의견을 모으고 있다. 가격산정오류의 관점에서는 가치와 모멘텀 지표가 (결국 가치나 모멘텀 투자자에게 유리한 방향으로 움직이게 될) 시장 기대치로 어려움을 겪고 있는 주식을 선별하는 신호로 작용한다. 가격산정오류와 관련된 이러한 측면은 많은 스마트 머니가 가치나 모멘텀을 차익 거래하기에는 많은 제약이 따른다는 가혹한 현실과 맞물려 있다. 이러한 자본 풀 중 많은 수는 액티브 가치와 모멘텀 전략을 추구하는 데 따른 높은 변동성과 극단적인 직업 위험에 직면하게 된다. 가치 및 모멘텀 프리미엄은 아마도 다음 가정이 성립된다면 계속 유지될 것이다. (1) 가치와 모멘텀은 근본적으로 더 위험한 전략이다. (2) 투자자들은 여전히 행동적 편향에 시달릴 것이다. (3) 대규모 차익 거래는 비용이 많이 들고 어렵다.[26]

요약

3장에서는 모멘텀 연구의 역사에 대해 알아봤는데, 초창기 훌륭한 기법으로 여겨지던 시대부터 EMH 황금기에 따른 암흑기를 거치며 최근의 학문적 관심으로 부활하기까지의 과정을 살펴봤다. 그런 다음 펀더멘털 대비 더 높은 가격이 형성된 주식을 매수하는 것으로 정의되는 성장주 투자가 강한 상대적 수익률을 가진 모멘텀 투자와 동일한 것으로 흔히 오해받는 상황을 살펴봤다. 이는 완전히 잘못된 이야기다. 비싼 주식을 매수하는 것은 강한 상대 수익을 낸 주식을 사는 것과 같지 않다. 한 전략은 수익을 내겠지만 다른 것은 그렇지 않다. 다음으로 지속 가능한 액티브 투자의 관점으로 모멘텀을 살펴봤다. 모멘텀 전략의 초과 기대 수익은 투자자의 행동적 편향이 차익 거래의 한계와 결합되어 가능하며, 이는 장기적인 수익을 낼 수 있다는 점을 합리적으로 설명해준다.

이제 여러분에게 모멘텀이 가치 투자와 마찬가지로 거의 틀림없이 지속 가능한 아노말리라고 확신시켰다는 가정하에서, 이 두 가지 아노말리를 함께 사용할 때 정말 흥미로운 결과를 얻게 된다는 점을 조사해볼 것이다. 4장에서는 왜 모든 포트폴리오에서 가치와 모멘텀 시스템을 결합하는 것을 고려해야 하는지 살펴볼 것이다.

참고문헌

1. Robert Bloch, *TheWarren Buffett Bible* (New York: Skyhorse Publishing, 2015).

2. Robert Levy, "Relative Strength as a Criterion for Investment Selection," *The Journal of Finance* 22 (1967): 595-610.

3. Burton G. Malkiel, *A Random Walk Down Wall Street* (New York: Norton, 1973).

4. Jensen and Bennington take Levy's work to task in "Random Walks and Technical Theories: Some Additional Evidence," *The Journal of Finance* 25 (1970): 469-482.

5. Mark Carhart, "On Persistence in Mutual Fund Performance," *The Journal of Finance* 52 (1997): 57-82.

6. Eugene F. Fama and Kenneth R. French, "Dissecting Anomalies," *Journal of Financial Economics* 63 (2008): 1653-1678.

7. 참고문헌 6과 동일

8. Justin Birru, "Confusion of Confusions: A Test of the Disposition Effect and Momentum," *The Review of Financial Studies* 28 (2015): 1849-1873.

9. Thomas George and Chuan-Yang Hwang, "The 52-Week High and Momentum Investing," *The Journal of Finance* 59 (2004): 2145-2176.

10. James Davis, "The Cross-Section of Realized Stock Returns: The Pre-COMPUSTAT Evidence," *The Journal of Finance* 49 (1994), 1579-1593; Eugene F. Fama and Kenneth R. French, "Size and Book-to-Market Factors in Earnings and Returns," *The Journal of Finance* 50 (1995): 131-155.

11. Kent Daniel and Sheridan Titman, "Evidence on the Characteristics of Cross Sectional Variation in Stock Returns," *The Journal of Finance* 52 (1997), 1-33; Joseph Piotroski and Eric So, "Identifying Expectation Errors in Value/Glamour Strategies: A Fundamental Analysis Approach," *The Review of Financial Studies* 25 (2012), 2841-2875; Jack Vogel, "Essays

on Empirical Asset Pricing," dissertation Drexel University, 2014.

12. Beaver, William, Maureen McNichols, and Richard Price, "Delisting Returns and Their Effect on Accounting-basedMarket Anomalies," *Journal of Accounting and Economics* 43 (2007): 341-368.

13. Fama and French.

14. Cliff Asness, Andrea Frazzini, Ron Israel, and Toby Moskowitz, "Fact, Fiction, and Momentum Investing," *The Journal of Portfolio Management* 40 (2014): 75-92.

15. mba.tuck.dartmouth.edu/pages/faculty/ken.french/data_library.html, accessed 12/30/2015.

16. Eugene F. Fama, "Market Efficiency, Long-Term Returns, and Behavioral Finance," *Journal of Financial Economics* 49 (1998): 283-306.

17. Nicholas Barberis, Andrei Shleifer, and Robert Vishny, "A Model of Investor Sentiment," *Journal of Financial Economics* 49 (1998): 307-343.

18. Harrison Hong and Jeremy Stein, "A Unified Theory of Underreaction, Momentum Trading, and Overreaction in Asset Markets," *The Journal of Finance* 54 (1999): 2143-2184.

19. Kent Daniel, David Hirshleifer, and Avanidhar Subrahmanyam, "A Theory of Overconfidence, Self-Attribution, and Security Market Under- and Over-Reactions," *The Journal of Finance* 53 (1998): 1839-1885.

20. 바베리스[Barberis]와 동료들의 이론에 반하는 연구도 있다. 예를 들어 알렌산더 힐러트[Alexander Hillert], 하이코 제이콥스[Heiko Jacobs], 세바스찬 뮬러[Sebastian Muller]의 'Media Makes Momentum'(The Review of Financial Studies 27, 2014, 3467-3501)이 있다. 현실은 이런 모든 이론이 아마도 모멘텀과 관련된 증거를 일부 설명해주는 듯하다. 그리고 모멘텀은 분명히 어떤 종류의 행동 편향으로부터 야기되며, 그 형태는 바베리스와 동료들이 얘기한 것과 반드시 일치하지는 않을 수도 있다.

21. Dale Griffin and Amos Tversky, "The Weighing of Evidence and the Determinants of Confidence," *Cognitive Psychology* 24 (1992): 411-435.

22. Robert Bloomfield and Jeffrey Hales, "Predicting the Next Step of a Random Walk: Experimental Evidence of Regime-Shifting Beliefs," *Journal of Financial Economics* 65 (2002): 397-414.

23. Cliff Asness, Toby Moskowitz, and Lasse Pedersen, "Value and Momentum Everywhere," *The Journal of Finance* 68 (2013): 929-985.

24. 더 재미있는 사실은 2008년부터 2014년까지는 아이러니하게도 성장 투자가 가장 실적이 좋았다는 점이다.

25. Andrea Frazzini, Ronen Israel, and Toby Moskowitz, "Trading Costs of Asset Pricing Anomalies," AQR working paper, 2014.

26. 가치와 모멘텀 프리미엄 모두가 어떤 리스크에 기인한다고 가정하더라도 미래에 리스크 선호도가 달라지면 프리미엄도 영향을 받을 수 있다.

CHAPTER 4

모든 가치 투자자에게
모멘텀이 필요한 이유

"[모멘텀]은 일본을 제외한 전 세계에서 발생한다."

– 유진 파마, 2008 미국금융협회American Finance Association 인터뷰1

"우리는 일본에서의 모멘텀 투자가 실제로는 성공적이라는 사실을 발견했다."

– 클리프 애스니스, 2011 「포트폴리오 매니지먼트 저널Journal of Portfolio Management」2

그 단순함에도 불구하고, 일반 모멘텀은 독자적인 투자 전략으로서는 잘 작동할지 몰라도 모든 곳에서 다 효과를 볼 수는 없다고 누군가 주장할 수도 있다. 모멘텀이 '실패'한 사례 중 하나가 일본 주식인데, 이 점에 대해서는 조금 있다 더 많은 정보를 알아보자. 그러나 효율적인 시장 가설EMH을 뒷받침하는 조사 결과에 대해서만 거의 편파적으로 우호적인 학계의 연구자들 사이에서조차도 광범위하게 합의된 의견은, 여러 증거를 살펴보면 위험을 통제한 후에도 모멘텀 기반의 주식 선정 전략이 시장 초과 수익을 낼 수 있다는 개념은 유효하다는 것이다. 간단히 말해서, 모멘텀에는 무언가 특별한 것이 있다는 뜻이다. 효율적인 시장에 대한 믿을 수 없을 정도의 경험적 연구로 유명한 유진 파마에게조차 모멘텀은 효율적인 시장 이론과 관련되어 가장 큰 당혹감을 안겨줬고, 이는 그가 모멘텀을 '프리미어 아노말리'라고 칭한 점에서 잘 드러난다.3

모멘텀은 미신이다

그럼에도 불구하고, 모멘텀은 진짜가 아니라는 미신은 계속해서 널리 퍼지고 있다. 예를 들어, 2008년 미국금융협회 인터뷰에서 최고의 금융 경제학자인 리처드 롤 Richard Roll 은 금융 경제학의 황제인 유진 파마를 인터뷰했다. 롤과 파마는 소위 가치 프리미엄에 대해 활발한 토론을 벌였는데, 저가주와 관련된 추가 수익이 추가 위험 에 대한 보상인지 아니면 가격산정오류로부터 기인한 것인지에 대한 주제에서 서로 교착 상태에 빠졌다. 롤 교수는 이어서 모멘텀 프리미엄에 대해 정답이 없는 질문을 던졌다. 파마는 마지못한 듯 대답하기를, 모멘텀 효과가 세계 증시에 만연하고 있지 만 일본 증시는 모멘텀 효과에 영향을 받지 않는 것 같다고 바로 지적했다. 롤도 동 일한 반응을 보이며 아마도 일본 투자자들이 '더 이성적인' 것 같다고 받았다. 파마 는 빈정대며 우스개 조로 일본에서 모멘텀 기반 주식 선택의 부진한 결과가 모멘텀 결과에 관한 규칙 그 자체였으면 좋겠다고 말하면서, 그 규칙의 예외는 단순히 데이 터 오용의 결과였으면 좋겠다고 말했다.[4]

애스니스가 진실과 허구를 구분하다

하지만 모든 사람이 롤과 파마의 고차원적 만담에 만족한 것은 아니었다. 시카고 대 학교의 금융학 박사이자 파마의 학생이었으며 AQR의 창업자인 클리프 애스니스는 EMH '당론'을 만드는 데 별 관심이 없었다. 아마 애스니스도 파마와 롤의 인터뷰를 지켜봤을 것이다. 왜냐하면 몇 년 후인 2011년에 그는 '일본의 모멘텀: 규칙을 입증 하는 예외'라는 반항적인 제목의 논문을 「포트폴리오 매니지먼트 저널」에 게재했기 때문이다.

애스니스의 논문은 모멘텀과 관련된 단순하지만 심오한 부분을 조명했다. 한편으로 는 일본의 일반적인 모멘텀 전략을 고립시켜 살펴보면 모멘텀은 효과가 없어 보인 다. 그러나 전략은 포트폴리오의 맥락에서 평가할 필요가 있으므로, 개별 투자 가치 뿐만 아니라 포트폴리오에 대한 잠재적 다각화 편익도 파악해야 한다고 지적했다.

예를 들어 주식 시장에서 3개월 만기 풋옵션^{put option}을 계속 구매하는 전략을 평가한다면, 그 전략이 마이너스 수익과 엄청난 변동성을 갖는다는 결론이 내려질 것이다. 이러한 결과가 풋옵션의 가격이 비효율적으로 정해졌음을 의미하지는 않지만, 이러한 결론은 포트폴리오의 맥락에서 풋옵션이 어떻게 작용하는지를 평가할 때에만 명확해진다. 포트폴리오의 관점으로 보면, 풋옵션은 놀라운 다각화 편익(즉, 보험)을 제공하며, 이는 투자자들이 풋 구매 전략에 따른 마이너스 기대 수익도 기꺼이 받아들이게 되는 이유를 명백히 설명해준다.

풋과는 대조적으로 모멘텀에 기반한 주식 선별 전략은 극단적 보험 같은 다각화 편익을 제공해주지는 않지만, 모멘텀 전략은 전반적인 다각화와 관련해 강력한 효과를 낳을 수 있다. 예를 들어, 롱 전용^{long-only} 모멘텀 전략은 범 주식 시장과 완벽하게 상관되지는 않으며 전통적인 가치 전략과는 낮은 상관관계를 갖는다. 이러한 특징들은 모멘텀이 가치 전략과 함께 사용될 때 포트폴리오를 매우 바람직한 방향으로 이끈다.

이런 추론에 따라 애스니스는 포트폴리오의 예상 위험 조정 수익을 극대화하는 것을 고려하는 일본 투자자들은 항상 상당한 양의 포트폴리오 자산을 모멘텀 전략에 투자할 것임을 보여줬다. 이는 대단한 통찰력으로서, 논문은 이 점을 분명히 한다. 그러나 애스니스 논문의 전제는 일본에서 모멘텀이 얼마나 중요할 수 있는지 알아보기 위해 노력할 필요가 있다는 것이다. 애스니스의 결과를 좀 더 자세히 들여다보면 그의 분석은 대개 일본 롱/숏^{long/short} 포트폴리오에 초점을 맞췄음을 알 수 있는데, 이는 통상적으로 많은 장기 투자자가 이용하는 포트폴리오가 아니다. 이런 롱/숏 포트폴리오는 모멘텀 포트폴리오 중 숏 부분이 롱 전용 모멘텀 포트폴리오의 성과를 갉아먹기 때문에 실적이 좋지 않을 수 있다. 애스니스는 롱 전용의 결과에 대해서는 알아보지 않았지만, 여기서는 그의 분석을 연장해 표 4.1에 있는 더 많은 전통적 롱 전용 포트폴리오를 사용했다. 이 분석을 위해 AQR의 데이터를 사용해 롱 전용 일본 모멘텀 포트폴리오에 적용한 결과를 살펴봤다.[5] 일본 지수는 MSCI 일본 총 수익률 지수로 나타냈다. 이 수익률은 1982년 1월 1일부터 2014년 12월 31일까지다. 모든 수익률은 총 수익률이며 배분 이익(예: 배당) 재투자를 포함한다. 또 결과는 모든 비용을 포함한 것이다.

▼ 표 4.1 일본 주식 시장 수익률(1982년~2014년)

	일본 모멘텀	일본 지수
CAGR	5.82%	3.81%
표준 편차	23.10%	19.37%
하방 편차	13.57%	12.84%
샤프 지수	0.18	0.08
소르티노 지수(MAR = 5%)	0.24	0.05
최대 하락 비율(MDD)	−65.95%	−68.83%
최저 월 수익률	−21.88%	−21.06%
최고 월 수익률	22.99%	19.97%
수익이 난 개월 수	55.05%	53.54%

롱 전용 모멘텀 포트폴리오도 분명히 지수를 큰 폭으로 앞지르며 효과가 있음을 알 수 있다. 연구자들이 합리적으로 접근할 수 있는 모든 장기 데이터의 분석에서 모멘텀이 작동하는 것을 볼 수 있기 때문에 이 결과는 그리 놀라운 것은 아니다. 우리는 애스니스가 자신의 연구 목적을 위해 롱/숏 모멘텀 포트폴리오에만 초점을 맞춘 배경을 이해하고 있지만, 이런 점이 투자 대상자들을 혼동시키고 문제를 혼란스럽게 한다. 실제로는 일본에서도 일반적인 롱 전용 모멘텀이 효과가 있는 것이다. 그리고 애스니스 논문의 맥락에서도 투자자들은 특히 롱/숏 가치 포트폴리오를 만들 때는 롱/숏 모멘텀 부분을 같이 고려해야 한다는 중요한 사실을 시사하고 있다.

이제 이 장의 나머지 부분에 걸쳐 가치와 모멘텀을 더 결합해야 한다는 애스니스의 아이디어를 좀 더 자세히 알아본다(롱/숏이 아닌 롱 전용의 결과에 중점을 둔다). 수많은 사실들을 보고 나면 이성적인 투자자들은 동의할 것이라 생각한다. 투자자들은 모멘텀으로부터 이익을 얻고, 모멘텀을 받아들일 가능성이 거의 없는 가치 투자자들은 모멘텀이 실제로 이익을 주는 상황을 맞이하게 될 것이다. 그리고 애스니스의 저널 논문 제목이 강조하듯이, 일본의 모멘텀에 대한 더 깊은 분석은 모멘텀에 찬물을 끼얹는 것이 아니라, 오히려 그 효과를 강조할 뿐이다.

모멘텀으로 투자 범위를 넓혀라

현대의 포트폴리오 이론은 투자자가 주어진 위험 수준에 따른 기대 수익을 최대화하는 포트폴리오를 구성하기 위해 수학을 어떻게 동원해야 하는지 설명해주었고, 그중 가장 유명한 이론인 자본 자산 가격 모델^{CAPM, Capital Asset Pricing Model}은 피셔 블랙^{Fischer Black}에 의해 다음과 같이 가장 적절히 묘사되었다. "[그 이론은] 맞다. 다만 효과가 없을 뿐이다."[6] 매년 금융 학부생들에게 가르치는 '기분 좋은' 펀드 구성은 훌륭한 학습 도구다. 단순히 기대 수익의 벡터와 일련의 자산 또는 증권에 연계된 공분산 행렬^{covariance matrix}을 컴퓨터에 입력하기만 하면, 주어진 위험 수준에 대해 기대 수익을 극대화할 수 있는 소위 최적의 포트폴리오 가중치를 얻을 수 있다. 다른 모든 것처럼 사후 판단에 따른 이익으로 보면 현대 포트폴리오 이론의 교훈도 간단해 보인다. 하지만 이 이론의 바탕이 된 '최적 포트폴리오의 선택'에 관한 논문을 썼던 해리 마코위츠^{Harry Markowitz}는 그 업적으로 노벨상을 수상했다.

우리를 포함해서 일부 학자 및 전문가들은 현대 포트폴리오 이론의 근간을 이루는 핵심 아이디어인 복잡한 포트폴리오 최적화 이론을 과장되게 회의적으로 비판하기도 하지만, 성공적인 투자 프로그램을 구축하는 데 있어 현대 포트폴리오 이론은 매우 중요하다. 거기에는 특정 아이디어를 언제 채택할지, 언제 버릴지를 아는 것도 포함된다. 현대 포트폴리오 이론의 급소 또는 핵심 명제는 종종 효율적 경계선^{efficient frontier}이라 불리는 소위 평균 분산^{MV, mean-variance} 경계선이다. MV 개척자들은 이용 가능한 요소들, 즉 자산들 간의 기대 이익과 자산 전체에 걸친 공분산 행렬을 이용해 조사 대상 자산들 간의 가중치를 이동시켜가며, 투자자가 달성할 수 있는 최적의 예상 위험과 보상의 조합을 조정해나갔다. MV 경계선을 투자자가 수익률은 극대화하고 리스크는 최소화할 수 있는 최고의 레시피라고 생각해보라.

현대 포트폴리오 이론이 실제에 적용된 예로서, 그림 4.1은 가치 및 모멘텀 포트폴리오에 켄 프렌치 데이터를 사용해 1927년부터 2014년까지 4개 포트폴리오의 역사적 수익 및 표준 편차를 보여준다.[7] 이 포트폴리오에 대한 설명은 다음과 같다.

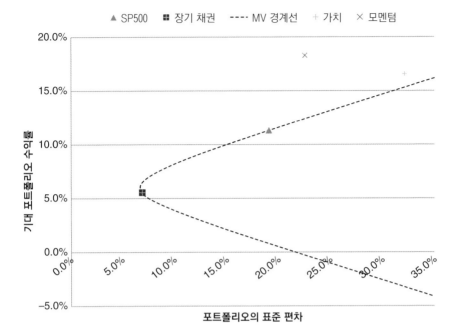

legend: ▲ SP500　■ 장기 채권　---- MV 경계선　+ 가치　× 모멘텀

▲ 그림 4.1 현대 포트폴리오 이론 차트(1927년~2014년)

- **SP500** = SP500 전체 수익률 지수
- **가치** = B/M으로 구성한 상위 십분위 가치 가중 포트폴리오
- **모멘텀** = 2~12 모멘텀으로 구성한 상위 십분위 가치 가중 포트폴리오
- **장기 채권** = 메릴 린치Merrill Lynch 7~10년 국고채 지수Government Bond Index로, 이보슨Ibbotson의 『Stocks, Bonds, Bills, and Inflation Yearbook주식, 채권, 단기 채권, 인플레이션 연감』에서 얻은 데이터를 분할했다.

우리는 예상 수익률과 공분산 행렬에 대한 과거 값을 사용해 효율적 경계를 매핑해 봤다. 수익률은 모든 관리 비용과 거래 비용을 포함하고 배분 이익(예: 배당) 재투자를 포함한다. 여기서는 어떠한 자산 가중치도 음수가 될 수 없도록 공매도에 제한을 부과했다. MV 경계선을 구축하기 위해 그림 4.1에서 최적화는 S&P 500 지수와 미국채에만 투자하도록 허용했다.

1927년부터 2014년까지 미국 주식(SP500)은 상대적으로 높은 기대 수익과 표준 편차를 갖고 있는 반면, 미국 가치 주식과 모멘텀 주식은 기대 수익은 높지만 극도로 높은 변동성을 갖고 있다. 장기 채권은 표준 편차가 가장 낮지만 기대 수익은 비교적 낮다.

현대 포트폴리오는 투자자가 일반적인 주식과 채권을 현명하게 결합할 수 있고 다각화의 이점을 이용할 수 있다는 점에서 '효과적'이다. 이 결과는 평균 분산 경계선 (즉, 점선)을 따라 시각화할 수 있는데, 이는 장기채 전용 포트폴리오와 S&P 전용 포트폴리오 사이의 구간에 '곡선'으로 나타나 있다. 이 곡선은 포트폴리오가 주어진 예상 수익에 대해 더 낮은 표준 편차를 달성할 수 있도록 해주는 다각화의 편익을 나타낸다.

이상적인 환경에서는, MV 경계를 확장하고 주어진 위험 수준에 대해 더 높은 기대 수익률을 줄 수 있는 기회를 창출하는 포트폴리오를 찾을 수 있다. 아마도 반(反)직관적으로는, 가치나 모멘텀처럼 변동성이 아주 높은 자산을 포트폴리오에 추가하면, 포트폴리오 내에 이미 포함된 다른 자산과 관계되어 있지 않다는 가정하에서 MV 경계선이 확장될 수 있다.

여기서는 평균 분산 최적화가 S&P 500과 채권뿐만 아니라 2개의 추가 포트폴리오인 가치와 모멘텀에 대해서도 자산을 배분할 수 있도록 허용함으로써 이 개념을 더 조사해보자. 표 4.2에는 1927년부터 2014년까지의 패시브와 일반 가치 및 모멘텀 주식 전략 각각의 개별 특성이 요약되어 있다.

▼ 표 4.2 자산 부류별 과거 수익률

	SP500	가치	모멘텀	장기 채권
CAGR	9.95%	12.41%	16.85%	5.45%
표준 편차	19.09%	31.92%	22.61%	6.92%
하방 편차	14.22%	21.34%	16.71%	4.43%
샤프 지수	0.41	0.41	0.66	0.31
소르티노 지수(MAR = 5%)	0.45	0.54	0.79	0.12
최대 하락 비율(MDD)	-84.59%	-91.67%	-76.95%	-20.97%
최저 월 수익률	-28.73%	-43.98%	-28.52%	-8.41%
최고 월 수익률	41.65%	98.65%	28.88%	15.23%
수익이 난 개월 수	61.74%	60.51%	63.16%	63.35%

가치와 모멘텀에 관련된 수익률이 그 극단적 변동성을 상쇄하기에 충분할 정도의 수익을 가져다줬는가? 이 질문에 답하기 위해, 그림 4.2를 통해 모멘텀과 가치를 포트폴리오에 추가하고 나서 MV 경계선이 어떻게 변화되는지 살펴보자.

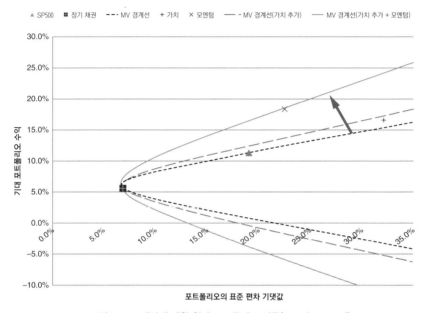

▲ 그림 4.2 모멘텀에 대한 현대 포트폴리오 이론(1927년~2014년)

결과는 놀랍다. 최적화가 가치 포트폴리오에 자산을 배분할 수 있도록 허용하면, MV 경계를 확장할 수 있다. 주어진 위험 수준에서 x축의 표준 편차로 측정했을 때, 가치주를 포함한 포트폴리오는 더 높은 수익을 제공한다. 하지만 모멘텀까지 추가한다면, 그 경계는 크게 확장될 것이다. 다시 말하지만, 주어진 표준 편차에서 가치와 모멘텀을 모두 포함하는 포트폴리오의 기대 수익률이 훨씬 더 높다는 점에 주목하자. 특히, 이 경우에 최적화는 채권과 롱 전용 가치와 모멘텀 자산 투자로부터 이미 모든 포트폴리오의 편익을 누릴 수 있으므로 패시브 인덱스는 아예 편입하지 말 것을 추천하고 있으며, 기껏해야 자산 인덱스 포트폴리오(예: S&P 500) 정도에만 자산을 배부한다. 모멘텀과 가치는 (표준 편차로 측정한) 모든 위험 수준에서 투자 기회를 크게 확장한다. 이 증거는 투자자로 하여금 그들의 리스크 수용도와 상관없이 기본 자산

할당을 액티브 모멘텀과 가치주 할당으로 대체함으로써 기대 리스크와 보상의 트레이드오프trade-off를 확대할 수 있다.

가치 투자와 모멘텀의 결혼

> "… 가치와 모멘텀은 같은 자산 부류끼리는 물론 다른 자산 부류들 간에 있어서도 서로 음의 상관관계가 있다."
>
> – 애스니스, 모스코위츠, 페데르센[8]

클리프 애스니스, 토비 모스코위츠Toby Moskowitz, 라세 페데르센Lasse Pedersen은 2013년에 '가치와 모멘텀의 만연'이라는 제목의 주목할 만한 논문을 발표했다. 이 연구는 흥미롭지만 완전히 놀랍지는 않은 현상, 즉 문자 그대로 가치와 모멘텀 프리미엄이 다음과 같이 대부분의 자산에 만연한 상황을 강조했다.

- 미국 주식
- 영국 주식
- 유럽 주식
- 일본 주식
- 통화
- 채권
- 상품

여기서는 원 논문의 데이터를 이용하고 표 4.3과 표 4.4에 결과를 취합해 분석을 갱신했다.[9] 1982년부터 2014년까지 미국, 영국, 유럽, 일본 등 4대 주식 시장에 대해 롱 전용 포트폴리오 수익률만 검토한다. 일부 시장은 더 이전 데이터도 존재하지만, 동등한 비교를 위해 모든 시장의 데이터가 존재하는 기간에서만 분석을 수행한다.

먼저, 모멘텀 결과는 표 4.3에 나타나 있다.

	미국 모멘텀	영국 모멘텀	유럽 모멘텀	일본 모멘텀
CAGR	13.75%	13.69%	14.88%	5.82%
표준 편차	17.14%	19.84%	19.13%	23.10%
하방 편차	13.02%	14.11%	13.93%	13.57%
샤프 지수	0.60	0.54	0.61	0.18
소르티노 지수(MAR = 5%)	0.73	0.70	0.77	0.24
최대 하락 비율(MDD)	-48.31%	-60.71%	-54.92%	-65.95%
최저 월 수익률	-23.89%	-27.16%	-18.95%	-21.88%
최고 월 수익률	17.65%	16.44%	18.56%	22.99%
수익이 난 개월 수	65.66%	60.35%	64.90%	55.05%

다음으로, 가치 수익률은 표 4.4에 나타나 있다.

▼ 표 4.4 가치 수익률(1982년~2014년)

	미국 가치	영국 가치	유럽 가치	일본 가치
CAGR	12.79%	12.59%	15.09%	11.11%
표준 편차	15.55%	20.02%	19.27%	21.67%
하방 편차	11.88%	12.87%	14.06%	11.91%
샤프 지수	0.59	0.49	0.62	0.40
소르티노 지수(MAR = 5%)	0.70	0.69	0.78	0.66
최대 하락 비율(MDD)	-49.80%	-54.65%	-55.30%	-41.35%
최저 월 수익률	-18.45%	-21.02%	-21.78%	-15.34%
최고 월 수익률	15.40%	19.22%	18.04%	28.88%
수익이 난 개월 수	66.16%	58.08%	64.65%	55.05%

같은 맥락에서 동일한 기간 동안 미국 증시 지수(S&P 500 총 수익 지수)는 11.96%, 영국 증시는 9.60%, 일본 증시는 3.81%의 CAGR을 기록했다.[10]

사람들은 설명할 수 없는 것을 관찰하면, "뒷배경에 뭔가 있을 거야"라고 말한다. 명백히, 표의 결과 또한 가치와 모멘텀과 관련해 뭔가가 있으리란 걸 시사한다. 가치주는 모든 주식 시장에 나타나고, 모멘텀은 모든 시장에서 강한 실적을 보이고 있다. 우리는 이 발견이 부분적으로 리스크 증가에 의해 설명된다고 생각하지만, 또한 이 책의 시작 부분에서 강조한 지속 가능한 적극적인 투자 프레임워크의 발현이기도 하다. 가치와 모멘텀과 관련된 초과 수익의 일부는 가격산정오류 기회를 만드는 행동 편향에 시달리는 시장 참여자들부터 기인한다. 이러한 전략에 의해 창출된 투자 기회는 무위험 차익 거래를 통해 이용하기가 어렵기 때문에, 가격산정오류 기회는 데이터에 계속 남아 있다.

그러나 가치와 모멘텀이 다양한 자산 부류와 기간에 걸쳐 작동한다는 증거가 완전히 새로운 것은 아니다. 애스니스와 동료들을 독특하게 만들고, 우리가 이전 절에서 포트폴리오 이론의 교훈을 간단히 언급했던 것은, 그들이 가치와 모멘텀을 시스템적으로 함께 사용하는 방법을 통해 놀라운 수익을 창출할 기회를 탐구했다는 점이다.

표 4.5에서는 가치와 모멘텀이 시스템으로서 잘 작동하는 이유를 살펴본다. 롱 전용 포트폴리오의 경우에는 글로벌 가치와 모멘텀 포트폴리오 전반에 걸쳐, 낮은 상관관계 행렬correlation matrix을 갖는다.

▼ 표 4.5 가치와 모멘텀의 상관관계

	미국 모멘텀	영국 모멘텀	유럽 모멘텀	일본 모멘텀
미국 가치	**71%**	56%	57%	26%
영국 가치	53%	**79%**	63%	33%
유럽 가치	55%	65%	**84%**	41%
일본 가치	29%	40%	41%	**75%**

가치와 모멘텀 시스템의 작동 방식을 알아보기 위해 여기서는 가치에 50%, 모멘텀에 50%를 투자하는 결합 포트폴리오들을 구성하고 매달 배분량을 재조정한다. 1982년~2014년 기간 동안의 가치와 모멘텀 포트폴리오에 대한 요약 통계량은 표 4.6에 수록되어 있다.

위험 조정된 통계량은 전반적으로 약간 개선되고 글로벌 가치 및 모멘텀(글로벌 V/M으로 지정됨)은 기대에 부합한다. 그러나 요약 통계량은 언제까지 '프로그램을 유지해도 되는지'는 파악하지 못한다. 예를 들어, 가치 투자는 장기적으로 볼 때 좋아 보이고 일부 투자자들은 5년 연속 저조한 실적을 보면서도 깊은 가치 전략을 고수하고 있지만, 이는 대부분의 투자자들에게는 있어서는 비현실적 시나리오다. 그리고 위경련을 일으킬 만큼의 저조한 성과를 보며 장기간에 걸쳐 모멘텀 포트폴리오를 유지하는 것도 마찬가지다. 고맙게도, 우리는 가치와 모멘텀을 결합해 각각의 전략을 단독으로 고수했을 때 받았을 고통을 줄일 수 있다.

▼ 표 4.6 가치와 모멘텀 결합 포트폴리오

	미국	영국	유럽	일본	글로벌 V/M
CAGR	13.49%	13.37%	15.15%	8.76%	13.29%
표준 편차	15.14%	18.86%	18.43%	20.95%	15.08%
하방 편차	11.60%	12.93%	13.72%	11.88%	11.20%
샤프 지수	0.64	0.54	0.64	0.31	0.63
소르티노 지수(MAR = 5%)	0.77	0.73	0.79	0.47	0.78
최대 하락 비율(MDD)	−48.95%	−57.66%	−55.04%	−47.36%	−49.72%
최저 월 수익률	−20.88%	−24.09%	−20.13%	−18.44%	−17.75%
최고 월 수익률	13.32%	16.74%	15.62%	25.24%	11.83%
수익이 난 개월 수	64.90%	61.87%	64.14%	54.29%	63.64%

장기 예상 수익으로 가는 여정에 닥칠 고통을 완화하기 위한 가치와 모멘텀의 결합 포트폴리오 성과를 평가하기 위해, 특정 전략과 패시브 기준 대비 5년 복리 연간 성장률 차이를 조사해봤다. 여기서는 결합 포트폴리오, 모멘텀 전용 포트폴리오 및 가치 전용 포트폴리오를 검토했으며, 그 결과는 그림 4.3 ~ 그림 4.7에 나타나 있다.

먼저, 미국을 살펴보자(그림 4.3 참조). 이 결과는 1982년~2014년에 걸친 것이며, 애스니스와 동료들이 문서에서 사용했던 가치와 모멘텀 포트폴리오를 사용한다. 가치와 모멘텀은 각각 5년 주기로 벤치마크를 하회하는 경우가 여러 차례 이어진다. 결합 포트폴리오는 5년 주기에서 성과가 저조하지만, 대부분의 경우 장기 수익에 있어 우위를 점한다.

다음으로 미국에서 분석한 것과 동일한 기간에 영국을 살펴본다(그림 4.4). 가치와 모멘텀은 5년 주기 동안 벤치마크 대비 저성과를 보일 수 있다. 그러나 결합 포트폴리오는 그 과정에서 발생하는 고통을 최소화한다.

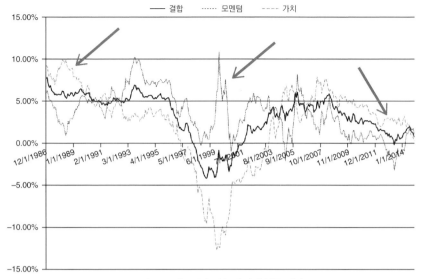

▲ 그림 4.3 미국 5년 지수 대비 수익률 차이

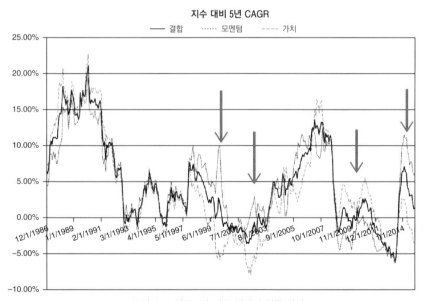

▲ 그림 4.4 영국 5년 지수 대비 수익률 차이

그림 4.5는 유럽을 살펴보는데, 패시브 지수의 데이터 제한 때문에 1999년부터 2014년까지만 조사한다. 이전의 분석과 마찬가지로 가치와 모멘텀 조합은 투자자에게 5년 주기로 더 완만한 성공률을 제공하는데, 특히 가장 최근에 분석된 것에서 그런 점을 볼 수 있다.

그다음은 1982년부터 2014년까지의 일본(그림 4.6)인데, 가치 투자가 최선이고, 모멘텀 투자는 차선책의 역할을 한다. 심지어 일본에서도 결합 포트폴리오는 가치와 모멘텀 사이의 자연스런 음양의 조화를 이루어 안정적인 장기 액티브 배분을 형성한다.

마지막으로, 글로벌 가치와 모멘텀 포트폴리오를 평가하고 이 포트폴리오를 각각 글로벌 가치 포트폴리오, 글로벌 모멘텀 포트폴리오 및 글로벌 인덱스 포트폴리오와 비교한다(그림 4.7). 이 분석은 1982년부터 2014년까지 진행되며, 가치와 모멘텀의 결합이 (시스템으로서 작동해) 액티브 투자자들에게 좀 더 장기적인 관점에서 패시브 벤치마크를 일관되게 능가할 수 있는 합리적인 방법을 제공할 수 있음을 보여준다.[11]

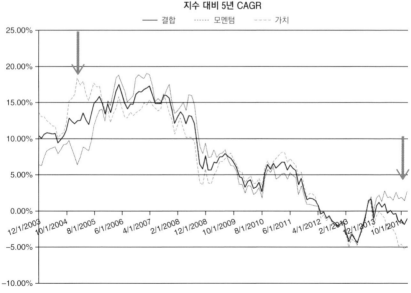

▲ 그림 4.5 유럽 5년 지수 대비 수익률 차이

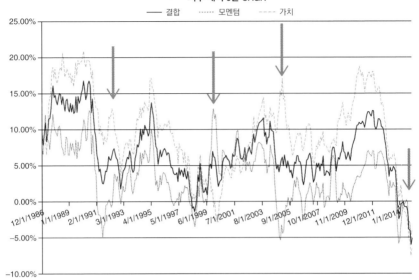

▲ 그림 4.6 일본 5년 지수 대비 수익률 차이

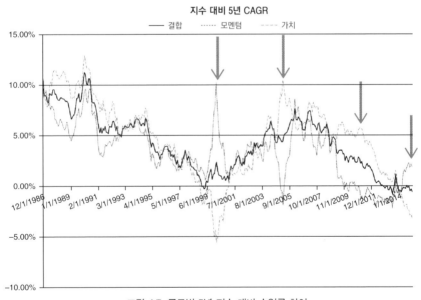

▲ 그림 4.7 글로벌 5년 지수 대비 수익률 차이

증거들은 가치와 모멘텀을 단일 포트폴리오로 결합하는 혼합 전략이, 가치 전용 투자자나 모멘텀 전용 투자자가 장기간의 저조한 실적으로 겪을 고통이 연장되지 않도록 막을 수 있음을 암시한다. 물론 모든 고통이 해소될 수 있는 것은 아니며, 전 세계적으로 다양한 가치와 모멘텀 포트폴리오가 있음에도 불구하고 투자자들은 여전히 지속적인 변동성과 저조한 실적을 견뎌야 한다는 점을 항상 명심해야 한다.

요약

4장에서는 '가치'라는 종교와 '모멘텀'이라는 종교가 결혼할 때의 이점을 설명했다. 각각으로서도 장점이 있지만, 두 시스템을 단일 포트폴리오로 결합할 경우 가치와 모멘텀의 이점이 한층 더 높아진다. 여기서는 가치와 모멘텀이 전 세계적으로 낮은 상관관계를 갖는 경향이 있으며, 글로벌 가치와 모멘텀 포트폴리오를 만드는 것은 장기 액티브 투자자들이 장기적으로 시가 총액 가중 지수를 능가할 수 있는 잠재적인 해결책으로 보인다는 점을 설명했다. 지금까지의 모든 분석은 학계 문헌에서 잘 확립되고 이해된 일반적인 가치 및 일반적인 모멘텀 데이터 정보로 이뤄졌다. 다음 절에서는 어떻게 논리적이고 경험적으로 일반적인 모멘텀 전략을 개선할 수 있는지 신중하게 검토해볼 것이다.

참고문헌

1. Eugene Fama Interview, American Finance Association, 2008. www.afajof.org/details/video/2870921/Eugene-Fama-Interview.html, accessed 2/15/2016.

2. Cliff Asness, "Momentum in Japan: The Exception that Proves the Rule," *The Journal of Portfolio Management* 37 (2011): 67-75.

3. Eugene F. Fama and Kenneth R. French, "Dissecting Anomalies," *Journal of Financial Economics* 63 (2008): 1653-1678.

4. 일반적 모멘텀 전략을 조금만 개선해도, 일본에서도 모멘텀 전략이 성공한다는 것을 알 수 있다. 관련된 예제는 다음 문헌을 참고하라. Denis Chaves, 2012, "Eureka! A Momentum Strategy that also Works in Japan," SSRN Working paper. papers.ssrn.com/sol3/papers.cfm?abstract_id=1982100, accessed, 2/15/2016.

5. "Value and Momentum Everywhere: Portfolios, Monthly," AQR (January 31, 2016), www.aqr.com/library/data-sets/value-and-momentum-everywhere-portfolios-monthly, accessed 2/15/2016.

6. 파마Fama 인터뷰

7. Kenneth French, "Current Research Returns," mba.tuck.dartmouth.edu/pages/faculty/ken.french/data_library.html, accessed 2/15/2016. 모멘텀은 2~12 모멘텀에 기반해 가치 가중한 상위 10%로 구성하고, 가치주는 B/M에 기반해 가치 가중한 상위 10%로 구성한다.

8. Cliff Asness, Toby Moskowitz, and Lasse Pedersen, "Value and Momentum Everywhere," *The Journal of Finance* 68 (2013): 929-985.

9. "Value and Momentum Everywhere: Portfolios, Monthly."

10. 패시브 벤치마크를 위해 MSCI 총 수익률 지수 데이터를 이용했다. 유럽 지수 데이터는 1999년부터 시작하므로 1982년~2014년의 수익률 리스크가 없다. 1999년~2014년에 걸쳐 유럽 가치 포트폴리오는 CAGR 9.17%를 기록했고, 유럽 모멘텀 포트폴리오는 CAGR 8.93, 유럽 지수는 4.13%를 기록했다.

11. 글로벌 가치 포트폴리오는 미국, 영국, 유럽, 일본에서 균등 가중 포트폴리오다. 글로벌 모멘텀 포트폴리오의 구성도 비슷하다. 글로벌 가치와 모멘텀 포트폴리오는 균등 가중 포트폴리오다.

PART 2

모멘텀 기반 주식 선택 모델의 구축

1부에서는 모멘텀이 잠재적으로 지속 가능한 주식 선택 기법이 될 수 있는 이유에 대해 알아보고, 과거 12개월 수익률(마지막 월 또는 최근 월은 생략하고)이 상대적으로 강한 주식을 선택해 포트폴리오를 구성하는 일반 모멘텀 전략을 사용했을 때의 수익률을 알아봤다. 일반 모멘텀 자체도 잘 작동한다는 것을 보았지만, 일반이라는 이름이 암시하듯이 이러한 형태의 모멘텀은 매우 기초적인 것이다. 2부에서는 주식 선택 모멘텀을 좀 더 깊이 분석해 모멘텀 프리미엄을 획득하는 효율적이고 효과적인 방법인 정량 모멘텀quantitative momentum을 구성하는 방법을 설명한다. 5장 '모멘텀 전략 구축의 기본 사항'에서는 일반 모멘텀 투자의 기본을 설명한다. 6장 '모멘텀 극대화: 경로가 중요하다'에서는 경로 의존성을 분석함으로써 일반 모멘텀 전략을 어떻게 차별화할 수 있는지 보여준다. 7장 '모멘텀 투자자는 계절성을 알아야 한다'에서는 모멘텀 투자에 있어서 계절적 변동 요소를 설명한다. 8장 '시장 초과 수익을 내는 정량 모멘텀'에서는 앞서의 사실들을 종합해 정량 모멘텀 전략을 자세히 설명하고 과거 수익률 데이터에 대한 깊이 있는 분석을 수행한다. 마지막으로, 9장 '모멘텀이 실제로 작동하도록 만들기'에서는 실전에서 모멘텀이 작동할 수 있게 만드는 방법을 알아본다.

CHAPTER 5

모멘텀 전략 구축의
기본 사항

"나는 금융 시장은 항상 잘못되어 있다고 주장한다…"

– 조지 소로스[George Soros1] , 『The Alchemy of Finance^{금융의 연금술}』

이 책의 1부는 우리에게 중요한 메시지를 주는데, 모든 투자자는 모멘텀을 고려해야 한다는 것이다. 그리고 가장 큰 역설은 충실한 가치 투자자들(모멘텀 전략을 절대 구사하지 않을 것 같은 사람들)이 가장 큰 수익을 볼 때는 가치 포트폴리오에 모멘텀 전략을 가미할 때라는 점이다. 아마도 이것이 최선의 방법일 것이며, 가치와 모멘텀의 조합이 시스템적으로 운영되어 장기적 포트폴리오 편익을 계속 제공해줄 수 있는 이유일 것이다. 즉, 각각의 투자 종교는 너무 엄격해서 비전형적인 아이디어를 수용하는 것에 더딜 수밖에 없다. 그러나 이제 겨우 가치와 모멘텀 사이의 종교적인 논쟁에서 벗어났다거나 최소한 가치 투자자들이 모멘텀을 살짝 접목해 보고파 하는 호기심 수준을 높였다고 가정한다면, 지금부터는 직접 나서서 실제로 사용할 수 있는 모멘텀 접근법을 만들어야 할 때다. 이런 주제하에 5장에서는 다음과 같은 내용을 다룬다.

- 일반 모멘텀의 계산 방법
- 룩백 윈도^{look-back window}가 모멘텀에 미치는 영향
- 포트폴리오 구축이 모멘텀에 미치는 영향

이 장의 나머지 부분은 각 단계를 좀 더 상세하게 설명하는 데 전념한다.

일반 모멘텀의 계산 방법

주식의 '모멘텀'을 어떻게 측정할까? 간단한 방법은 특정 룩백 기간(예: 지난 12개월)에 걸친 주식의 총 수익률(배당 포함)을 계산하는 것이다.

간단한 예로, 2014년 애플 주식 총 수익률을 이용해 이 개념을 살펴보자. 여기서는 과거 12개월 동안 애플의 누적 수익률을 계산한다. 과거 12개월 동안의 누적 수익을 계산하기 위해, 매월 순수익 흐름을 구한 다음 1을 더해 총 수익으로 전환한다. 이에 따라 1월 애플 순이익이 -10.77%라면 1월 총 수익률은 0.8923(= -0.1077 + 1)이 된다.

그런 다음 모든 총 수익 계열(즉, 월)을 곱하고 1을 빼서 누적 12개월 순수익을 구한다. 예를 들어, 2014년 애플의 데이터에 기초해 12월의 누적 수익(모멘텀 점수, 표 5.1 참조)을 구하면 다음과 같이 계산된다.

$$(0.8923)(1.0575)(1.0200)(1.0994)(1.0787)(1.0277)(1.0287)(1.0775)$$
$$(0.9829)(1.0720)(1.1060)(0.9281) - 1 = 40.62\%$$

분명히, 애플은 2014년에 좋은 해를 보냈다! 참고로, 2014년에는 범 시장 지수가 13.46% 상승했다. 비슷한 계산을 다른 룩백 기간에 대해 수행할 수 있는데, 직전 월의 경우 총 수익률이 -7.19%(즉, 지난달의 수익)가 된다. 또 다른 기간은 지난 3개월, 지난 36개월 또는 심지어 지난 5년(60개월)과 같이 조사를 원하는 모든 룩백 기간에 대해 계산할 수 있다. 이 계산은 가격 수익률 계열 자료가 있다면 어떤 주식이든 가능하다.

특정 기간 동안의 일반 모멘텀을 계산하는 방법을 이해했으므로, 룩백 윈도 기간이 달라지면 어떤 일이 발생하는지 몇 가지 주요 결과를 검토해보자.

	주식 수익률	1 + 수익률	모멘텀
1/31/2014	−10.77%	0.8923	
2/28/2014	5.75%	1.0575	
3/31/2014	2.00%	1.0200	
4/30/2014	9.94%	1.0994	
5/30/2014	7.87%	1.0787	
6/30/2014	2.77%	1.0277	
7/31/2014	2.87%	1.0287	
8/29/2014	7.75%	1.0775	
9/30/2014	−1.71%	0.9829	
10/31/2014	7.20%	1.0720	
11/28/2014	10.60%	1.1060	
12/31/2014	−7.19%	0.9281	40.62%

세 가지 유형의 모멘텀

이 절에서는 모멘텀을 계산할 때 룩백 기간을 달리하면 수익률이 어떻게 영향을 받는지 알아본다. 학계 연구원들은 이미 이 주제를 철저히 검토했으며, 여기서는 세 가지 주요 룩백 윈도와 관련된 핵심 결과를 요약한다.

1. 단기 모멘텀(예: 1개월 룩백)

2. 장기 모멘텀(예: 5년, 즉 60개월 룩백)

3. 중기 모멘텀(예: 12개월 룩백)

여기서는 의도적으로 중기 모멘텀을 맨 마지막에 소개했는데, 그 이유는 중기 모멘텀이 바로 이 책의 나머지 부분에서 계속해서 집중할 형태이기 때문이다.

단기 모멘텀

우리는 단기 모멘텀을 (최대) 한 달이라는 기간에 걸쳐 측정된 모든 형태의 모멘텀 점수라고 정의한다. 1990년에 작성된 2개의 학술 논문은 특히 단기 모멘텀에 관한 주제를 연구했다.

첫 번째 논문에서 브루스 리먼^{Bruce Lehman}은 1주간의 룩백을 활용한 주식이 그다음 주의 수익에 어떤 영향을 미치는지 1962년부터 1986년까지의 표본 기간에 걸쳐 조사했다. '패드, 마팅게일 그리고 시장 효율성'이라는 제목의 그의 논문[2]에 따르면, 전주에 양의 수익(승자)을 낸 주식은 일반적으로 다음 주에는 마이너스 수익(평균 주당 0.35%~0.55%)을 기록한 것으로 나타났다. 전주에 마이너스 수익(패자)을 가진 주식은 보통 다음 주에는 양의 수익(주당 평균 0.86%~1.24%)을 기록했다. 이러한 단기 수익의 반전은 효율적인 시장 가설에 부합되기 힘들다.

나라시만 제가디시^{Narasimhan Jegadeesh}가 작성한 두 번째 논문은 1934년에서 1987년 사이에 월별 주식 수익률을 조사했다. '예측 가능한 주식 수익률 행태의 근거'라는 제목의 그의 논문[3]에서도 유사한 수익률 반전이 발견되는데, 지난달의 승자는 다음 달의 패배자가 되고, 그 역도 마찬가지다. 그리고 그 효과는 크고 중요하다. 전월의 승자는 평균 미래(나음 날) 수익률이 -1.38%인 반면, 선월의 패자는 평균 미래(다음 달) 수익률이 1.11%였다. 이 두 포트폴리오의 차이인 2.49%는 효율적인 시장 가설과 부합하기 힘든 것이다.

다트머스 대학교의 켄 프렌치 교수가 제공한 데이터를 사용해,[4] 1927년 1월 1일부터 2014년 12월 31일까지 단기 패자 포트폴리오(낮은 단기 수익 십분위, 가치 가중 수익), 단기 승자 포트폴리오(높은 단기 수익 십분위, 가치 가중 수익), SP500 총 수익 지수 및 무위험 수익률(90일 만기 국채^{T-bills})을 조사한다. 단기 과거 실적은 직전 달에 대해 측정된다. 결과는 표 5.2에 나와 있다. 모든 수익률은 총 수익률이며 배분 이익(예: 배당) 재투자를 포함한다. 또 결과는 모든 비용을 포함한 것이다.

결과는 이론을 입증해준다. 단기 수익률 반전이 나타나며 오랜 역사의 흐름을 가로질러서도 잘 드러난다! 표 5.2의 결과를 보면 매월 수익이 역전되는 것을 알 수 있다. 지난달 최악의 수익률을 기록한 주식으로 월별 재조정한 주식 포트폴리오('단기 패자')로 인한 수익률은 1927년에서 2014년까지 13.46%의 CAGR을 생성한 반면, 전달의 수익률이 가장 높은 주식('단기 승자')으로 월별 재조정한 포트폴리오로의 수익률은 겨우 3.21%에 그쳤다. 지난달의 승자로 꾸려진 수익은 무위험 수익률보다도 낮았다. 그림 5.1은 단기 패자 포트폴리오가 단기 승자 포트폴리오보다 높은 수익을 내는 것을 그래프로 보여준다.

▼ 표 5.2 단기 모멘텀 포트폴리오 수익률(1927년~2014년)

	단기 패자	단기 승자	SP500	무위험 수익률
CAGR	13.46%	3.21%	9.95%	3.46%
표준 편차	29.60%	24.18%	19.09%	0.88%
하방 편차	20.36%	16.83%	14.22%	0.48%
샤프 지수	0.46	0.11	0.41	0.00
소르티노 지수(MAR = 5%)	0.59	0.06	0.45	−3.34
최대 하락 비율(MDD)	−81.48%	−94.31%	−84.59%	−0.09%
최저 월 수익률	−32.66%	−31.27%	−28.73%	−0.06%
최고 월 수익률	55.85%	63.65%	41.65%	1.35%
수익이 난 개월 수	60.13%	56.06%	61.74%	98.01%

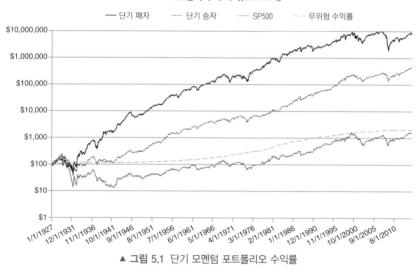

▲ 그림 5.1 단기 모멘텀 포트폴리오 수익률

그러나 증거는 거기서 끝나지 않는다. 이 2개의 논문들 외에도, 더 최근의 연구는 같은 아이디어를 더 복잡하고 미묘한 버전으로 조사했다.[5] 주요 핵심은 동일하다. 단기 승자는 단기 미래에는 패자, 단기 패자는 단기 미래에는 승자라는 것이다. 전반적으로, 짧은 시간 동안 모멘텀을 측정하면 단기 미래에는 역전될 것이라 생각할 수 있다.

장기 모멘텀

모멘텀을 측정하는 또 다른 방법은 훨씬 더 긴 기간에 걸쳐 룩백 기간을 설정하고 성과를 평가하는 것이다. 베르너 드 본트^{Werner De Bondt}와 리처드 탈러^{Richard Thaler}는 그들의 논문 '주식 시장이 과민반응했나?'[6]에서 이 개념을 조사했다. 이 논문은 3년에서 5년 사이에 걸친 룩백 윈도를 사용해 판단한 승자와 패자를 통해 과거의 장기 승자와 장기 패자의 미래 수익을 조사했다. 그들의 첫 번째 테스트는 1933년부터 1980년까지였으며, 36개월의 룩백 기간 동안 승자와 패자의 포트폴리오 성과를 추적했다. 그 결과는 '패자'가 향후 3년 동안 '승자'를 24.6% 앞선다는 사실을 보여줬다. 수익률의 이런 차이는 놀랄 만한 것이다.

과거 5년간의 승자와 패자를 측정해도 유사한 결과를 볼 수 있다. 미래의 수익을 조사해보면, 과거의 패자들은 다음 5년 동안 31.9%만큼 과거의 승자들을 능가했다. 분명히 과거의 패자들은 (장기 모멘텀 척도에서는) 과거의 승자들을 압도한다.

단기 역전 현상 조사를 위해 사용했던 것과 동일한 데이터베이스를 활용해, 1931년 1월 1일부터 2014년 12월 31일까지 장기 패자 포트폴리오(낮은 장기 수익 십분위, 가치 가중 수익), 장기 승자 포트폴리오(높은 장기 수익 십분위, 가치 가중 수익), SP500 총 수익 지수 및 무위험 수익률(90일 만기 국채)을 조사했다. 장기 과거 실적은 이전 5년 (60개월)에 걸쳐 측정되며, 시작일은 개별 주식 수익의 5년 데이터의 요건에 따라 1927년에서 1931년으로 변경됐다. 결과는 표 5.3에 나와 있다. 모든 수익률은 총 수익률이며 배분 이익(예: 배당) 재투자를 포함한다. 또 결과는 모든 비용을 포함한 것이다.

표 5.3의 결과를 보면 장기 수익의 역전 현상을 알 수 있다. 즉, 과거 5년간 최악의 수익률을 보인 주식으로 월별 재조정한 포트폴리오의 수익률은 1931년에서 2014년까지 CAGR 14.30%이고, 과거 5년 동안 최고 수익률을 보인 주식으로 월별 재조정한 포트폴리오의 수익률은 8.59%의 CAGR을 보였다. 그림 5.2는 장기 패자 포트폴리오가 장기 승자 포트폴리오의 성과를 능가하는 모습을 그래프로 보여준다.

▼ 표 5.3 장기 모멘텀 포트폴리오 수익률(1931년~2014년)

	장기 패자	장기 승자	SP500	무위험 수익률
CAGR	14.30%	8.59%	10.13%	3.46%
표준 편차	30.37%	21.95%	18.92%	0.90%
하방 편차	17.98%	16.23%	13.91%	0.47%
샤프 지수	0.47	0.33	0.43	0.00
소르티노 지수(MAR = 5%)	0.70	0.35	0.46	3.35
최대 하락 비율(MDD)	−71.24%	−72.80%	−74.48%	−0.09%
최저 월 수익률	−40.77%	−34.10%	−28.73%	−0.06%
최고 월 수익률	91.98%	30.74%	41.65%	1.35%
수익이 난 개월 수	58.04%	58.83%	61.71%	97.92%

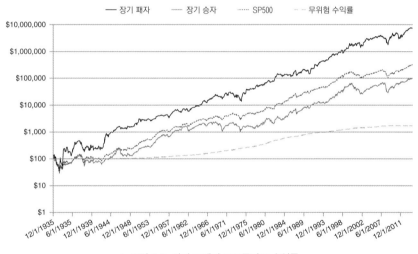

▲ 그림 5.2 장기 모멘텀 포트폴리오 수익률

문헌과 우리의 갱신된 최근 결과에 따르면, 장기 모멘텀은 단기 모멘텀과 유사하게 미래에 수익률이 반전되는 것을 보여준다. 왜 장기간에 걸친 역전 현상이 일어나는 지에 대한 이유는 헷갈리고, 학계 연구원들은 그 원인이 행동적 편견, 추가적인 위험 또는 시장 마찰(예: 자본 이익세) 중 어느 것 때문인지에 대해 논쟁하고 있다.[7] 다음으로, 미래에 추세가 반전되지 않는 모멘텀의 형태인 중기 모멘텀에 대해 알아보자.

중기 모멘텀

중기 모멘텀을 조사하기 위해 6개월에서 12개월간의 룩백을 사용해 포트폴리오를 구성한다. 그 결과는 수익률 역전 효과를 보여준 단기(예: 1개월 룩백) 및 장기(예: 60 개월 룩백) 모멘텀과 다르다. 중기 모멘텀에서는 승자는 계속 승자가 되고 패자는 계속 패자가 된다. 이 주제를 다룬 가장 잘 알려진 논문은 1993년 나라시만 제가디시와 셰리단 티트만의 논문 '승자를 매수하고 패자를 매도하는 전략으로의 귀환: 주식시장 효율성에 대한 암시'[8]다. 다시 말해, 과거에 주가 수익률이 비교적 좋았다면 그 주식은 미래에도 계속 그럴 것이라는 뜻이다.

저자들은 **모멘텀 전략**(과거의 승자를 매수하고 패자를 매도)이 중기(3~12개월)에는 효과가 있음을 증명해준다. 그들은 J개월/K개월 전략을 수립해 이러한 효과를 테스트했다. 즉, 지난 J개월 동안의 총 수익률을 기준으로 주식을 선택하고 K개월($J = 3, 6, 9, 12; K = 3, 6, 9, 12$)을 보유한다.

그들의 주요 발견은 중기 모멘텀을 사용하면 수익률이 지속된다는 것이었다. 가장 좋은 전략은 지난 12개월 동안의 실적에 근거해 주식을 고르고 3개월 동안 그 포지션을 유지하는 것이었다. 과거 3개월 동안의 승자와 패자 간 월평균 수익률 차이는 1.31%로, 연으로 환산하면 거의 16%에 이른다. 그러나 그들은 중기 모멘텀 포트폴리오와 관련된 초과 수익은 오래 지속되지 않는다는 사실을 발견했다. 예를 들어, 모멘텀 프리미엄은 최초 구성일 후 12개월 이상 동일한 주식을 보유하는 포트폴리오에서는 소멸한다. 이러한 결과는 앞에서 논의한 수익률 역전 결과와 유사한 것으로, 중기 투자 수익률에 근거해 계산한 주식으로 포트폴리오를 구성하고 이를 장기 보유하는 모멘텀 포트폴리오는 장기 수익률 역전 현상을 보인다는 것을 시사한다. 제가디시와 티트만은 만약 시장이 기업의 단기 전망(예: 수익 발표) 정보에 미흡하게 반응하다가 결국 장기 전망 정보에 과잉반응을 보인다면 중기 모멘텀 효과가 발생할 수 있다고 주장했다.

우리는 단기 및 장기 역전 조사 모두에 사용한 데이터를 이용해, 1927년 1월 1일부터 2014년 12월 31일까지 중기 승자 포트폴리오(높은 중기 수익률 십분위, 가치 가중 수익률), 중기 패자 포트폴리오(낮은 중기 수익률 십분위, 가치 가중 수익률), SP500 총 수익률 지수 및 무위험 수익률(90일 만기 미 국채)을 조사해봤다. 중기 과거 실적은 전년도 실적 중 마지막 달 수익률을 제외하고 측정했다. 따라서 2015년 12월 31일 자로 거래할 포트폴리오를 구성할 경우라면, 2014년 12월 31일 말부터 2015년 11월 30일까지만 총 수익을 계산하고 2015년 12월의 수익은 무시한다(단기 모멘텀 반전 때문에). 결과는 표 5.4에 나와 있다. 모든 수익률은 총 수익률이며 배분 이익(예: 배당) 재투자를 포함한다. 또 결과는 모든 비용을 포함한 것이다.

▼ 표 5.4 중기 모멘텀 포트폴리오 수익률(1927년~2014년)

	중기 승자	중기 패자	SP500	무위험 수익률
CAGR	16.86%	−1.48%	9.95%	3.46%
표준 편차	22.61%	33.92%	19.09%	0.88%
하방 편차	16.71%	21.97%	14.22%	0.48%
샤프 지수	0.66	0.02	0.41	0.00
소르티노 지수(MAR = 5%)	0.79	−0.05	0.45	−3.34
최대 하락 비율(MDD)	−76.95%	−96.95%	−84.59%	−0.09%
최저 월 수익률	−28.52%	−42.26%	−28.73%	−0.06%
최고 월 수익률	28.88%	93.98%	41.65%	1.35%
수익이 난 개월 수	63.16%	51.42%	61.74%	98.01%

표 5.4의 요약 결과는 중기 수익률의 지속에 대한 강력한 증거를 제시한다. 즉, 지난 해(마지막 달 제외)에 수익률이 가장 높았던 주식들로 월별 주식 포트폴리오를 재조정하면, 1927년에서 2014년까지 CAGR 16.86%를 기록했다. 이와는 대조적으로, 지난해(마지막 달 제외) 최악의 수익률을 보인 주식들로 월별 포트폴리오를 재조정한 수익률은 CAGR −1.48%였다. 과거 몇 년의 패자(마지막 달 제외) 수익은 무위험 수익률보다 적을 뿐만 아니라, 마이너스다! 그림 5.3은 중기 승자 포트폴리오가 중기 패자 포트폴리오보다 초과 성과를 달성한 것을 그래프로 보여준다.

실험 결과는 중기 모멘텀으로 구성된 포트폴리오가 지속적인 수익을 나타낸다는 것을 보여준다. 과거 중기간 동안 주가가 좋았던 기업들은 미래에도 계속 그럴 것이고, 같은 기간 형편없는 주가를 거둔 기업들은 미래에도 형편없을 것이다. 그러나 앞서 논의한 바와 같이, 중기 모멘텀 주식을 매입한 후 보유하고만 있다면 이러한 '지속적' 효과는 나타나지 않는다. 포트폴리오는 재조정 빈도를 통해 비정상적인 수익을 포착할 수 있도록 구성해야 한다. 다음 절에서는 포트폴리오를 구성할 때 재조정 빈도와 포트폴리오 크기 등의 요소가 모멘텀 전략에 어떤 영향을 미치는지 알아본다.

▲ 그림 5.3 중기 모멘텀 포트폴리오 수익률

모멘텀 포트폴리오 구축이 중요한 이유

제가디시와 티트만 논문의 원래 결과는 모멘텀 아노말리의 맥락에서 포트폴리오를 구축하는 것이 중요하다는 점을 강조하고 있다. 저자들은 유지 기간이나 재조정 빈도가 모멘텀 포트폴리오의 성과에 크게 영향을 미친다는 사실을 확인했다. 일반적으로, 거래 비용을 고려하지 않는다면 포트폴리오의 재조정이 빈번할수록 성능은 더 좋아진다. 이 절에서는 포트폴리오 구축이 중기 모멘텀에 어떤 영향을 미치는지 자세히 설명한다. 중기 모멘텀은 연구자들 사이에서 가장 이례적이고 흥미를 끄는 것으로 간주되기 때문에 이 책의 나머지 부분 전체에 걸쳐 집중적으로 분석한다.

포트폴리오 구성이 성과에 어떤 영향을 미치는지 알아보기 위한 실험을 준비해보자. 1927년부터 2014년까지 매달 상위 500대 기업을 조사한다. 월별 모멘텀 변수는 과거 12개월 동안의 누적 수익률 중 마지막 달을 제외한 것으로 계산한다. 이 구체적인 중기 모멘텀 계산 방법은 앞서 사용한 데이터의 출처인 켄 프렌치가 사용한 것과 동일한 방식이다. 마지막 달은 이전에 설명한 대로 단기 수익률 역전 효과를 고려해 중기 모멘텀 계산에서 제외된다. 만약 가장 최근 월을 모멘텀 척도에 포함시킨다면, 측정 지표의 소음을 증가시키고 신호의 효과를 감소시킬 것이다.

애플의 모멘텀 예제(표 5.1 참조)를 다시 떠올려보면 모멘텀 변수를 다음과 같이 계산(가장 최근 달 제외)했다는 것이 생각날 것이다.

$$(0.8923)(1.0575)(1.0200)(1.0994)(1.0787)(1.0277)(1.0287)(1.0775)$$
$$(0.9829)(1.0720)(1.1060) - 1 = 51.51\%$$

이 계산과 표 5.1 계산의 주요 차이점은 마지막 달의 수익률(이 예에서는 12월의 수익률)을 무시한다는 것이다. 경험과 이론적 관점에서 볼 때는 마지막 달의 수익률을 포함하는 것이 더 합리적이라고 생각될 수 있는데, 이를 포함한다고 해서 결과가 크게 달라지진 않는다. 모멘텀 계산에 마지막 달을 포함하더라도 유사한 결과를 얻을 수 있다. 그럼에도 불구하고 이 책의 나머지 부분에서 중기 모멘텀을 계산할 때는 가장 마지막 달의 수익을 무시하는 모멘텀 계산에 초점을 맞춘다.

다음 테스트에서는 포트폴리오 구조가 2차원에 걸쳐 변화될 수 있도록 한다. 첫째, 포트폴리오 내 기업 수를 변화시켜가며 수익률 변화를 조사한다. 포트폴리오 규모는 50개에서 300개까지 다양하게 허용한다. 둘째, 포트폴리오 구성 후 보유 기간을 변화시켜가며 수익률 변화를 조사한다. 보유 기간은 1개월에서 12개월 사이에서 변경되도록 한다.

매월, 모멘텀에 따라 상위 N개 기업을 선정한다. 여기서 개수 N은 50, 100, 150, 200, 250 또는 300이 될 수 있다. 이들 회사는 T개월 동안 포트폴리오에 포함되어 있다. 보유 기간(월 수) T는 1에서 12까지 다양하다.

중첩된 포트폴리오에 의해 보유 기간이 1개월 이상 되는 포트폴리오가 형성된다. 중첩되는 포트폴리오들은 3개월 보유 기간을 사용한 예를 통해 설명할 수 있다. 2014년 12월 31일, 자본의 3분의 1을 사용해 고 모멘텀 주식을 매수한다. 이 주식들은

2015년 3월 31일까지 그대로 보유한다. 2015년 1월 31일, 또 다른 3분의 1의 자본금을 사용해 고 모멘텀 주식을 매수한다. 이 주식들은 2015년 4월 30일까지 포트폴리오에 내에 유지된다. 2015년 2월 28일, 나머지 3분의 1의 자본금으로 고 모멘텀 주식을 매수한다. 이 주식들은 2015년 5월 31일까지 포트폴리오에 머물러 있다. 이 과정은 매달 반복된다. 따라서 2015년 2월 28일부터 2015년 3월 31일까지의 포트폴리오 수익률은 원래 2014년 12월 31일, 2015년 1월 31일, 2015년 2월 28일에 구성된 포트폴리오의 주식 수익률이다. 중첩된 포트폴리오의 형성은 계절적 영향을 최소화한다. 별도로 언급하지 않는다면, 책의 나머지 부분에 있는 분석은 모두 한 달 이상 보유하는 중첩된 포트폴리오를 사용하는 것이다. 그리고 모멘텀 측정치를 계산할 때 가장 마지막 달을 포함하든 제외하든 결과의 안정성에 영향을 주지 않는 것과 유사하게, 포트폴리오 중첩 방법에 많은 기교를 부리든 아니면 좀 더 일반적 표준인 '매수 및 포트폴리오 재조정' 방법을 사용하든 결과에는 큰 영향을 미치지 않는다.

분석은 1927년 1월 1일부터 2014년 12월 31일까지의 데이터를 사용한다. 모든 수익률은 총 수익률이며 배분 이익(예: 배당) 재투자를 포함한다. 또 결과는 모든 비용을 포함한 것이다. 표 5.5는 가치 가중 포트폴리오의 CAGR을 보여준다. 가치 가중 value weighting이란 각 주식에 그 기업의 규모에 비례해 포트폴리오 내에서의 '가중치'가 부여된 것을 의미한다. 가치 가중치는 더 큰 주식에는 더 많은 비중을 두고 더 작은 주식에는 더 적은 비중을 준다. 그러나 소액주가 포트폴리오에 미치는 영향을 최소화하기 위해, 결과는 미국 상위 500대 주식에 집중했다는 사실을 주목할 필요가 있다.

표를 보면 명확한 추세가 드러난다. 즉, 더 적은 수의 주식을 보유하고 더 자주 재조정하면 연평균 복리 성장률CAGR, compound annual growth rate이 더 높아진다. 이상적인 포트폴리오는 고도로 집중되고(예: 50개) 매달(예: 1개월 보유) 재조정되는 것이다. 물론 수익에 큰 영향을 미칠 수 있는 거래 비용도 고려해야 한다. 거래 비용 문제를 해결하기 위해 매달이 아니라 분기마다 재조정되는 집중 모멘텀 포트폴리오(예: 50개)를 검토해, 1년에 12번 거래하는 대신 1년에 4번 거래하는 포트폴리오를 구성할 수 있다(실제 거래에서는 중첩되는 포트폴리오가 필요 없다). 이 집중되지만 낮은 재조정 빈도를 가진 포트폴리오는 1927년에서 2014년까지 15.15%의 CAGR을 기록했다. 이 포트폴리오는 상당한 수익을 희생했지만 거래 빈도는 훨씬 적다. (나중에 다시 알아보겠지만) 거래 비용에 따라, 분기 재조정 포트폴리오의 낮은 거래 비용과 월별 재조정 시의 높은 기대 이익 사이에서 절충점을 산정할 수 있다.

▼ 표 5.5 모멘텀 포트폴리오 수익률: 보유 기간과 포트폴리오 내 회사 개수를 변화시킴(1927년~2014년)

	50개 포트폴리오	100개 포트폴리오	150개 포트폴리오	200개 포트폴리오	250개 포트폴리오	300개 포트폴리오	전체 포트폴리오 (500개 회사)
1개월 보유	17.02%	14.40%	13.55%	12.69%	12.07%	11.50%	9.77%
2개월 보유	16.05%	14.17%	13.23%	12.59%	11.98%	11.43%	9.77%
3개월 보유	15.15%	13.81%	12.93%	12.25%	11.74%	11.23%	9.77%
4개월 보유	14.54%	13.53%	12.78%	12.11%	11.63%	11.21%	9.77%
5개월 보유	14.37%	13.31%	12.62%	12.04%	11.57%	11.17%	9.77%
6개월 보유	13.93%	13.05%	12.37%	11.88%	11.46%	11.10%	9.77%
7개월 보유	13.68%	12.80%	12.11%	11.66%	11.33%	10.99%	9.77%
8개월 보유	13.38%	12.58%	11.89%	11.48%	11.19%	10.90%	9.77%
9개월 보유	12.94%	12.24%	11.60%	11.23%	11.01%	10.77%	9.77%
10개월 보유	12.62%	11.93%	11.37%	11.03%	10.85%	10.66%	9.77%
11개월 보유	12.21%	11.61%	11.12%	10.81%	10.68%	10.52%	9.77%
12개월 보유	11.78%	11.27%	10.83%	10.58%	10.48%	10.36%	9.77%

거래 비용에 대한 세밀한 세부사항이 없으므로, 월별과 분기별 재조정 중 누가 승자일지는 불확실하다. 그러나 이들 포트폴리오 중 하나를 반년마다 재조정되는 다각화된 200개 주식 포트폴리오의 총 수익과 비교한다면, 포트폴리오 구조 간의 승자는 더욱 명백해진다. 이러한 저 빈도 '디워시파이diworsified'* 포트폴리오의 CAGR은 11.88%에 불과하다. 이 포트폴리오 구조와 다른 포트폴리오, 즉 더 집중되고 더 자주 재분배하는 포트폴리오 사이의 수익률 차이는 연간 3%를 넘는다. 모멘텀 전략을 연 단위로 재조정하며 희석된 포트폴리오(예: 300개)를 유지한다면, 상대적인 실적은 더욱 악화된다.

---

* 디워시파이(diworsified)는 'diversify'와 'worsen'의 합성어로, 다각화를 한답시고 여러 주식을 잘못 혼합해 오히려 수익을 악화시키는 것을 조롱하듯 빗대는 조어다. 책에서는 별도로 번역하지 않고 '디워시파이' 그대로 쓴다. - 옮긴이

이러한 모멘텀 전략에서 재조정당 '전체' 비용이 0.5%라고 가정할 경우, 50개 주식의 CAGR은 15.15%에서 13.15%로 떨어지게 된다(4 × 0.50%). 마찬가지로, 200개 주식으로 반년마다 재조정되는 포트폴리오의 CAGR은 11.88%에서 10.88%로 떨어질 것이다. 더 집중되고 더 자주 재조정되는 포트폴리오는 여전히 2.27%의 우위에 있다.

앞의 분석에 거래 비용을 포함해 계산하는 것은 단순하므로 재분배 빈도와 포트폴리오 효과를 측정할 때는 거래 원가를 반영한 다음 그 효과를 비교해야 한다.

이 주제에 대한 추가적인 연구로는 2004년 레스몬드[Lesmond], 실[Schill], 조우[Zhou] 등의 논문이 있는데, 논문에서는 모멘텀 수익이란 특정 거래 비용의 가정에 기초한 환상이라고 주장했다.[9] 코라직[Korajczyk]과 사드카[Sadka]도 이 문제를 연구했지만 그들은 시장 충격 비용[market impact cost]을 고려했다. 이 저자들은 모멘텀 전략은 약 50억 달러로 추정되는 한정된 용량을 갖고 있다고 계산했다.[10] 그러나 이 논문과 다른 논문들에 대한 대응으로, 안드레아 프라치니[Andrea Frazzini], 론 이스라엘[Ron Israel], 토비 모스코위츠[Toby Moskowitz]는 대규모 기관 자금 관리자인 AQR의 실시간 거래 데이터를 활용해 1조 달러 이상으로 확장한 연구 결과를 발표했다.[11] 프라치니와 동료들은 모멘텀 수익은 거래 비용에 대해 안정적이며, 앞서의 연구에서 사용한 추정 거래 비용은 실제 거래 비용보다 10배는 더 높을 수 있다는 사실을 발견했다. 프라치니와 동료들의 연구를 따라, 2015년에는 피셔[Fisher], 샤[Shah], 티트만[Titman]이 논문을 통해 모멘텀 전략과 관련된 거래 비용을 평가하기 위해 2000년~2013년부터 추정 매도/매수 스프레드를 사용해 분석했다.[12] 그들의 결론은 '거래 비용 추정치는 일반적으로 프라치니, 이스라엘, 모스코위츠가 발표한 것들보다 훨씬 크고, 레스몬드, 실, 저우, 코라직, 사드카가 설명한 것들보다는 다소 작다'는 것이다. 간단히 말해, 거래 비용에 대한 논쟁이 가열됐지만 연구의 결론은 거래 비용을 반영한 모멘텀 전략의 순이익은 존재하지만 확장성은 제한적이라는 것이다.

분명히, 기업의 수, 보유 기간과 수익 사이에는 관계가 있다. 포트폴리오의 가중치를 동일하게 매길 경우에도 결과는 거의 동일했다(더 높은 CAGR, 유사한 패턴). 그리고 물론, 거래 비용은 어떤 액티브 전략을 실행할 때라도 항상 고려해야 하는 중요한 요소다. 그럼에도 불구하고, 두 가지 중요한 핵심사항이 있다.

- **재조정 빈도**: 기업 수를 일정하게 유지한다면, 보유 기간이 단축될수록(즉, 포트폴리오 재조정 빈도가 더 높을수록) CAGR이 높아진다.
- **디워시피케이션**diworsification**을 피하라**: 보유 기간을 일정하게 유지한다면, 포트폴리오 내의 기업 수가 적을수록 CAGR은 더 높아진다.

수십억 달러 규모의 대규모 자산 관리자인 경우 위의 결과는 그다지 고무적이지 않은데, 이는 대형 자산 관리자의 단일 규모만으로도 더 많은 회전율이 요구되는 효과적인 모멘텀 전략을 추구하기에는 너무 비대하기 때문이다. 그러나 같은 이유로, 지속 가능한 액티브 프레임워크 관점으로 볼 때는 자주 재조정하고 포트폴리오를 집중해서 유지해야 하는 모멘텀의 요건은 일반적 투자자들에게는 좋은 소식이다. 이러한 특성은 대규모 자본 풀의 차익 거래 비용을 높이게 되므로, 더 높은 재조정 빈도 버전의 모멘텀 아노말리는 더 긴 예상 수명을 가질 수 있도록 보호되는 셈이다.

요약

5장에서는 일반 모멘텀 척도를 계산하는 방법을 자세히 설명했다. 첫째, 가장 공통적으로 연구된 세 가지 유형의 모멘텀을 설명했는데, 바로 단기 룩백 모멘텀, 중기 룩백 모멘텀, 장기 룩백 모멘텀이다. 단기 및 장기 모멘텀 포트폴리오는 모두 수익률 역전 현상이 발생한다. 그러나 중기 룩백 모멘텀 계산을 사용해 구성된 포트폴리오는 연속된 수익을 창출한다. 이러한 형태의 모멘텀은 투자 접근 방법으로서 가장 강력하며 매력적이다. 마지막으로, 포트폴리오의 구성은 중기 모멘텀 포트폴리오의 효율성을 결정하는 데 큰 역할을 한다는 점을 강조했다. 모멘텀 포트폴리오가 효과를 극대화하기 위해서는 합리적으로 집중돼야 하며 빈번한 재조정이 요구된다는 사실을 확인했다. 이후의 장들에서 일반적인 중기 모멘텀 척도를 개선할 수 있는 방법을 설명한다.

참고문헌

1. George Soros, *The Alchemy of Finance* (Hoboken, NJ: John Wiley & Sons, 2003), p. 5.

2. Bruce N. Lehmann, "Fads, Martingales, and Market Efficiency," *The Quarterly Journal of Economics* 105 (1990): 1-28.

3. Narasimhan Jegadeesh, "Evidence of Predictable Behavior of Security Returns," *The Journal of Finance* 45 (1990): 881-898.

4. mba.tuck.dartmouth.edu/pages/faculty/ken.french/data_library.html, accessed 2/22/2016.

5. Zhi Da, Qianqui Liu, and Erst Schaumburg, "A Closer Look at the Short-Term Return Reversal," *Management Science* 60 (2014): 658-674.

6. Werner F. M. DeBondt and Richard Thaler, "Does the Stock Market Overreact?," *The Journal of Finance* 40 (1985): 193-805.

7. Thomas George and Chuan-Yang Hwang, "Long-Term Return Reversals: Overreaction or Taxes?" *The Journal of Finance* 62 (2007): 2865-2896.

8. Narasimhan Jegadeesh and Sheridan Titman, "Return to Buying Winners and Selling Losers: Implications for Stock Market Efficiency," *The Journal of Finance* 48 (1993): 65-91.

9. David A. Lesmond, Michael J. Schill, and Chunsheng Zhou, "The Illusory Nature of Momentum Profits," *Journal of Financial Economics* 71 (2004): 349-380.

10. Robert Korajczyk and Ronnie Sadka, "Are Momentum Profits Robust to Trading Costs?" *The Journal of Finance* 59 (2004): 1039-1082.

11. Andrea Frazzini, Ronen Israel, and Tobias J. Moskowitz, "Trading Costs of Asset Pricing Anomalies,"working paper, 2015.

12. Gregg Fisher, Ronnie Shah, and Sheridan Titman, "Combining Value and Momentum," *Journal of Investment Management*, forthcoming.

CHAPTER 6

모멘텀 극대화:
경로가 중요하다

"… 보유 기간 수익률이 여러 날에 걸쳐 서서히 축적되면, 정보의 흐름은 연속적이 된다."[1]

– Z. 다[Z. Da]와 동료들, 「금융 연구 리뷰[The Review of Financial Studies]」

5장에서는 과거 12개월 누적 수익률(마지막 달 제외)이라는 일반적인 기준에서 강력한 중기 모멘텀 신호를 가진 주식은 수익률에 있어 강한 연속성을 보인다는 점을 설명했다. 그 증거는 여러 기간과 자산 부류에 걸쳐 존재했다. 이러한 경험적 사실을 고려하면, 의문 하나가 자연스럽게 발생한다. 일반적인 중기 모멘텀 지표보다 더 좋은 수익을 낼 수는 없을까? 특히 최적화와 데이터 마이닝[data mining]의 남용이라는 위험이 높을 경우에, 이러한 목표를 달성할 수 있는 방법을 찾는 일이란 어려울 수 있다. 그러나 학계의 연구원들은 한동안 이 문제를 연구해왔고, 그 결과 일반 모멘텀 알고리즘을 개선한 해법을 개발했으며, 동시에 이러한 개선이 모멘텀의 존재에 대한 이론적 행동 기저와 어떻게 연계되어 있는지 보여줬다. 즉, 모멘텀 개선은 지속 가능한 액티브 프레임워크의 관점에서 개발된 증거 기반 개선사항이며, 엄청난 데이터 마이닝을 통해 우연히 찾은 것은 아니다.

1년간, 찾을 수 있는 모든 괜찮은 모멘텀 주식 선택 전략 연구 자료를 조사했고, 그 결과 일반적인 모멘텀 전략을 개선할 수 있는 핵심 방법 중 하나는 모멘텀 주식의 시계열$^{time-series}$ 특성에 집중하는 것이라는 보편적인 결론에 이르렀다. 다시 말해, 모멘텀 주식이 실제로 모멘텀 주로 분류되게 된 경로를 살펴볼 필요가 있다는 것이다(그동안 조사했던 여러 후보군 중 상위권의 아이디어와 그 분석에 대한 정보는 부록 A를 참조하면 된다).

한 가지 예를 들어 모멘텀 주식에 있어 경로 의존성의 중요성을 잘 보여줄 수 있다. 1990년대 후반에 커지다가 2000년에 터진 소위 '인터넷 버블'을 생각해보자. 당시에는 투자자들이 가격이 하늘 높이 치솟은 인터넷 주식을 살 수밖에 없었기 때문에 터무니없이 높은 일반 모멘텀 신호를 보인 회사가 무척 많았다. 2000년 3월 31일 당시 2개의 고 모멘텀 주식을 조사했다(버블의 종말이 다가올 때였다).

처음 선택한 회사는 생명공학 회사인 얼라이언스 제약$^{Alliance\ Pharmaceutical\ Corp}$이었다. 이 생명공학 회사는 당시 수술 중 조직에 산소를 공급하는 것을 돕는 옥시전트^{Oxygent}라는 신제품을 시장에 출시하려던 참이었다. 우리가 조사한 두 번째 회사는 1947년에 설립된 전력 관리 반도체를 생산하는 인터내셔널 정류기$^{International\ Rectifier\ Corp}$였다. 2000년 3월 31일 당시, 두 주식은 모두 고 모멘텀 주식으로 분류됐다.

그림 6.1은 2000년 3월 31일을 기준으로 과거 12개월 동안의 총 누적 수익을 보여준다. 두 가지 주목할 만한 사항은 다음과 같다. 첫째, 2000년 2월 29일 지점에 수직선이 보인다. 중기 모멘텀을 계산하려면 마지막 달을 제외해야 하므로 2000년 2월 29일까지만 측정한다. 2000년 2월 29일을 기점으로, 얼라이언스 제약은 지난해보다 554%가 증가했고, 인터내셔널 정류기는 498%나 증가했다. 두 주식 모두 가치 투자자들의 최악의 악몽을 반영하고 있지만, 모멘텀 투자자에겐 꿈을 반영하고 있다.

두 번째 요점은 두 주식 차트가 다른 경로를 따르고 있다는 것이다. 차트를 보면, 인터내셔널 정류기의 고 모멘텀은 좀 더 부드러운 경로를 따르고 있는 반면, 얼라이언스 제약은 더 급격한 경로를 갖고 있음을 볼 수 있다. 차트에 대한 주의 깊은 관찰은 제쳐두고, 이 관찰은 객관적으로 계량화할 수 있다. 두 주식이 거의 동일한 모멘텀을 달성한다고 가정할 때, '급격함 대 부드러움'을 측정하는 한 가지 방법은 수익률이 마이너스인 일수와 수익이 플러스인 일수의 비율을 계산하는 것이다. '부드러운' 모멘텀을 가진 기업들은 마이너스 수익률을 기록한 비중보다 플러스 수익률을 기록한 일수가 더 많은 비중을 차지할 것이다. 현 예제에서 이러한 예상이 맞는지 바로 확인해볼 수 있다. 1년에 걸쳐 측정했을 때, 얼라이언스 제약은 거래일의 49% 동안 플러스 수익을, 거래일의 43% 동안 마이너스 수익을 기록한 반면, 인터내셔널 정류기는 거래일의 55% 동안 플러스 수익을, 거래일 중 40%는 마이너스 수익을 기록했다(수익이 0인 날이 있으므로, 둘을 합쳐도 100%가 되지 않음).

▲ 그림 6.1 얼라이언스와 인터내셔널 정류기 사의 과거 주가 실적

앞에서 약술한 상황을 종합해보면, 시각적으로나 양적으로 인터내셔널 정류기의 수익률 흐름이 더 부드럽다는 것을 알 수 있다. 그렇다면 '더 부드러운' 고 모멘텀 주식은 '더 급격한' 고 모멘텀 주식보다 더 나은 수익률을 가질까? 그림 6.2에서 이 특정 사례의 결론을 볼 수 있다.

그림 6.2는 두 회사의 향후 3개월 동안의 수익률을 보여준다. 인터내셔널 정류기는 46.9%의 수익을 낸 반면, 동 기간 동안 얼라이언스 제약은 24.7%나 감소했다. 물론, 우리는 '부드러운' 고 모멘텀 주식들이 '급격한' 고 모멘텀 주식들보다 더 좋은 실적을 내는 경향이 있다는 점을 강조하기 위해 이 특정 예시를 선택한 것이다. 그러나

이 장의 말미쯤에서는, 독자들이 모멘텀에는 경로 의존성이 중요하다는 사실을 납득하게 되기를 바란다. 이러한 시계열 모멘텀에는 일반 모멘텀 전략을 개선하기 위해 체계적으로 이용할 수 있는 시장 참여자 행동에 대한 주요 정보가 들어 있다. 그 이유를 이해하기 위해, 우리는 '급격한' 고 모멘텀 주식과 유사한 수익 특성을 갖는 '복권 같은' 주식의 실적을 조사하고 이를 통해 많은 시장 참여자들이 '복권' 같은 한탕주의를 좇는 괴이한 습성을 갖지 않도록 일깨워주고자 한다.

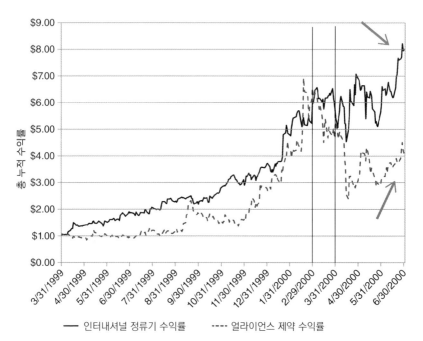

▲ 그림 6.2 얼라이언스와 인터내셔널 정류기 미래 성과

복권 주식의 성과

누구나 도박을 좋아하며, 특히 가능성이 희박할수록 더 그렇다. 그리고 슬롯 머신 앞에는 담배를 피우고 럼주와 콜라를 즐기는 은퇴자들만 있는 것은 아니다. 우리는 라스베이거스와 애틀랜틱 시티에서 도박을 하다가 돈을 잃곤 하지만, 그렇다고 우리가 그렇게 어리석지는 않다!

그래서 뭐가 문제인가?

닉 바베리스는 그의 이론 논문 '카지노 도박의 모델'에서 구체적으로 왜 사람들은 카지노에 가는 것이며, 그곳에 도착하면 어떻게 행동하는지를 설명했다.[2] 도박이 주는 잘 알려진 기대 효용 편익(즉, '재미있다'는 것) 말고도, 바베리스 이론의 핵심 가정은 단지 재미 이외에 뭔가 추가적인 것이 더 있다는 것이다. 인간은 확률이 낮은 사건에 대해 성공 가능성을 적절히 평가하지 못하는 무능함을 갖고 있다. 다시 말하면, 사람들은 늘 복권에 당첨될 확률을 과대평가한다.

하지만 카지노에서 벗어나 주식 시장으로 옮겨가도, 우리의 행동은 변하지 않는다. 투란 발리Turan G. Bali, 누스렛 카키치Nusret Cakici, 로버트 화이트로Robert F. Whitelaw의 '최대치 제거: 복권과 예상 수익률의 단면으로 본 주식'에서 복권 같은 주식들의 수익률을 조사했다.[3] 그들의 중심 가설은, 사람들은 자신의 가능성을 실제보다 더 높게 가정하기 때문에 복권 같은 도박에 비이성적으로 과도한 지출을 하는 것이므로, 복권 같은 특성을 가진 주식들은 위험 조정 기준으로 평가해보면 저조한 실적을 보이리란 것이었다.

발리와 동료들은 이 가설을 검증하기 위해 먼저, 최근에 극단적인 시장 움직임을 보인 주식을 '복권' 주식으로 분류했다. 다음으로, 그들은 이 복권 주식의 미래 실적을 조사했다. 기본 가정은 투자자들은 최근 수익률이 높은 주식을 '복권 주식'으로 인식하고 펀더멘털 가치를 초과한 값을 기꺼이 지불하고 복권 주식을 매수한다는 것이다. 저자들이 복권 주식을 확인하기 위해 사용한 구체적인 척도는 전월의 최대 일일 수익률을 기준으로 주식 순위를 매기는 것이었다('MAX').

예를 하나 들어서 저자들이 어떻게 복권 같은 특성을 가진 주식을 분류했는지 살펴보자. 지금이 2017년 1월 31일이고, 전체 주식 시장은 단 2개의 주식, 즉 '패스트 머니'와 '슬로우 머니' 주식회사로 구성되어 있다고 가정하자(편의상 두 회사를 각각 FAST와 SLOW라는 주식 코드를 사용해 지칭하자).

2월 1일에 투자자들은 복권 주식에 과도하게 지출한다는 사실을 이용하는 롱/숏 포트폴리오를 구성한다. FAST는 지난 한 달 동안 최대 일일 수익률이 50%이고 SLOW

는 최대 일일 수익률이 1%임을 알아냈다. 따라서 2월 1일 우리의 포트폴리오는 FAST(복권 주식)를 매도하고 SLOW(비 복권 주식)를 매수할 것이다.

표 6.1은 지난달의 최대 일일 수익인 MAX 순위로 순서를 매긴 10개 포트폴리오의 월평균 수익률을 보여준 논문 결과를 요약해서 보여준다. 상위 십분위('10')는 '복권' 주식을 나타내고, 하위 십분위('1')는 '지루한' 주식을 반영한다.

▼ 표 6.1 복권 주식 수익률

	월평균 수익률 (VW 포트폴리오)	4인자 알파 (VW 포트폴리오)	평균 MAX
지루함(1)	1.01%	0.05	1.30
2	1.00%	0.00	2.47
3	1.00%	0.04	3.26
4	1.11%	0.16	4.06
5	1.02%	0.09	4.93
6	1.16%	0.15	5.97
7	1.00%	0.03	7.27
8	0.86%	−0.21	9.07
9	0.52%	−0.49	12.09
복권(10)	−0.02%	−1.13	23.60
롱/숏(1~10)	1.03%	1.18	

너무 초라하지는 않다! 지루한 주식을 매수하고 복권 주식을 매도하는 포트폴리오는 한 달에 1.03%, 즉 1년에 대략 12%의 수익을 창출한다. 게다가 4인자 알파four-factor alpha(투자 종목을 통제하는 수단으로서, 규모나 가치, 모멘텀 같은 잘 알려진 수익률 동인을 조절한다)는 한 달에 1.18%, 즉 연간 14.4%이다. 구현 비용은 요점을 벗어나므로 결과에 포함시키지 않았다. 여기서는 이 전략을 포트폴리오를 구성하기 위한 실용적 접근 방법으로 제안하고 있는 것이 아니라, 단지 시장 참여자들이 복권 같은 특성을 가진 주식 가격을 잘못 평가하는 것처럼 보인다는 점을 강조하려는 것이다.

복권의 편견은 소위 베타 아노말리beta anomaly를 설명하는 데 도움이 될 수 있다. 학계의 연구는 저 베타주들이 고 베타주들을 능가하는 경향이 있다고 기록하고 있다.[4] 이론적 자산 가격 모델의 핵심이 되는 예측은 시장 리스크가 더 높은 주식(즉, 높은 베타)은 시장 리스크가 더 낮은 주식(즉, 낮은 베타)보다 기대 수익이 더 높아야 한다는 것이므로, 이론과 정반대인 이 베타 아노말리는 이상하면서 놀라운 현상으로 간주되고 있다. 발리와 동료 연구진들의 연구 논문[5]에서는 베타와 복권 수요 사이의 관계를 검토했다. 특히, 그들은 투자자들의 복권에 대한 선호가 베타 아노말리를 어떻게 설명할 수 있는지 이해하려고 노력했다. 발리와 동료들의 논문에서 얻은 데이터를 요약해 표 6.2에 그 결과를 나타냈다.

표 6.2는 먼저 베타에 따라 10개의 십분위로 주식들을 분류한 다음, 각 십분위 내에서는 '복권' 특성 순위에 따라 정렬한 포트폴리오의 결과를 보여주고 있다. 비교를 위해, 표에는 최하단과 최상단의 베타 십분위의 결과를 나타냈다.

▼ 표 6.2 베타와 '복권'에 따른 월평균 수익률 정렬 순위

	낮은 베타 십분위	높은 베타 십분위
지루함(1)	0.35%	1.04%
2	0.75%	0.86%
3	0.73%	0.82%
4	0.85%	0.77%
5	0.95%	0.69%
6	0.97%	0.46%
7	1.03%	0.15%
8	0.91%	0.06%
9	0.46%	−0.31%
복권(10)	−0.01%	−1.07%
롱/숏(1~10)	−0.36%	−2.11
롱/숏 알파(4인자)	−0.83%	−2.14%

평균적으로 높은 베타주들은 낮은 베타주들에 비해 저조한 실적을 보이며, 소위 낮은 베타 아노말리를 반영하고 있다. 그러나 이 평균적인 결과는 복권 순위에 대해서는 일관성이 무너진다. 낮은 베타의 지루한 주식은 높은 베타의 지루한 주식보다 수익이 낮은데, 이는 높은 베타의 주식들이 낮은 베타의 주식보다 더 위험하기 때문에 더 높은 기대 수익을 얻는다는 금융 이론과 일치한다. 낮은 베타 효과와 관련된 진정한 아노말리의 결과는 복권 특성을 가진 주식에 의해 형성된다. 복권의 특징은 특히 높은 베타주들 사이에서 강하다. 예를 들어, 높은 베타 십분위 내에서는 '복권' 순위의 상승에 따라 평균 수익률은 단조 감소하는 관계가 형성된다.

저자들은 이 문제를 더 연구해, 복권에 대한 욕망을 통해 높은 베타주들이 낮은 베타주들에 비해 저조한 실적을 보이는 이유를 설명할 수 있을지 테스트를 실시했다. 그 결과 그들이 발견한 것은 우리가 익히 알고 있는 사람들의 특성을 생각해볼 때, 그다지 놀라운 것이 아니었다. 고 베타 주식에 연계된 복권의 특성이 높은 베타를 가진 주식들의 실적이 저조한 핵심 원인이었던 것이다(복권 편향도 낮은 베타 아노말리를 바로 설명해주지는 못하지만, 이는 다음에 논의하자).

그러나 모멘텀 전략으로 다시 돌아가서 왜 복권 같은 주식에 대한 연구가 중요한가? 당초 '최대치 제거'라는 논문에서 논의된 증거를 토대로 볼 때, 투자자들은 복권 특성을 가진 주식을 피하는 것이 더 나은 수익을 얻는 것으로 보인다. 우리는 어떤 고 모멘텀 주식을 구입할지 결정할 때 이 지식을 알고리즘에 반영해야 한다.[6] 그리고 거의 설계에서부터, 부드러운 모멘텀 경로를 지닌 고 모멘텀 주식은 더 급격한 경로를 지닌 주식보다 복권 편향으로 인한 가격설정오류의 영향을 덜 받게 될 것이다.

또한 연구 자료도 고려해야 하는데, 연구에 따르면 복권 주식은 높은 베타주들과 연계되어 있다. 앞서 논의했듯이 복권 유형의 주식을 피하는 것은 좋은 생각이지만, 높은 수준의 베타 주식 자체를 피하는 것은 어떨까? 이 질문에 답하기 위해서는 먼저 베타란 무엇인지 한번 생각해보자. 베타란 단순히 변동성 또는 체계적 위험을 측정한 것이다. 그리고 설계상, 가격 경로가 부드러운 고 모멘텀 주식은 일반적으로 더 낮은 베타를 가지며, 가격 경로가 더 높은 고 모멘텀 주식은 일반적으로 더 높은 베타를 가질 것이다. 따라서 좀 더 부드러운 가격 경로를 가진 모멘텀 주식에 초점을 맞추면 고공 행진하는 많은 일반 모멘텀 주식을 괴롭히는 복권 편향을 피할 수 있다.

요점은? 복권 편향은 시장 가격설정오류에 어떤 영향을 미친다는 것이다. 복권으로 인식되는 주식은 투자자들이 펀더멘털 가치를 초과해 매수하게 되므로, 수익이 저조한 경향이 있다. 또 편향은 여러 대체 척도를 통해 측정할 수 있다. 앞서 MAX 계산과 베타에 대해 설명했지만, 이 두 가지 방법 모두 피해야 할 주식을 식별하는 데 도움이 된다. 척도는 여러 가지 다른 형태로 변형할 수 있겠지만, 모두 비슷한 결과를 얻게 될 것이다. 그러나 한 발 물러서서 큰 그림을 생각해보면, 정말 우리가 원하는 건 주식의 가격 경로가 갖는 성격을 파악해서, 시장 참여자들의 행동에 관한 정보를 얻고자 하는 것이다. 다음 절에서 모멘텀 이익으로 통하는 '경로'가 바로 주식 '경로'임을 알게 될 것이다.

모멘텀 이익으로 통하는 경로

개구리를 물에 빠뜨린 이야기를 생각해보라. 만약 개구리가 끓는 물이 담긴 솥에 던져졌다면, 당연히 그 개구리는 즉시 밖으로 뛰쳐나갈 것이다. 그러나 개구리를 상온의 물이 담긴 냄비에 넣고 이 물을 끓는점까지 서서히 가열한다면 개구리는 완전히 익을 때까지 물속에 앉아 있다. 최소한 가상의 개구리의 경우에는 수온의 변화 경로가 최종 결과에 있어 분명히 중요하다.

흥미롭게도, 연구에 따르면 점진적인 수온 변화에 대한 개구리의 반응과 투자자들이 점진적인 주가 변화에 반응하는 것 사이의 유사점을 발견했다. 예를 들어 주가가 즉시 100% 상승한 경우(즉, 끓는 물에 개구리를 떨어뜨리는 것) 강한 가격 반응은 즉시 투자자의 관심을 끌며, 새로운 주식 가격은 대개 정당한 가격을 반영할 것이다. 그러나 주가가 점차 상승해 100% 수익률을 달성한다면(즉, 물이 천천히 뜨거워지면) 투자자들은 점진적인 주가 움직임에 주의를 덜 기울일 것이고, 주식은 펀더멘털 가치보다 낮게 책정될 가능성이 높다. 심리학 용어로는 개구리와 인간 투자자 모두 '주의력의 한계'에 시달리고 있는데, 주의력의 한계란 인간의 인지적 자원이 한정되어 있어서 우리의 두뇌는 주어진 시점에 가장 관련성이 높은 정보를 처리하는 데만 초점을 맞출 것이라는 아이디어를 반영한다. 무엇이 '가장 적절한지' 결정하는 것은 어려운 문제다. 그러나 심리학 연구에 따르면 환경의 극적인 변화는 (다른 조건이 동일하다는 가정하에서) 작은 변화와는 반대로 더 많은 인지적 자원을 끌어들인다.[7]

2014년 지 다Zhi Da, 우밋 구룬Umit Gurun, 미치 와라치카Mitch Warachka[8]는 투자자들의 점진적인 정보 확산에 대한 투자자들의 주의력 한계를 조사했다. 저자들은 주의력의 한계는 모멘텀 아노말리와 관련이 있을 수 있다는 가설을 세웠다. 그들은 '팬 속의 개구리' 가설을 다음과 같이 설명했다.

빈번하게 점진적으로 변화하는 일련의 변화는 드물게 일어나는 극적인 변화보다 관심을 덜 끈다. 따라서 투자자들은 지속적인 정보에 대해 미온적인 반응을 보이게 된다.

그들이 경험적 분석을 통해 내린 결론은 매혹적이다. 경로 의존성에 초점을 맞춘 모멘텀 전략은 훨씬 강력한 모멘텀 효과를 발휘한다. 다시 말하면, 증거는 '팬 속의 개구리' 가설을 강하게 지지하고, 바베리스와 동료들이 1998년 논문에서 설명한 이론적 행동 논리를 광범위하게 뒷받침한다. 이는 모멘텀 아노말리가 긍정적인 뉴스에 대한 과소반응에 의해 야기된다는 점을 시사한다.[9]

다[Da], 구룬[Gurun], 와라치카[Warachka]는 작은 신호의 상대적 빈도를 측정하는 정보 이산성[ID, information discreteness]의 척도를 만들었다. 큰 ID 값은 정보가 더 이산됐음을 의미하며, 작은 ID는 연속적인 정보를 의미한다. 고 수익률을 기록한 과거의 승자의 경우, 플러스 수익률의 비율이 높다는 것(% 플러스 > % 마이너스)은 작은 플러스 수익을 기록한 날이 아주 많았다는 것을 의미한다. 정확한 척도는 다음 식으로 측정한다.

ID = sign(과거 수익률) × [마이너스 수익률 비중(%) − 플러스 수익률 비중(%)]

다[Da]와 동료들은 가설을 시험하기 위해 이중 정렬을 해봤는데, 먼저 12개월 주기 수익률(또는 우리가 이전 장에서 다뤘으며 제가디시와 티트만이 추가로 설명했던 '일반 모멘텀'이라고 불리는 방법)로 포트폴리오를 순차적으로 정렬한다.[10] 그런 다음, 모멘텀 내의 포트폴리오를 대상으로 1927년~2007년에 걸쳐 그들의 이산 변수 정보에 따라 주식을 정렬했다. 표 6.3에는 논문과 관련성이 높은 결과를 나타냈는데, 고 모멘텀 주식을 매수하고 저 모멘텀 주식을 매도하는 포트폴리오의 6개월 보유 수익률을 정보 이산 척도를 변화시켜가며 조사해봤다.

▼ 표 6.3 롱/숏 모멘텀 포트폴리오와 '팬 속의 개구리' 수익률

	6개월 수익률	3인자 알파
이산	−2.07%	−2.01%
2	0.64%	3.53%
3	3.12%	5.05%
4	4.36%	6.71%
연속	5.94%	8.77%
연속−이산	8.01%	10.78%

결과는 놀랍다. 6개월간의 보유 기간 동안 롱/숏 모멘텀 포트폴리오는 연속 정보를 가진 주식의 5.94% 수익률로부터 이산 정보를 가진 주식의 마이너스 2.07% 경우까지 단조 감소했다. 롱/숏 포트폴리오의 3인자 알파는 연속 정보를 가진 롱/숏 포트폴리오의 8.77% 경우에서부터 이산 정보를 가진 롱/숏 포트폴리오의 마이너스 2.01%까지 감소하여 그 수익률 차이는 10.78%에 달하며(연환산으로 20% 초과), 이 값은 상당히 유의한 t 통계량을 갖는다.

5장의 분석을 통해 재조정 빈도가 증가하면 모멘텀 전략의 성능이 향상된다는 사실을 보았다. 저자들은 자신들의 논문에서 이 사실을 검토해봤다. 그림 6.3은 포트폴리오 구성 후 1개월에서 10개월까지 롱/숏 모멘텀 포트폴리오의 월별 알파 추정치를 보여준다.

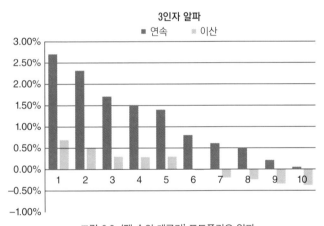

▲ 그림 6.3 '팬 속의 개구리' 포트폴리오 알파

결과는 '팬 속의 개구리' 가설과 일치한다. 연속 모멘텀이 대부분의 모멘텀 효과를 설명해주는 것처럼 보인다. 몇 가지 핵심사항은 다음과 같다.

1. **더 높은 수익**: 연속된 정보를 가진 롱/숏 모멘텀 포트폴리오는 이산 정보를 가진 롱/숏 모멘텀 포트폴리오보다 더 높은 3인자 알파를 갖는다.

2. **더 장기적 지속성**: 연속 정보를 따라가는 롱/숏 모멘텀 이익(제한된 감소로 보유 기간을 연장할 수 있음)은 더 오래 지속되는 반면, 이산 정보를 따라가는 롱/숏 모멘텀 이익은 덜 지속적이고 더 일시적이다.

놀랍게도 단순히 고 모멘텀 주식이 된 경로적 특성을 정량화함으로써, 모멘텀 아노말리를 크게 개선할 수 있으며, 주의력의 한계를 활용하는 데 초점을 맞출 수 있다. 비록 이 결론이 '팬 속의 개구리' 논문에서 언급되지는 않았지만, 경로 중심 모멘텀 알고리즘이 더 큰 수익을 내는 이유 역시 (앞 절에서 설명한 것처럼) 시장 참여자들의 복권 선호와 관련된 행동 편향을 간접적으로 이용하기 때문이라고 믿고 있다.

그리고 저자들이 왜 주의력의 한계가 모멘텀 아노말리를 이해하는 데 중요한 통찰력이 될 수 있는지 꼼꼼히 기록하는 동안, 이 개념을 경험적으로 탐구한 사람들이 또 있다. 예를 들어, 2000년 홍[Hong], 림[Lim], 스타인[Stein]의 논문[11]은 애널리스트들이 적게 언급한 주식과 소액주들의 경우 모멘텀 수익이 더 크다는 내용을 담고 있다. 저자들은 애널리스트가 드물게 다룬 주식이나 소액주의 특성은 관심을 덜 끄는 주식의 대체 지표로 작용하므로 더 높은 모멘텀 이익을 가질 것으로 예측된다고 주장했다. 처분 효과, 즉 손실을 보는 주식은 너무 오래 보유하고 수익을 내는 주식은 너무 빨리 매도하는 경향도 미온적 반응에 한몫할 수 있다. 이 이론은 1985년 셰프린[Shefrin]과 스탯맨[Statman]에 의해 설명됐고[12] 수많은 경험적 논문에서 검증되고 탐구됐다.[13, 14]

추가적으로, 자체 테스트에서는 고 모멘텀 포트폴리오를 거래량[15](거래량이 많을수록 주의를 환기시킴) 같은 척도로 분리하는 경우에도 유사한 결과가 발생하는 것을 확인했다. 다음에는 정보 이산도 척도를 우리가 다루고 있는 주식 범주에 통합했을 때의 결과에 대해 알아보자.

결과

5장에서 시간이 흐름에 따라 일반적인 모멘텀 프리미엄이 붕괴되는 것을 보았고, 이에 따라 더 많은 빈도의 재조정이 요구된다는 것을 살펴봤다(예: 월별 재조정 포트폴리오는 연간 재조정 포트폴리오를 이겼다). 그러나 더 많은 재조정은 마찰 비용을 증가시킨다. 월별과 연간 재조정에 대한 절충으로서, 이 절에서는 분기별 재조정 포트폴리오와 관련된 결과를 검토해본다. 여기서는 5장에서 설명한 것과 같은 분기별 재조정 중첩 포트폴리오의 분석에 초점을 맞추며, 중기업과 대기업만 검토한다.[16] 포트폴리오들은 1927년 1월 1일부터 2014년 12월 31일까지의 기업의 가치 가중과 수익률에 의해 구성된다.[17]

표 6.4에서는 과거 12개월 누적 수익률(마지막 달을 제외)을 기준으로 주식을 정렬하고 상위 십분위에서 가치 가중 주식 바스켓을 매수한다(세 번째 열의 '일반 모멘텀'). 그런 다음 고 일반 모멘텀 주식 포트폴리오를 고품질 모멘텀(1열)과 저품질 모멘텀(2열)으로 나누었다. 모멘텀 '품질' 척도는 앞서 설명한 다, 구룬, 와라치카 논문의 정보 이산성 또는 '팬 속의 개구리' 척도다. 높은 품질의 모멘텀을 가진 기업은 좀 더 연속된 정보를 가진 기업이고, 낮은 품질의 모멘텀을 가진 기업은 좀 더 이산된 정보를 가진 기업이다. 3열에 있는 주식 포트폴리오는 정보 이산성 척도에 의해 1열과 2열로 반씩 나눠졌다. 표 6.4의 수익은 모든 수수료를 반영한 총액이다.

▼ 표 6.4 모멘텀 포트폴리오의 품질과 연간 수익률

	고품질 모멘텀	저품질 모멘텀	일반 모멘텀	SP500
CAGR	17.14%	13.02%	15.56%	9.95%
표준 편차	23.45%	25.16%	23.61%	19.09%
하방 편차	16.98%	18.71%	17.42%	14.22%
샤프 지수	0.65	0.48	0.59	0.41
소르티노 지수(MAR = 5%)	0.81	0.56	0.71	0.45
최대 하락 비율(MDD)	−74.60%	−77.44%	−73.90%	−84.59%
최저 월 수익률	−29.23%	−34.71%	−30.00%	−28.73%
최고 월 수익률	30.63%	37.15%	33.88%	41.65%
수익이 난 개월 수	62.50%	61.08%	61.84%	61.74%

여기서는 다, 구룬, 와라치카 논문의 조사 결과를 직접 복제해본다. 고 모멘텀 주식 중에서 고품질 또는 '부드러운' 모멘텀(연속적인 정보를 통해 측정됨)은 매우 강한 상대적 성과를 보여준다. 반면 저품질 또는 '급격한' 모멘텀 주식은 여전히 범 시장 지수를 능가하지만 상대적 실적은 저조하다. 이러한 결과는 일반 모멘텀 효과는 고품질 모멘텀에 의해 추진되고 저품질 모멘텀에 의해 희석됨을 시사한다. 고품질 모멘텀과 저품질 모멘텀 사이의 수익률 차이는 크다. 수십 년의 기간(1927년~2014년)에 걸쳐 고품질의 모멘텀 포트폴리오와 저품질의 모멘텀 포트폴리오 사이의 수익률 차이는 연간 4%를 넘는다. 이 차이는 그림 6.4에서 시각적으로 볼 수 있다. 고품질의

모멘텀 포트폴리오는 더 높은 위험 조정 수익(샤프와 소르티노 지수)과 함께 더 낮은 드로우다운도 갖고 있다. 모든 모멘텀 전략이 S&P 500(수수료 반영 이전)을 능가하지만, 핵심 요지는 효과적인 모멘텀 전략은 주식이 모멘텀을 얻게 된 경로까지 고려해야 한다는 것이다.

▲ 그림 6.4 모멘텀 포트폴리오 품질과 수익률

요약

6장은 인터넷 버블 기간 동안 '일반' 모멘텀이 높았던 두 주식의 실적을 보여주는 간단한 예로 시작했다. 이 예를 통해 고 모멘텀으로 가는 '더 부드러운' 경로를 가진 회사가 '급격한' 경로를 가진 고 모멘텀 주식보다 미래에 더 높은 수익을 낸다는 것을 알았다. 다음으로, 이 예가 시장의 더 체계적인 효과를 반영할 수 있는 두 가지 이유를 탐구해봤다. 첫 번째로, 투자자들이 과거 급격한 가격 변동이 있는 복권 같은 주식을 어떤 식으로 비이성적으로 선호하는지 알아봤다. 여러 증거는 사람들이 이런 주식들을 과평가하는 경향이 있기 때문에 피해야 한다는 것을 시사했다. 두 번째로, 다[Da]와 동료들이 설명한 '팬 속의 개구리'라는 주의력 한계 가설에 대해 알아봤다.

이 가설은 투자자는 연속적인 정보에 대해 미온적 반응을 보인다는 것이었다. 저자들은 이 가설을 확인하기 위해 좀 더 변동성이 높은 고 모멘텀 주식보다 가격 경로가 부드러운 고 모멘텀 주식이 더 높은 수익을 낸다는 증거를 제시했다. 우리가 독립적으로 수행한 다와 동료들의 연구를 분석한 결과 역시 그들의 연구 결과를 입증했다. 분석의 결론은 모멘텀이 구축되는 경로가 전략의 효과를 결정한다는 것이다. 즉, 더 부드러운 경로가 변동성이 큰 경로보다 바람직하다는 것이다. 모멘텀의 '품질'을 알아냄으로써 좋은 고 모멘텀 주식과 나쁜 고 모멘텀 주식을 구분하는 것은 행동 심리학으로 설명할 수 있다.

- 복권 같은 주식에 관련된 가격설정오류를 피하라.
- 체계적인 과소반응을 야기하는 주의력의 한계를 이용하라.

참고문헌

1. Zhi Da, Umit G. Gurun, and Mitch Warachka, "Frog in the Pan: Continuous Information and Momentum," *The Review of Financial Studies* 27 (2014): 2171-2218.

2. Nicholas Barberis, "A Model of Casino Gambling," *Management Science* 58 (2012): 35-51.

3. Turan G. Bali, Nustret Cakici, and Robert F. Whitelaw, "Maxing Out: Stocks as Lotteries and the Cross-section of Expected Returns," *Journal of Financial Economics* 99 (2011): 427-446.

4. Andrea Frazzini and Lasse Heje Pedersen, "Betting Against Beta," *Journal of Financial Economics* 111 (2014): 1-25.

5. Turan G. Bali, Stephen Brown, Scott Murry, and Yi Tang, "Betting Against Beta or Demand for Lottery?" Working paper, 2016.

6. Heiko Jacobs, Tobias Regele, and Martin Weber, "Expected Skewness and Momentum" Working paper, 2015.

7. Francesca Gina and Max H. Bazerman, "When Misconduct Goes Unnoticed: The Acceptability of Gradual Erosion in Others' Ethical Behavior," *Journal of Experimental Social Psychology* 45 (2009): 708-719.

8. Da, Gurun, Warachka.

9. Nicholas Barberis, Andrei Shleifer, and Robert Vishny, "A Model of Investor Sentiment," *Journal of Financial Economics* 49 (1998): 307-343.

10. Narasimhan Jegadeesh and Sheridan Titman, "Return to Buying Winners and Selling Losers: Implications for Stock Market Efficiency," *The Journal of Finance* 48 (1993): 65-91.

11. Harrison Hong, Terence Lim, and Jeremy C. Stein, "Bad News Travels Slowly: Size, Analyst Coverage, and the Profitability of Momentum Strategies," *The Journal of Finance* 55 (2000): 265-295.

12. Hersh Shefrin and Meir Statman, "The Disposition to Sell Winners Too Early and Ride Losers Too Long: Theory and Evidence," *The Journal of Finance* 40 (1985): 777-790.

13. Justin Birru, "Confusion of Confusions: A Test of the Disposition Effect and Momentum," *The Review of Financial Studies* 28 (2015): 1849-1873.

14. Andrea Frazzini, "The Disposition Effect and Underreaction to News," *The Journal of Finance* 61 (2006): 2017-2046.

15. Charles M.C. Lee and Bhaskaran Swaminathan, "PriceMomentum and Trading Volume," *The Journal of Finance* 55 (2000): 2017-2069.

16. 중대형 회사의 분류를 위해 NYSE에 등록된 회사들 중 시가 총액 기준으로 상위 40% 이내의 회사를 선택했다.

17. 동일 가중으로 형성된 포트폴리오는 더욱 강한 결론을 도출했다.

CHAPTER 7

모멘텀 투자자는
계절성을 알아야 한다

"… 행성 각도와 태양 흑점 활동은 아노말리 수익률을
예측하는 데 상당한 힘을 갖고 있다."

– 로버트 노비–마르크스Robert Novy-Marx, 「금융 경제 저널Journal of Financial Economics」1

주식 시장 연구의 맥락에서 광범위하게 정의되는 계절성seasonality이란 달력 날짜를 바탕으로 타이밍 신호를 구성하려는 아이디어를 의미한다. 금융 뉴스 매체를 들으면 일반적으로 계절성에 대한 토론이 나온다. 좀 더 대중적인 개념 중 하나는 '5월에 매도하고 떠나라'로서, 이 말은 투자자들에게 6월 이전에 현금을 인출하고, 11월에는 시장에 복귀하라고 권한다. 그러나 2014년 노비–마르크스Novy-Marx의 논문 '정치, 날씨, 지구 온난화, 태양 흑점, 별을 이용한 아노말리 성과 예측'2은 중요한 점 하나를 부각시켰는데, 누군가 계절성 얘기를 하면 회의적으로 볼 필요가 있다는 주장이었다. 더욱이 체리 장Cherry Zhang과 벤 제이콥슨Ben Jacobsen은 영국의 주식 시장 자료를 300년 이상 조사한 후, 문서에 기록된 계절적 영향들은 건전한 회의감을 갖고 인식해야 한다고 결론지었다.3 그럼에도 불구하고, 최근 자료와 연구 기법을 이용한 마티 켈로하주Matti Keloharju, 주아니 린나인마Juani Linnainmaa, 피터 나이버그Peter Nyberg의 최근 논문은 주식 시장 수익률의 계절성은 거의 모든 자산 부류에 존재하고, 시간이 지남에 따라 현저하게 지속되며 매우 강하다는 것을 보여줬다.[4] 전반적으로 계절성은 일리가 있는데, 제도적 또는 행동적 인센티브는 강력한 계절성 효과를 야기하는 수요-공급 충격을 유도할 수 있다. 7장에서는 윈도 드레싱과 세제 혜택의 영향을 살펴본다.

하지만 지금 우리는 왜 계절성에 대해 이야기하고 있으며, 계절성과 모멘텀 투자는 도대체 무슨 관련이 있는 것인가? 이제 설명해보겠다. 5년 전, 우리는 계절성이 모멘텀 투자와 관련이 있을 것이라는 '독특한' 아이디어에 대해 연구하기 시작했다. 우리의 가설은 윈도 드레싱window dressing과 절세 손절매tax-loss selling는 전통적으로 계절성에 구애되지 않는 모멘텀 전략의 이점을 극대화하기 위해 이용할 수 있다는 것이었다. 우리는 경험적인 테스트를 실시했고 모든 데이터를 요약했다. 결과는 충격적이었다. 그리고 그보다 훨씬 더 흥미로운 일은 우리의 아이디어는 최고의 금융 학술지라고 여겨지는 「금융 저널The Journal of Finance」, 「금융 경제 저널Journal of Financial Economics」, 「금융 연구 리뷰Review of Financial Studies」 같은 곳 어디에도 전혀 게재되지 않았다는 사실이다. 물론 최종 점검으로서, 우리는 학계 연구원들이 '중요하지 않은 연구' 저널이라고 간주하는 학술 연구 저널을 살펴봤다(예: 「금융 분석가 저널Financial Analyst Journal」, 「포트폴리오 매니지먼트 저널The Journal of Portfolio Management」). 결론적으로, 이 잡지들을 살펴본 것은 잘한 일이었다. 리처드 시아스Richard Sias가 이미 2007년에 우리의 결과와 동일한 내용을 「금융 분석가 저널」에 발표했던 것이다.[5] 학계의 연구자로서 우리가 발표할 아이디어가 새로운 것이기를 바랐기 때문에 처음에는 실망했으나, 곧 행복해졌다. 왜냐하면 모멘텀에 대한 계절성이라는 우리의 독립된 분석이 검증된 셈이고, 우리와 독립적으로 다른 사람에 의해 발견됐기 때문이다. 간단히 말해서, 시아스는 우리보다 먼저 맨 앞줄에 도착한 셈이다. 우리는 분명히 그의 아이디어를 좋아하지만 시아스의 논문 결과를 제대로 이해하려면 몇 가지 시장 인센티브를 더 연구해야 했다. 먼저 윈도 드레싱과 절세 손절매의 동기를 분석한 다음, 모멘텀 투자에서 그것들이 왜 중요한지 알아보자.

윈도 드레싱

소매업에서 윈도 드레싱이란 물건을 가능한 한 매력적으로 보이게 하려고 가게 창문에 상품을 배열하는 관행을 말한다. 윈도 드레싱은 실제 제품이 창문에 보이는 것만큼 좋지는 않더라도 손님들을 가게로 끌어들이는 효과가 있다. 금융 서비스 산업에서도 펀드 매니저는 동일한 개념을 활용한다.

윈도 드레싱의 개념은 말 그대로 경제 연구의 시작으로 거슬러 올라간다. 용어에 익숙하지 않은 독자들을 위해 부연 설명하자면, 경제학에서의 윈도 드레싱이란 금융 전문가들이 전문성이 부족한 고객의 변덕을 호도하고 만족시키기 위해 보여주는 행동을 의미한다. 경제학에서 가장 오래되고 가장 존경받는 학술지로 여겨지는 「미국 경제 평론지American Economic Review」는 1911년에 창간됐다. 그리고 그 초창기 간행물에서, 저명한 경제 교수이자 외국 정부의 고문인 에드윈 케머러Edwin Kemmerer[6]는 연말의 뉴욕 금융 시장을 묘사하기 위해 '윈도 드레싱'이라는 용어를 언급한다.

윈도 드레싱이 실제로 행해지는 방법은 다음과 같다. 펀드 매니저들은 그들의 보유 주식을 분기마다 보고해야 한다는 사실을 알고 있고, 이 보고서는 그들의 고객들에게 우편으로 보내질 것이다. 그러나 실적이 부진한 관리자들이 고객들에게 절대 보여주고 싶지 않은 것은 시장 실적이 저조한 패자 주식을 보유하고 있다는 사실이다. 다시 말해, 그들은 투자자들이 보게 될 '창'에서 패배한 주식이 전시되는 것을 원하지 않는다. 이 시나리오를 완성하기 위해, 관리자는 실적 보고일 직전에 패자 주식을 매도하고 최근에 승자가 되고 있는 주식을 모두 매수해 좋은 인상을 남기도록 할 것이다. 이것은 오프라인 소매상들의 '창'과 유사하다. 됐다! 이제 창문이 훨씬 더 매력적으로 보인다.

분명 윈도 드레싱은 나쁜 실적을 위한 치료법이 아니며, 이 전술은 전문지식을 가진 고객들을 속이지도 못할 것이다. 하지만 펀드 매니저가 바라는 것은 적어도 그들이 현명한 행동을 하고 있는 것처럼 꾸미고, 고객들이 운용 보고서를 읽고 난 뒤 최대한 질문을 하지 않게 하는 것이다. 예를 들어, 인터넷 버블이 터진 후 2002년에 고객과 펀드 매니저 사이에 벌어졌을 법한 두 가지 시나리오를 고려해보자.

- **시나리오 1:** 이런, 10%나 저조한 성적을 보였잖아. 그리고 왜 많이 하락한 펫츠 닷컴 주식을 소유하고 있었던 거야? … 도대체 이런 엉망인 주식을 왜 가지고 있는 거야? 정말 멍청한 관리자였잖아!
- **시나리오 2:** 이런, 10%나 저조한 성적을 보였잖아. 하지만 버크셔 해서웨이 주식을 보유하고 있는 것으로 보이는군. 그 주식은 안정적인 가치주야. 아마도 운이 없었던 것 같은데, 괜찮은 관리자인 것 같군.

분명히, 관리자들은 대부분 시나리오 1이 아니라 그와 반대로 시나리오 2의 상황에 놓이게 될 것이다.

뭔가 대단한 이야기를 한 것 같은데, 그렇다면 교활한 뮤추얼 펀드 매니저들이 실제로 윈도 드레싱을 하고 있다는 증거는 어디 있는가? 일부 저자들은 윈도 드레싱은 실제가 아니라 입증되지 않은 이야기라고 생각한다. 예를 들어, 강 후Gang Hu, 데이비드 맥린David McLean, 제프 폰티프Jeff Pontiff, 칭하이 왕Qinghai Wang은 기관 투자자들이 윈도 드레싱을 한 증거를 거의 발견하지 못했다.[7] 다른 사람들은 동의하지 않는다. 마르친 카페르칙Marcin Kacperczyk, 클레멘스 시알름Clemens Sialm, 루 정Lu Zheng의 논문 '뮤추얼 펀드 매니저의 보이지 않는 행위'를 생각해보라.[8] 그들은 윈도 드레싱 가설을 설명하기 위해 수익률 갭return gap 척도라는 도구를 만들었다. 수익률 갭은 뮤추얼 펀드와 실현 수익률 간의 차이와 가장 최근 분기 보고서에 공개된 '매수 후 보유' 포트폴리오의 수익률을 측정한다. 수익률 갭 척도의 목표는 논문 제목에서 잘 나타난 것처럼, 뮤추얼 펀드 매니저의 보이지 않는 행위를 적절히 식별해내는 것이다. 데이터는 일부 보이지 않는 행위가 가치를 창출할 수도 있는 반면(예: 관리자의 주식 선별 기술), 또 다른 보이지 않는 행동은 가치를 파괴할 수 있음을 시사한다(예: 윈도 드레싱 전술). 그리고 각 펀드의 가치 창출과 파괴는 시간이 지남에 따라 지속적으로 나타나는 것처럼 보인다. 안타깝게도, 수익률 갭은 상대적으로 조잡한 척도로서 환경에서 통제할 변수가 너무나 많기 때문에 윈도 드레싱을 정확히 집어내려면 더 나은 실험이 필요하다.

데이비드 솔로몬David Solomon, 유진 솔테스Eugene Soltes, 데니스 소슈라Denis Sosyura9는 윈도 드레싱 효과를 검사하기 위한 더 나은 실험 환경을 발견했다. 특히, 그들은 언론의 스포트라이트가 어떻게 자금 흐름과 윈도 드레싱에 영향을 미치는지 조사했다. 이들의 주요 결과는 다음과 같다. "투자자들은 최근에 언론에서 많이 다뤘던 고수익 주식을 많이 포함하고 있는 펀드를 더 매수한다." 따라서 노출이 많이 된 승자를 가진 펀드들은 눈에 덜 띄는 유사한 펀드보다 더 많은 자본을 끌어들인다. 이 정보로 무장된 모든 뮤추얼 펀드 매니저는 윈도 드레싱을 통해 경제적 인센티브를 얻는다. 자료에 따르면, 윈도 드레싱을 하면 더 많은 자금을 유치할 수 있다는 것을 보여줬다.

윈도 드레싱은 당혹스러운 관습이며, 그리 만연되지 않기를 바랄 뿐이다. 그러나 2004년 지아 허Jia He, 릴리안 응Lilian Ng, 칭하이 왕Qinghai Wang은 다양한 기관들의 윈도 드레싱 행동을 조사했다.[10] 그들의 연구 결과는 윈도 드레싱 가설을 뒷받침해준다. 외부 자금 관리자로서 활동하는 기관들(예: 은행, 생명 보험 회사, 뮤추얼 펀드, 투자 자문)은 내부 자금 관리자로서 활동하는 기관(예: 연금 펀드, 단과 대학, 종합 대학, 기부금)에 비해 포트폴리오의 윈도 드레싱 가능성이 더 높다. 더 최근인 2014년, 비카스 아가왈Vikas Agarwal, 제럴드 게이Gerald Gay, 렁 링Leng Ling[11]은 논문에서 자신들의 발견을 다음과 같이 요약했다. "윈도 드레싱은 덜 숙련되고 성과가 떨어지는 관리자들과 관련이 있다… 우리는 윈도 드레싱이 가치를 떨어뜨리고 있으며, 평균적으로 미래의 성과를 저조하게 만든다는 점을 발견했다."

종합적 증거와 펀드 매니저들의 인센티브 구조를 살펴보건대 윈도 드레싱은 뮤추얼 펀드 영역의 일부가 되었음을 유추할 수 있다. 연구 결과에 따르면 이러한 윈도 드레싱은 관리 자산AUM, assets under management의 증가로 이어질 수 있으며, 이는 뮤추얼 펀드 매니저들이 이 행위에 동참하는 이유를 설명해준다. 이제 왜 이 윈도 드레싱이 모멘텀 투자에 중요한지 설명할 때가 왔다. 그러나 그전에 먼저 절세 동기tax-motivated 거래에 대한 연구를 주의 깊게 들여다보자.

절세 동기 거래

시드니 와첼Sidney B. Wachtel은 1942년에 세금에 대한 고려가 어떻게 계절성을 이끌 수 있는지 알아보기 위해 12월부터 1월까지 주식 수익률을 조사하고 논문을 발표했다.[12] 마이클 로제프Michael S. Rozeff와 윌리엄 키니 주니어William R. Kinney, Jr.는 1976년에 와첼의 원래 아이디어보다 좀 더 포괄적인 경험적 조사를 한 다음 발표했다.[13] 로제프와 키니는 1904년부터 1974년까지 주식 수익률을 조사했다. 그들의 주요 결과는 주식 시장의 '1월' 효과 또는 '새해' 효과로서 오늘날에도 여전히 존재하는 것이다. 새해 효과는 1월 중에 주가가 상승한다는 경험적 관찰이며, 이 상승은 그해의 다른 어떤 달보다 통계적으로 더 높다. 이 효과에 대한 핵심 가설은 연말 세금 우대 조치와 관련이 있다. 연말의 절세 손절매의 압박은 직관적이다. 연말에 손실금을 장부에 기입하려 애쓰는 과세 대상자로 인해 음의 공급 충격supply shock이 발생할 것을 예상할 수 있다. 비록 '세금 가설'은 직관적으로는 매력적이지만, 와첼과 로제프, 키니에 이은 연구에서는 그 효과는 복잡하며 1990년대 초 이후 거의 사라졌다고 주장한다.[14]

세금으로 인한 계절성에 대한 초기 회의론자들로는 리처드 롤Richard Roll[15], 돈 카임 Don Keim[16], 그리고 1983년에 논문을 발표한 마크 레인가넘Marc Reinganum[17] 등이 있다. 이들의 연구는 전체적으로 볼 때 1월 수익률이 더 큰 것은 주로 소규모 기업에 해당되며, 따라서 이전에 생각했던 것만큼 널리 만연한 것은 아닐 수 있음을 발견했다. 그러나 2004년에 동시에 발표된 더 최근의 연구 결과에서는 세금과 새해 효과 사이의 견고한 관계를 알아내기 위해 더 스마트한 경험적 기술을 활용했다. 이런 업적에는 홍후이 첸Honghui Chen과 비제이 싱갈Vijay Singal의 논문[18]과 마크 그린블랫Mark Grinblatt과 토비아스 모스코위츠Tobias J. Moskowitz의 논문[19]이 있다.

하지만 어떤 투자자들이 절세 손절매를 부추기는가? 제이 리터Jay Ritter는 이 문제를 좀 더 깊이 파고들었고, 해가 바뀔 무렵 개인 투자자들의 매수와 매도를 조사했다.[20] 그는 개인 투자자의 매수 매도 비율을 측정해 개인 투자자가 연말에는 더 많이 매도하고 연초에는 더 많이 매수한다는 사실을 발견했다. 따라서 상대적으로 더 적은 주식을 보유하고 있는 개인 투자자에게는 계절적 패턴이 존재하는 셈이다. 제임스 포터바James Poterba와 스콧 와이즈베너Scott Weisbenner[21]도 절세 손절매는 기관이 아닌 개인 투자자들에 의해 유도된다는 사실을 발견했다. 많은 기관 투자자는 세금을 내지 않기 때문에, 세금 결과에 대해 걱정하지 않고 매수 및 매도를 결정하는 것은 이치에 맞는 얘기다. 마찬가지로 1997년 리처드 시아스Richard Sias와 로라 스타크스Laura Starks[22]는 '새해'의 주식 수익률을 조사했다. 그들은 개인 지분이 높은 주식의 수익률이 기관 지분이 높은 주식에 비해 12월 말에는 저조하고 1월 초에는 더 높은 실적을 보인다는 사실을 발견했다. 따라서 절세 손절매(기관과 반대로 개인에 의한)는 특정 주식 수익률이 계절성을 보이게 되는 원인인 것으로 보인다.

그러나 모든 연구 결과가 절세 손절매를 새해 효과의 원인으로 지목한 것은 아니다. 예를 들어, 1983년에 필립 브라운Philip Brown, 도널드 카임Donald Keim, 앨런 클레이든Allan Kleidon, 테리 마시Terry Marsh[23]는 호주 주식 시장의 수익률을 조사했다. 그 당시 호주는 세법이 미국과 비슷했지만 6, 7월에 세금이 부과됐다. 그들은 예측대로 호주의 주식 수익률이 7월의 수익률에 영향을 미쳤다는 사실을 발견했지만, 동시에 미국 시장에서 기록된 1월 효과도 동일하게 발견했다. 저자들의 연구 결과는 절세 손절매와 연말연시 효과 사이의 인과 관계라는 쟁점을 흔들어놓았고 연말연시 효과를 설명하는 또 다른 무언가가 있을 수 있음을 시사했다. 이 연구는 연말에 세금 우대 조치와 계절적 주가 수익 사이에는 어떤 연관성이 있을 수 있다고 암시하지만, 연구원들은 여전히 정확한 관계를 완전히 이해하지 못하고 있다.

위대한 이론들: 하지만 우리는 왜 관심을 갖는가?

앞에서 약술한 윈도 드레싱과 세금 관련 계절적 영향은 흥미로운 학문적 과제다. 이제 이러한 인센티브가 어떻게 모멘텀 전략을 개선할 수 있는 계절적 효과를 이끌어낼 수 있는지 이해해보자. 앞서 설명한 대로, 기관 투자자는 분기 말 이전에 승자를 매수하고 패자를 매도해야 윈도 드레싱 인센티브를 누릴 수 있다. 이 행동은 우리를 첫 번째 가설로 이끈다.

- **가설 #1**: 윈도 드레싱은 기관들의 수요를 높은 모멘텀 주식으로 유입하고 저 모멘텀 주식에서 빠져나가게 하는 원인이 될 수 있기 때문에 분기 말에 모멘텀 수익률이 가장 높다.

계절성과 모멘텀에 관련된 또 다른 가설은 세금 부담을 최소화하기 위해 과세 대상 투자자들은 패자를 매각하고 승자가 상승하게 한다는 것이다. 이것은 우리를 두 번째 가설로 이끈다.

- **가설 #2**: 세금 우대는 12월에 강력한 모멘텀 이익으로 이어진다. 승자는 매도 압력을 받지 않겠지만 패자는 매도 압력에 시달릴 가능성이 있기 때문이다. 그러나 이러한 세금 관련 흐름은 연초에 역전될 것이다.

윈도 드레싱과 세금 최소화 가설을 결합해보면 분기 말(3월, 6월, 9월, 12월) 직전의 몇 달과 특히 연말(12월) 직전에는 강력한 모멘텀 이익을 보아야 할 것이다. 또한 1월에는 저조한 모멘텀 이익을 보아야 하는데, 이는 몇 달 전의 세금 우대 조치가 사라지고 주가 하락과 상승에 대한 요구가 정상 수준으로 되돌아갈 것이기 때문이다(예: 패배한 주식은 긍정적인 수요 충격을 받고 승리한 주식은 부정적인 수요 충격을 받는다).

리처드 시아스는 앞에 약술된 모든 개념을 테스트해봤다. 그는 모멘텀이 매우 계절적인 아노말리라는 생각을 뒷받침할 강력한 증거를 찾았다.[24] 시아스는 모멘텀 이익을 평가하기 위해 과거 6개월 동안의 보유 기간 중 가장 강한 십분위를 매수하고 동기간 중 가장 약한 십분위를 매도하는 롱/숏 포트폴리오를 구성했다. 그림 7.1은 그의 롱/숏 포트폴리오 결과를 보여준다.

1984년부터 2004년까지의 월평균 이익은 전월 대비 0.45%로 연간 약 5.4%이다. 그림 7.1에서 1월을 제외한 경우(그림에서 '1월 제외'라고 표기한 곳), 포트폴리오의 월 수익은 1.50%(연환산 약 18%)이다. 1월은 분명히 중요하지만 분기 말도 역시 그렇다. 분기 말 순이익은 월평균 3.10%인 반면, 비 분기 말(1월 제외) 월 수익률은 월 0.59%로 5배 차이가 난다! 그리고 그 패턴은 기관 거래 비율이 높은(윈도 드레싱 인센티브가 가장 높은 곳) 주식의 경우 더 강했고, 특히 12월(세금 인센티브가 가장 강한 곳)에 더 강했다. 증거는 드러나고 있다. 모멘텀 전략을 고안하는 사람은 누구나 계절성의 측면을 알고리즘에 포함시켜야 한다. 그림 7.1의 롱/숏 모멘텀 포트폴리오 결과는 윈도 드레싱이나 세금 최소화 가정과 잘 맞아 들어간다. 즉, 분기 말에 관리 자들은 포트폴리오의 윈도 드레싱을 하므로 승자는 (매수됐을 것이므로) 더 좋은 수 익을 내고 패자는 (매도됐을 것이므로) 더 나쁜 수익을 내며 12월은 전체 중 가장 강 한 모멘텀 수익률을 보이는데, 평균 5.52%에 이른다(이는 윈도 드레싱과 세금 압박 효 과를 모두 반영하고 있다).

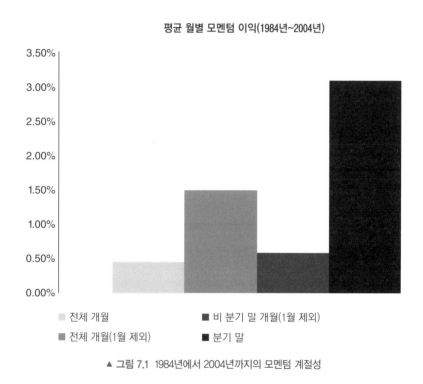

평균 월별 모멘텀 이익(1984년~2004년)

▲ 그림 7.1 1984년에서 2004년까지의 모멘텀 계절성

증거는 계절성이 모멘텀에 기반한 주식 선별 전략에 중요한 역할을 한다는 사실을 암시한다. 이제 시아스가 연구한 주제에 대해 최종 코멘트를 다음과 같이 남긴다. '수익률 모멘텀을 이용하려는 투자자는 분기 말에 총력을 기울여야 한다.' 다음 절에 서는 시아스의 조언을 따라 더 나은 주식 선별 모멘텀 시스템을 구축하기 위해 계절 성을 활용하는 방법을 알아볼 것이다.

모멘텀 계절성: 결과

이 절은 시아스의 2007년 원 논문에서 발견된 결과를 복제하고 확장해보는 것으로 시작한다. 1927년 1월부터 2014년 12월까지 모든 중규모 및 대형 기업* 주식을 조사한다. 여기서는 5장과 6장에서 사용된 것과 유사한 기법을 써서 분기 재조정 모멘텀 포트폴리오의 가치 가중 수익률을 검토한다. 고 모멘텀과 저 모멘텀(십분위) 포트폴리오의 월평균 수익률은 표 7.1에 있다.

▼ 표 7.1 월별 평균 수익률

	저 모멘텀	고 모멘텀	수익률 차이(고 − 저)
1월	2.91%	1.19%	−1.72%
2월	−0.24%	1.65%	1.89%
3월	0.13%	1.86%	1.73%
4월	1.33%	1.85%	0.53%
5월	0.09%	0.82%	0.73%
6월	0.01%	1.56%	1.55%
7월	1.77%	1.21%	−0.56%
8월	1.96%	1.34%	−0.62%
9월	−1.63%	−0.20%	1.44%
10월	−0.54%	0.75%	1.28%
11월	0.67%	2.39%	1.71%
12월	0.19%	2.95%	2.76%

분석을 통해 얻은 주요 시사점은 원래의 시아스 논문과 유사하다. '수익률 차이' 열을 살펴보면, 1월은 저 모멘텀이 고 모멘텀을 능가하기 때문에 모멘텀에 대한 마이너스가 큰 달이다. 분기 말 월은 일반적으로 저 모멘텀 포트폴리오와 고 모멘텀 포트폴리오를 비교할 때 수익률 차이가 가장 높다. 3월도 모멘텀은 큰 편이지만 6월, 9월, 12월 분기와 비교할 때 같은 분기 내 다른 달에 비해 그렇게 차이가 나지 않는다. 그러나 시아스가 그의 원래 논문에서 지적한 바와 같이, 3월 결과는 기관들이 연도의 후반까지는 윈도 드레싱에 많은 인센티브를 주지 않으므로 여전히 윈도 드레싱 가설을 뒷받침해준다.

---

* 대형 기업(large-capitalization)은 통상 시가 총액이 50억 달러를 넘는 회사를 일컫는다. – 옮긴이

그림 7.2에서 고 모멘텀의 월평균 수익률과 저 모멘텀의 월평균 수익 사이의 차이를 좀 더 쉽게 시각화할 수 있다. 그 결과는 시아스가 발견한 것과 양적으로, 또 직접적으로 유사하다.

시아스 결과에 대한 복제와 확장된 분석을 통해 원 결과의 신뢰성에 대한 확신을 얻을 수 있다(다른 나라 데이터에 대해서도 테스트해본 결과 비슷한 결론에 도달했다). 이제 이 지식을 어떻게 활용할 수 있는지 파악해야 한다. 한편으로는 1월은 모멘텀에 '부정적인' 달이기 때문에 피해야 한다는 사실을 알고 있지만, 다른 한편으로 보면 정말 12월 말에 고 모멘텀 주식을 매도하고 1월 전에 저 모멘텀 주식을 모두 매입한 다음, 2월이 오기 전에 다시 고 모멘텀으로 재분배하기를 원하는가? 이론적으로는 이 활동이 말이 되지만, 실제로는 시장 유동성과 마찰 비용으로 인해 어려울 수 있다.

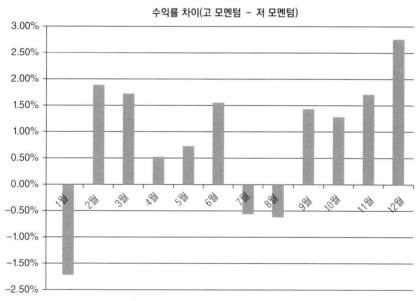

▲ 그림 7.2 1974년~2014년의 모멘텀 수익률 차이

마찰 비용과 시장 유동성을 고려한 자체 분석에 따르면 12월에서 1월까지의 모멘텀 효과를 활용하는 것은 적정 규모 이상의 포트폴리오에서는 비현실적이므로 이 아이디어를 쓰지는 않겠지만, 여전히 모멘텀 계절성을 이용할 수는 있다. 연말에는 세금

으로 인한 인센티브뿐만 아니라 분기 말 윈도 드레싱까지 활용하는 시스템을 구축할 수 있다. 하지만 우리는 어떻게 이 지식을 활용할 수 있을까? 모멘텀 수익이 분기 말에는 가장 크고, 이는 포트폴리오를 장식하는 관리자들에 의해 주도될 가능성이 높기 때문에, 분기 말 전에 재조정을 하면 가장 높은 수익을 낼 것이라는 가설을 세워봤다.

이제 계절적 영향을 이용하는 똑똑한 재조정이 모멘텀 전략을 개선할 수 있다는 가설을 테스트해보자. 5장과 6장에서 3개월 보유 기간의 중첩 포트폴리오를 사용해 모멘텀 포트폴리오 결과를 조사했던 것을 상기하자. 독자들의 기억을 되살리기 위해 중첩 포트폴리오의 작동원리를 다시 한번 설명하자면 다음과 같다. 현 시점은 2014년 12월 31일이다. 먼저 일반 모멘텀 척도를 계산하고 자본금의 3분의 1을 사용해고 모멘텀 주식을 매수한다. 이 주식들은 2015년 3월 31일까지 포트폴리오에 머물러 있는다. 한 날 뒤인 2015년 1월 31일, 자본금의 3분의 1을 더 사용해 2015년 1월 31일자 기준의 순위에 따라 고 모멘텀 주식을 매입한다. 이 주식들은 2015년 4월 30일까지 그 포트폴리오에 머물러 있다. 한 달 뒤인 2015년 2월 28일, 나머지 자본금 3분의 1을 사용해 고 모멘텀 주식을 매수한다. 이 주식들은 2015년 5월 31일까지 포트폴리오에 머물러 있다. 이 프로세스는 매월 반복되어 중첩되는 포트폴리오 효과를 생성한다. 그리고 중첩되는 포트폴리오의 수익은 관리되고 있는 기본 포트폴리오와의 혼합을 통해 계절적 영향을 최소화한다.

물론 계절성과 모멘텀에 대한 테스트에서 계절적 영향을 '최소화'하기 위해 중첩된 포트폴리오를 구성하는 것은 올바른 접근 방법이 아니다. 만약 우리가 의도적으로 계절적 효과를 이용하려면, 분기 말 전에 분기별로 겹치지 않는 포트폴리오를 구성하는 것을 검토해볼 수 있다. 이러한 포트폴리오 구성은 일반인들에게는 더욱 직관적이면서 분기별 모멘텀 효과를 이용할 수 있는 힘을 갖고 있다. 구체적으로, 중복되지 않은 계절적 모멘텀 포트폴리오를 2월, 5월, 8월, 11월 말에 각각 3월, 6월, 9월, 12월의 알려진 모멘텀 이익을 이용하기 위해 거래한다고 가정해보자. 여기서는 이 중첩되지 않는 포트폴리오를 3개월 동안 보유하는데, 따라서 매년 4번의 재조정이 일어난다는 것을 의미한다. 이제 이 포트폴리오의 성과를 분기 말 직전 달에 재조정하지 않는 다른 비중첩 포트폴리오와 비교해보자. 우리의 가설은 계절성 편익을 활용하는 중첩되지 않은 분기 재조정 포트폴리오는 계절성을 고려하지 않는 다른 포트폴리오 구성보다 더 좋은 결과를 낸다는 것이다.

이전 테스트와 마찬가지로 중규모 및 대규모 주식만 조사하고, 포트폴리오는 회사의 가치 가중치를 적용해 구성한다. 분석 대상은 1927년 3월 1일부터 2014년 12월 31일까지다.[25] 5장에서의 조사 절차를 따르는데, (1) 누적 12개월(마지막 달 제외) 수익률에 따라 주식을 정렬하고 (2) 과거 수익에 기초해 상위 십분위를 조사한다.

표 7.2에서 다음 네 가지 포트폴리오를 사용해 재조정 기간을 변경함으로써 위에 설명된 전략에 대한 결과를 검토한다.

- **스마트 재분배**: 가장 현명한 계절적 균형 재조정 포트폴리오다. 2월, 5월, 8월, 11월 거래 종료일에 재조정된다.
- **평균 재분배**: 이 포트폴리오는 1월, 4월, 7월, 10월 거래 종료일에 재조정된다.
- **멍청한 재분배**: 최저 계절성 스마트 포트폴리오다. 이 포트폴리오는 12월, 3월, 6월, 9월 거래 종료일에 재조정된다.
- **계절성 불가지론 재분배**: 계절성 불가지론 포트폴리오다. 이 포트폴리오는 매달 재조정되고 3개월 동안 보유하는 중첩되는 포트폴리오다.

▼ 표 7.2 모멘텀 포트폴리오 계절성의 연간 수익률

	스마트 재분배	평균 재분배	멍청한 재분배	계절정 불가 지론 재분배
CAGR	15.97%	15.65%	15.06%	15.49%
표준 편차	23.99%	23.96%	23.90%	23.62%
하방 편차	17.93%	17.56%	17.70%	17.43%
샤프 지수	0.60	0.59	0.57	0.59
소르티노 지수(MAR = 5%)	0.72	0.71	0.68	0.71
최대 하락 비율(MDD)	-74.19%	-73.35%	-77.43%	-73.90%
최저 월 수익률	-30.09%	-31.01%	-30.45%	-30.00%
최고 월 수익률	32.35%	39.53%	31.15%	33.88%
수익이 난 개월 수	62.71%	62.14%	62.14%	61.86%

다음에 표시된 모든 포트폴리오 수익률은 가치 가중치다. 표 7.2에 결과가 나와 있다.

표 7.2의 결과는 좀 더 스마트한 재조정을 통해, 다음의 상승을 이용해 모멘텀 계절성을 활용할 수 있다는 우리의 가설을 확인해준다. 동일한 가중치 포트폴리오 결과(표시하지 않음)를 살펴보면 그 효과는 확대된다. 스마트 재조정 포트폴리오는 모멘텀 수익을 촉진하는 윈도 드레싱과 세금 인센티브 효과를 모두 활용하므로 모든 포트폴리오 구성 중에서 최고의 결과를 보였다. 최악의 성과를 보인 포트폴리오는 모멘텀 계절성 관점에서 최악의 시기에 체계적으로 재조정한 포트폴리오다. 마지막으로, 불가지론적 재조정 포트폴리오와 평균 재조정 포트폴리오는 스마트 재조정 포트폴리오와 자동 재조정 포트폴리오 사이의 중간 결과를 보였다. 교훈은 간단하다. 모멘텀 시스템을 구축할 때는 계절성에 집중하라.

요약

7장에서는 잠재적으로 주식 시장의 계절적 영향을 일으키는 두 가지 제도적 행동인 윈도 드레싱과 세금 최소화에 대해 살펴봤다. 그런 다음, 이 두 가지 인센티브를 모멘텀의 수익성으로 매핑하는 연구를 조명해봤다. 마지막으로, 계절성과 모멘텀 수익에 대한 자체 분석을 실시했고, 여러 재조정 기술이 일반 모멘텀 전략의 수익성에 어떻게 영향을 미치는가에 대한 분석으로 끝을 맺었다. 여기서의 핵심 요지는 투자자가 성과를 극대화하기 위한 재조정 프로그램을 개발하면, 모멘텀 이익의 계절성을 이용할 수 있다는 것이다.

참고문헌

1. Robert Novy-Marx, "Predicting Anomaly Performance Politics, the Weather, Global Warming, Sunspots, and the Stars," *Journal of Financial Economics* 112 (2014): 137-146.

2. 참고문헌 1과 동일

3. Cherry Zhang and Ben Jacobsen, "Are Monthly Seasonals Real? A Three Century Perspective," *Review of Finance* 17 (2013): 1743-1785.

4. Matti Keloharju, Juhani Linnainmaa, and Peter Nyberg, 2016, "Return Seasonalities," *The Journal of Finance*, 71 (2016): 1557-1590.

5. Richard Sias, "Causes and Seasonality of Momentum Profits," *Financial Analysts Journal* 63 (2007): 48-54.

6. Edwin W. Kemmerer, "Seasonal Variations in the New York Money Market," *American Economic Review* 1 (1911): 33-49.

7. Gang Hu, David McLean, Jeff Pontiff, and Qinghai Wang, "The Year-End Trading Activities of Institutional Investors: Evidence from Daily Trades," *The Review of Financial Studies* 27 (2014): 1593-1614.

8. Marcin Kacperczyk, Clemens Sialm and Lu Zheng, "Unobserved Actions of Mutual Funds," *The Review of Financial Studies* 21 (2008): 2379-2416.

9. David H. Solomon, Eugene Soltes, and Denis Sosyura, "Winners in the Spotlight: Media Coverage of Fund Holdings as a Driver of Flows," *Journal of Financial Economics* 113 (2014): 53-72.

10. Jia He, Lilian Ng, and Qinghai Wang, "Quarterly Trading Patterns of Financial Institutions," *The Journal of Business* 77 (2004): 493-509.

11. Vikas Agarwal, Gerald Gay, and Leng Ling, "Window Dressing in Mutual Funds," *The Review of Financial Studies* 27 (2014): 3133-3170.

12. Sidney B. Wachtel, "Certain Observations on Seasonal Movements in Stock Prices," *The Journal of Business of the University of Chicago* 15 (1942): 184-193.

13. Michael S. Rozeff and William R. Kinney, Jr., "Capital Market Seasonality: The Case of Stock Returns," *Journal of Financial Economics* 3 (1976): 379-402.

14. Andrew Szakmary and Dean Kiefer, "The Disappearing January/Turn of the Year Effect: Evidence form Stock Index Futures and Cash Markets," *Journal of Futures Markets* 24 (2004): 755-784.

15. Richard Roll, "Vas Ist Das?," *The Journal of Portfolio Management* 9 (1983): 18-28.

16. Donald B. Keim, "Size-related Anomalies and Stock Return Seasonality," *Journal of Financial Economics* 12 (1983): 13-32.

17. Marc Reinganum, "The Anomalous Stock Market Behavior of Small Firms in January," *Journal of Financial Economics* 12 (1983): 89-104.

18. Honghui Chen and Vijay Singal, "All Things Considered, Taxes Drive the January Effect," *The Journal of Financial Research* 27 (2004): 351-372.

19. Mark Grinblatt and Tobias J. Moskowitz, "Predicting Stock Price Movements from Past Returns: The Role of Consistency and Tax-Loss Selling," *Journal of Financial Economics* 71 (2004): 541-579.

20. Jay R. Ritter, "The Buying and Selling Behavior of Individual Investors at the Turn of the Year," *The Journal of Finance* 43 (1988): 701-717.

21. James Poterba and Scott Weisbenner, "Capital Gains Tax Rules, Tax-Loss Trading, and Turn-of-the-Year Returns," *The Journal of Finance* 56 (2001): 353-368.

22. Richard Sias and Laura Starks, "Institutions and Individuals at the Turn-of-the-Year," *The Journal of Finance* 52 (1997): 1543-1562.

23. Philip Brown, Donald Keim, Allan Kleidon and Terry Marsh, 1983, "Stock Return Seasonalities and the Tax-Loss Selling Hypothesis," *Journal of Financial Economics* 12 (2001): 105-127.

24. Richard Sias, 48-54.

25. '스마트 재조정'을 구현하기 위해 1927년 1, 2월은 없애고 시작일을 1927년 3월 1일로 바꾸었다.

CHAPTER 8

시장 초과 수익을 내는
정량 모멘텀

"… 우리는 그 모델을 맹렬히 따라간다. 당신 생각에 그 모델이 똑똑해 보이든
명청해 보이든 당신은 그저 시키는 대로 한다."

– 짐 사이먼스Jim Simons, 르네상스 테크놀로지스Renaissance Technologies1

정량 모멘텀 시스템을 이해하는 데 필요한 구성요소와 지식은 5장부터 7장에 걸쳐
요약되어 있다. 5장에서는 학술 연구에 일반적으로 사용되는 일반 모멘텀 강도 지표
를 개략적으로 설명했다. 일반 모멘텀은 정량 모멘텀 시스템의 시작점이다. 일반 모
멘텀 척도는 특정 룩백 기간(예: 지난 12개월)에 걸친 주식의 총 수익률(배당 포함)로
계산하되 마지막 달은 제외했었다. 여기서는 투자 영역의 모든 주식에 대해 이 척도
를 사용해 계산한다.

정량 모멘텀 시스템의 다음 측면은 일반 모멘텀 주식들과 어떻게 차별화하는가와
관련이 있다. 기억하겠지만, 6장에서는 투자자 행동의 두 가지 측면에 대한 증거에
대해 이야기했다. (1) 복권 같은 자산에 대한 선호와 (2) 집중력의 한계. 먼저 단기
에 크게 '급등'한 주식을 보유하면 실적이 전반적으로 저조하다는 증거를 보여줬다.
이러한 저조한 실적은 복권 같은 특성을 가진 주식에 과도하게 돈을 지불하는 편향
된 투자자들에 의해 야기된 가격산정오류의 결과다.

다음으로, 고 모멘텀 주식의 경로를 정량화하기 위한 소위 '팬 속의 개구리'^{FIP} 알고리즘을 알아봤는데, 계산하는 방법은 다음과 같았다.

FIP = sign(과거 수익률) × [마이너스 수익률 비중(%) - % 플러스 수익률 비중(%)]

FIP 척도는 모든 고 모멘텀 주식의 지난 252 거래일을 모두 살펴본 후, 거래일 중 마이너스 수익을 기록한 거래일수의 %와 플러스 수익률을 기록한 거래일수의 %를 표로 만든다. 이 두 계산 구성요소는 서로 간의 뺄셈을 통해 일반 모멘텀 신호의 기호에 곱한다(즉, 12개월 총 수익, 마지막 달 제외). 예를 들어, 주식 ABC의 일반 모멘텀이 50%라고 가정하자. 만약 지난 252 거래일 중 35%가 마이너스였고 거래일 중 1%는 수익률이 0이었으며 64%는 플러스였다면, ABC의 FIP는 +1×[0.35 - 0.64] = -0.29가 된다. FIP는 부정적일수록 좋다. FIP 알고리즘은 고 모멘텀 주식을 좀 더 연속적인 가격 경로(즉, 정보 요소의 점진적이고 느린 확산)를 가진 것과 더 이산된 가격 경로를 가진 고 모멘텀 주식(즉, 즉각 정보 요소를 가진, 급진적 경로)을 가진 것으로 구분한다. FIP 알고리즘은 일석이조의 효과를 갖는데, 우선 복권 같은 주식 특성을 편입하는 것을 체계적으로 최소화하고, 또 모멘텀 주식의 성과를 좋게 만드는 핵심 현상, 즉 투자자들이 체계적으로 긍정적 뉴스에 덜 반응하는 현상으로 인해 형성된 고 모멘텀 주식에 집중하게 해준다.

마지막으로, 7장에서는 계절성이 무엇인지 살펴보고 그것이 모멘텀 전략과 어떻게 연계되어 있는지 조사해봤다. 7장의 핵심 결과는 윈도 드레싱과 세금 최소화 인센티브가 모멘텀 전략 수익성의 시계열 역학에 영향을 미칠 가능성이 높다는 것이었다. 또 마찰 비용 및 거래 복잡성과 관련된 현실 세계의 문제들 때문에 계절성 증거를 이용하기가 어렵다는 점을 설명했다. 그러나 계절성에 대한 지식을 모멘텀 전략의 재조정 프로그램에 통합함으로써 간접적으로 이러한 정보를 활용할 수 있다는 것을 알아봤다. 우리의 연구에 따르면 윈도 드레싱과 세금 동기에 영향을 받는 투자자보다 한발 앞서 모멘텀을 재조정하여 거래하는 전략을 통해 기대 실적에 좀 더 긍정적인 기여를 할 수 있다는 점을 강조했다.

결론적으로, 모멘텀 프로세스는 다음과 같은 5단계의 순차적 프로세스(그림 8.1에 있음)로 압축할 수 있다.

1. **투자 가능 범위 식별**: 여기서는 일반적으로 미국 내 중규모 또는 대규모 회사로 구성되어 있다.

2. **일반 모멘텀 스크린**: 마지막 달을 제외하고, 과거 12개월 수익률을 기준으로 범위 내 주식의 순위를 매긴다.

3. **모멘텀 품질 스크린**: FIP 알고리즘을 통해 측정된, 모멘텀의 '품질'을 기준으로 고모멘텀 주식을 선별한다.

4. **모멘텀 계절성 스크린**: 모멘텀 투자의 재조정 시기에 계절성 측면을 활용한다. 매분기 말 직전 달에 재조정을 한다.

5. **신념을 가진 투자**: 최고 품질 모멘텀을 가진 주식에 집중된 포트폴리오에 투자하려고 한다. 이러한 형태의 투자는 절제된 위임과 함께 표준 벤치마크에서 벗어나려는 의지를 필요로 한다.

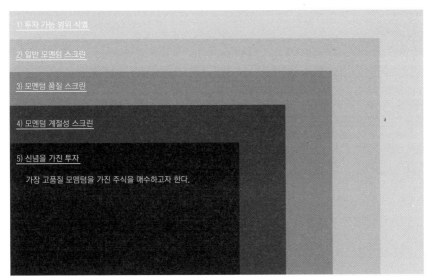

▲ 그림 8.1 정량 모멘텀 프로세스

가상의 포트폴리오 구축 시나리오는 다음과 같은 방식으로 작동한다. 1단계에서 식별된 전체 주식이 1,000개인 경우를 고려해보자. 2단계에서는 1,000개 증권 각각에 대해 일반적인 모멘텀 점수를 계산하고 상위 10%, 즉 100개의 일반적 고 모멘텀 주식을 알아낸다. 3단계에서는 2단계에서 식별된 100개의 고 모멘텀 주식에 대해 FIP 점수를 계산하고, 이 100개의 주식을 FIP 점수가 낮은 순위대로 순위를 매긴다. 여기서 가장 부드러운 모멘텀을 가진 상위 절반, 즉 50개의 고 모멘텀 주식을 구분해낸다. 4단계에서는 모델 포트폴리오를 결정하고 계절적 영향을 이용하기 위해 2월, 5월, 8월, 11월 말에 재조정을 실시한다. 마지막으로, 5단계에서는 (개별 주식 리스크를 최소화하기 위해) 동일한 가중치로 약 50개 주식 포트폴리오 전략을 구현하고, 높은 변동성에 따른 장기간의 상대적 고실적(그리고 저조한 실적)의 축복(그리고 저주)에 대비한다.

거래 비용

거래 비용은 일반적으로 모멘텀 투자가 머리가 나쁜 이단자들이 사용하는 이론적 초단타 기술 분석 도구로만 남아 있는 실패한 투자 관행이 된 이유로 거론되는 것이다. 5장에서는 거래 비용을 반영한 모멘텀 순이익을 주제로 한 학계의 연구를 살펴봤다. 그리고 학계 연구의 합의된 내용은 거래 비용은 모든 액티브 투자 전략에 적용되는 것으로서 모멘텀 전략에도 영향을 미치지만, 거래 비용이 너무 과도해서 모멘텀 전략을 사용하지 못한다는 미신은 너무 과장된 것이다. 이 '미신'은 종종 (1) 해당 주제에 대한 연구에 익숙하지 않거나 (2) 실제로 모멘텀 전략을 사용해 거래한 경험이 없는 사람들에 의해 설파된다. 클리프 애스니스와 동료들은 논문 '사실, 허구 그리고 모멘텀 투자'를 통해 이러한 미신을 정면으로 공격했다. 애스니스는 간결하게 다음과 같이 말했다. "모멘텀에 거래 비용을 적용하더라도 얼마든지 수익을 낸다는 사실을 깨닫기 위해 많은 수학을 동원할 필요는 없다."[2] 관심 있는 독자들은 두 논문을 비교해보기를 권하는데, 하나는 오랜 기간 동안 AQR 자본의 실제 거래 비용 데이터를 분석한 프라치니, 이스라엘 그리고 모스코위치의 논문[3]이고 또 다른 하나는 레스몬드, 실, 저우의 논문이다. 그들은 학계에서 사용하는 일별 또는 일중 거래 비용을 이용했는데, 이 값은 전문 투자자들이 사용하는 훨씬 낮은 거래 비용이나 재조정 비용의 최소화 등은 고려하지 않았다.[4] 물론, 애스니스의 연구를 지나치게 확대적용하는 것 또한 어리석다. 상식적으로 중도 현금화하지 않은 채 수십억 달러에 또 다른 수십억 달러를 투자할 수 있는 모멘텀 전략은 존재하지 않는다. 시간을 두고 보다 통제된 자본이 모멘텀 전략에 거래 비용의 감소 없이 투입된다면, 모멘텀 전략의 순익은 사라질 수도 있다.

정량 모멘텀 알고리즘을 시험할 때, 거래 비용을 백테스트에 어떻게 포함시킬지는 투자 시뮬레이션 초기에 결정해야 한다. 편의상, 여기서는 대부분의 투자자들이 안정적 모멘텀 전략을 구현하기 위해 전문가를 고용해야 할 것이라는 가정하에 1%의 관리 수수료와 0.20%의 재조정 비용을 반영했다. 0.20%의 재조정 비용은 분기 재조정 전략을 사용하면 매년 4회 소요되며 이는 연간 0.80%의 거래 비용을 의미한다. 총 관리 수수료와 거래 비용은 연간 1.80%에 이르는데, 이제 달리 명시되지 않는 한 이 장에 제시된 모든 분석에 우리가 적용할 수치다.

이제, 독자 여러분은 이 비용이 훨씬 더 많다거나 훨씬 더 싸다는 등의 냉담한 반응을 보내기 전에, 이런 추정치는 실제 추정치가 될 수 없고 상황에 따라 크게 달라진다는 사실을 염두에 두자. 실제로, 투자자들은 비용 구조, 세금 상황, 거래와 집행 능력이 각기 다를 것이다. 한 투자자 집단에 적용한 비용 가정은 다른 투자자 집합의 경우 매우 더 클 수(또는 더 작을 수) 있다. 여기서는 단지 비용이 최종 결과에 어느 정도 영향을 미칠 것이라는 사실을 고려하기 위한 기본 비용 추정치를 수립했을 뿐이다. 실제 우리가 정량 모멘텀 전략을 실시간으로 거래해봤을 때는 가정한 것보다 훨씬 낮은 거래 비용을 경험했지만, 역사적으로 볼 때 거래 비용은 가정한 것보다 훨씬 더 높았을 수 있다. 우리의 추정치가 너무 차갑지도 뜨겁지도 않고 어쩌면 알맞은 '골디락스goldilocks'* 추정치가 되기를 바란다. 여기서 제시한 기준은 완벽한 해답이 아니므로, 모든 투자자가 이런 시스템을 운영할 때 예상 비용을 스스로 측정하고 적절히 조정할 것을 권한다.

---

* 골디락스는 영국 전래 동화에 나오는 금발머리 소녀 이름으로, 세 마리 곰이 각각 죽을 끓이고 죽이 식을 동안 산책을 나간 사이 우연히 그 집에 들리게 된다. 이때 소녀는 세 죽 중 너무 뜨겁고 차가운 것은 먹지 못하고 가운데 있는 적당한 온도의 죽을 맛있게 먹어치웠다. 이 개념은 UCLA의 경제학자 데이비드 슐먼(David Shulman)이 경제학에서 경기가 과열되지도 냉각되지도 않은 상태를 지칭하기 위해 최초로 사용했다. – 옮긴이

전체 투자 범위의 매개변수

다른 연구자들이 우리의 결과를 독립적으로 확인하고 복제할 수 있을 만큼의 충분한 정보를 제공하기 위해, 탐구한 전체 주식 범위에 대한 세부사항은 물론 분석을 수행하기 위해 설정했던 가정을 표 8.1에 요약해뒀다. 우리의 투자 범위는 유동성을 갖춘 투자적격을 그 대상으로 하며, 각 재조정 시점에서 최소 NYSE의 자산 기준 40% 이상의 자산을 가진 것으로 구성한다. 1927년 3월 1일부터 2014년 12월 31일까지 분석을 실시하며,5 이 자료는 학술적 수익률 데이터의 황금률 같은 CRSP^The Center for Research in Security Prices(주식 가격 연구 센터)에서 발췌한 것이다.

▼ 표 8.1 투자 범위 선택 기준

항목	항목 설명
시가 총액	NYSE 40% 자산
거래소	NYSE/AMEX/NASDAQ
포함된 주식 형태	보통주
제외된 산업	없음
수익률 데이터	배당, 분할, 회사 대응에 따라 조정된 가격
상장 폐지 알고리즘	'회계 기준 시장 아노말리에 끼치는 상폐 수익률과 효과'(윌리엄 비버(William Beaver), 모린 맥니콜스(Maureen McNichols), 리처드 프라이스(Richard Price))6
포트폴리오 가중치	시가 총액 가중화(VW, 즉 가치 가중)

정량 모멘텀 분석

정량 모멘텀의 역사적 성과에 대해 깊이 조사해보자. 여기서의 분석은 다음과 같이 구성된다.

- 요약 통계량
- 보상 분석
- 위험 분석
- 안정성 분석

요약 통계량

표 8.2는 징량 모멘텀 전략의 성과와 위험 프로파일에 대한 표준 통계 분석을 제시하고, 이를 일반 모멘텀 전략(계절성과 FIP 없음), S&P 500 총 수익 지수(S&P 500 TR$^{Total Return}$ Index)와 비교한다. 표 8.2에 나타난 수익률은 세 가지 모멘텀 전략 모두에 대해 1.80%의 비용을 적용한 것이며, S&P 500 지수도 수수료를 모두 반영한 총합이다. 패시브 지수에는 비현실적인 비용 이익(즉, 무료)을 설정해 결과 산정이 보수적이 되게 했다. 모든 결과는 일관성을 유지하기 위해 가치 가중치(때로는 시총 가중치라고도 함)를 사용한다. 다른 가중치 부여 방법은 동일한 가중치를 적용하는 것이다. 동일 가중을 사용한 대안은 다음과 같은 두 가지 장점이 있다.

- 다각화: 각 주식에 동일한 비율의 자본을 할당하기 때문에, 특정 주식이 포트폴리오에서 큰 비중을 차지하지 않는다.
- 소기업 효과: 평균적으로는 소기업 주식의 수익률이 과거에 더 컸으므로 포트폴리오에 더 높은 수익을 기대할 수 있음을 의미한다.

표 8.2는 정량 모멘텀 전략이 CAGR 15.80%의 성장률을 보였고, 일반적 모멘텀 성과인 13.45%를 크게 앞질렀다. 정량 모멘텀 전략은 9.92%를 기록한 S&P 500도 크게 앞섰다.

▼ 표 8.2 가치 가중 정량 모멘텀 성과(1927년~2014년)

	정량 모멘텀 (네트)	일반 모멘텀 (네트)	S&P 500 지수
CAGR	15.80%	13.45%	9.92%
표준 편차	23.89%	23.62%	19.11%
하방 편차	17.56%	17.44%	14.22%
샤프 지수	0.60	0.51	0.41
소르티노 지수(MAR = 5%)	0.72	0.60	0.44
최대 하락 비율(MDD)	−76.97%	−75.81%	−84.59%
최저 월 수익률	−31.91%	−30.15%	−28.73%
최고 월 수익률	31.70%	33.73%	41.65%
수익이 난 개월 수	63.00%	61.39%	61.76%

정량 모멘텀 포트폴리오는 벤치마크 포트폴리오보다 훨씬 더 높은 변동성을 갖는데, 이는 포트폴리오가 패시브 벤치마크보다 더 집중되고(즉, 기간 동안 평균 43.9개주식) 따르기 어려운 전략으로 설계됐으므로 예상된 결과다. 정량 모멘텀은 패시브 S&P 500 벤치마크 변동성 측정치인 19.11%보다 더 높은 23.89%의 표준 편차를 보였다. 높아진 변동성에도 불구하고 위험 조정 매개변수는 여전히 정량 모멘텀 전략에 유리하다. 정량 모멘텀 전략의 샤프 지수는 0.60으로 S&P 500 샤프 지수 0.41보다 훨씬 낫다. 이 전략은 또한 하방 변동성이 더 높아서, 하방 편차가 17.56%로서, 벤치마크의 14.22%보다 높다. 그러나 하방 변동성이 높을수록 더 큰 수익률이라는 보상을 얻게 되므로, 소르티노 지수는 벤치마크의 0.44보다 훨씬 높은 0.72를 기록하고 있다.

각 전략에 연계된 최악의 최대 대비 최소 수익률 차이를 나타내는 최대 하락 비율[MDD]을 살펴보면 정량 모멘텀 전략은 극도로 고통스럽다는 사실을 잘 보여준다. 정량 모멘텀 포트폴리오의 최악의 드로우다운은 무려 -76.97%로, 대공황 때의 드로우다운(벤치마크 드로우다운은 훨씬 더 나쁜 -84.59%이다)에 맞먹는다.

우리는 모멘텀 전략을 사용하려는 투자자들은 커지는 변동성과 드로우다운 리스크에 반드시 대비해야 한다는 사실을 깊이 강조하려고 한다. 이 리스크야말로 시스템이 미래에도 작동할 수 있는 근본 이유이기 때문이다. 그러나 이러한 커진 리스크는 추가 예상 수익에 의해 상쇄되는 것 이상이며, 이것이 모멘텀을 아노말리로 만든다.

보상 분석

다른 전략과 정량 모멘텀 포트폴리오의 누적 성과를 비교해 보여주는 그림 8.2를 살펴보자.

그림 8.2는 장기간에 걸친 우위가 복리의 효과를 나타내는 것을 보여준다. 정량 모멘텀 포트폴리오의 작은 장점이 패시브 벤치마크에 비해 입이 떡 벌어질 만큼의 수익률 차이를 창출하게 되는 것이다.

▲ 그림 8.2 누적 정량 모멘텀 가치(1927년~2014년)

표 8.3은 정량 모멘텀 포트폴리오의 수십 년간의 CAGR과 다른 상품과의 경쟁을 보여준다. 이 테스트의 목적은 시간 경과에 대한 성과의 견고성을 조사하는 것이다.

▼ 표 8.3 10년 주기로 살펴본 CAGR

	정량 모멘텀 (네트)	일반 모멘텀 (네트)	S&P 500 지수
1930–1939	3.08%	1.64%	−1.34%
1940–1949	11.01%	11.85%	9.15%
1950–1959	24.98%	21.31%	19.42%
1960–1969	20.50%	18.26%	7.84%
1970–1979	13.93%	13.21%	5.83%
1980–1989	24.48%	17.38%	17.61%
1990–1999	36.48%	30.21%	18.37%
2000–2009	−3.58%	−4.88%	−0.68%

전체 80년이 넘는 기간 동안, 정량 모멘텀 포트폴리오는 8구간 중 7구간에서 더 높은 성능을 보였다. 일부 사람들은 최근 10년간 정량 모멘텀 포트폴리오가 손실을 본 것을 우려할 수도 있다. 이제 스마트 차익 거래로 인해 모멘텀 프리미엄이 사라지고, 모멘텀이 죽은 것이 아닐까? 그러한 가능성을 결코 배제할 수는 없다. 그러나 10년

정도의 저조한 실적은 예상하지 못할 수준은 아니다. 게치^{Geczy}와 사모노프^{Samonov}는 1801년에서 1926년까지의 기간 동안 외표본 테스트에서 여러 경우에 걸쳐 오랜 기간 저조한 상대적 성과가 발생한 것을 발견했다.[7] 더욱이, 이 책의 앞부분에서 설명했듯이 높은 변동성과 직업상의 위험 때문에 이 알고리즘을 고수하는 것은 어렵다. 두 번째로, 동일 가중치 정량 모멘텀 포트폴리오(표시되지 않음)의 수수료를 반영한 결과를 살펴보면, 실제로 2000년~2009년 동안 CAGR 기준으로 더 높은 성능을 보였음을 알 수 있다. 그럼에도 불구하고, 어떤 지속 가능한 시스템도 늘 작동할 수는 없다. 그림 8.2를 보면 정량 모멘텀을 선택하는 것이 '쉬운 결정'인 것처럼 보이지만, 더 짧은 기간 윈도로 깊이 파고 들어가 보면 1927년에서 2014년까지 극도의 상대적 저조 기간이 있었다는 사실을 알 수 있다. 모멘텀 투자는 간단하지만 쉽지는 않다.

여기서는 전체 운영 기간 동안 성능을 평가하기 위해 다양한 칙도를 살펴본다. 그림 8.3a와 그림 8.3b는 전략의 5년 및 10년 CAGR을 보여준다. 이 수치는 각기 다른 시점에서의 상대적 보유 기간 수익률을 보여준다. 안정적인 전략이라면 타이밍에 상관없이 일관된 성능을 보여줄 것이다. '행운'에 의한 전략은 한두 번쯤은 극단적으로 성능이 뛰어날 수 있겠지만, 다른 경우에는 엉망일 것이다.

그림 8.3a와 그림 8.3b는 정량 모멘텀 전략이 5년 및 10년씩 계속되는 주기에서 일반적 모멘텀 포트폴리오와 S&P 500을 얼마나 일관되게 능가하는지를 보여준다. 아주 드물게, 그리고 짧은 기간 동안만 다른 것들에 투자하는 것이 더 나았다. 장기적으로 저조한 실적을 보인 두 기간은 대공황 기간과 2008년 금융 위기 이후부터 최근까지의 기간이다. 이 저조한 실적은 정상적이며, 이 기간 동안 약한 손들을 '떨쳐버리기' 때문에 가치가 오를 것이다. 장기적으로 보면 원칙을 지키는 지속 가능한 프로세스가 성공할 것이다.

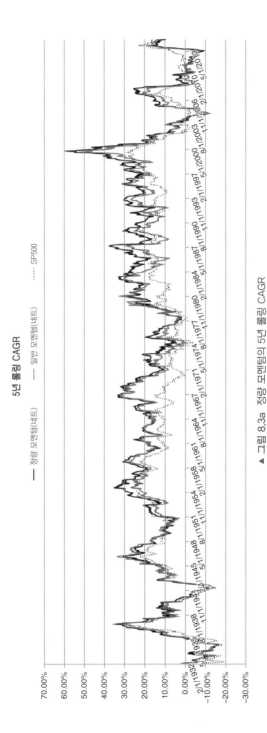

5년 롤링 CAGR

—— 정량 모멘텀(네트)　　—— 일반 모멘텀(네트)　　····· SP500

▲ 그림 8.3a 정량 모멘텀의 5년 롤링 CAGR

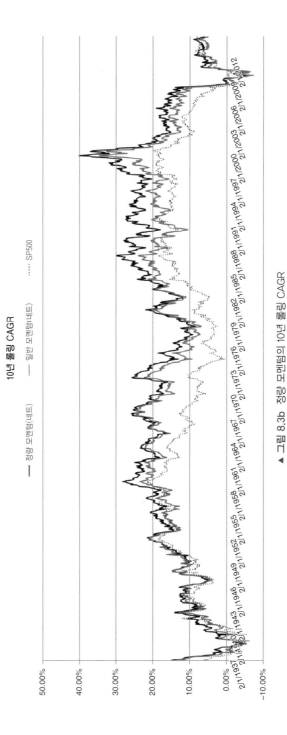

10년 롤링 CAGR

—— 정량 모멘텀(네트)   —— 일반 모멘텀(네트)   ······ SP500

▲ 그림 8.3b 정량 모멘텀의 10년 롤링 CAGR

위험 분석

이전 분석에서 강조했듯이, 모멘텀의 힘은 패시브 벤치마크 수익률이 초라하게 보이게 만들 정도의 막대한 수익률을 생성하는 능력이다. 불행히도, 막대한 기대 수익은 더 높은 리스크를 동반하는 법이다. 모멘텀에 있어 리스크와 보상의 트레이드오프는 여전히 호의적이지만, 증가된 위험을 인정하지 않는 것은 지적으로 부정직하며 잠재 모멘텀 투자자를 속여 부적절한 기대를 갖게 할 것이다. 이제, 다음의 분석을 통해 정량 모멘텀과 관련된 위험을 조사해보자.

우리의 위험 분석은 최대 드로우다운MDD에 초점을 맞춘다. MDD는 시계열과 관련된 최대 수익률 대비 최소 수익률의 차이로 정의된다. MDD는 특정 전략에 전념하는 매수 및 보유 투자자가 겪을 수 있는 최악의 성과 시나리오를 반영한다. MDD 이면의 직관은 간단하다. 얼마나 많이 잃을 수 있을까?

그림 8.4는 일반적인 평가 기준인 1개월, 1년 및 3년의 시간에 걸친 정량 모멘텀의 드로우다운 성과를 요약해 보여준다.

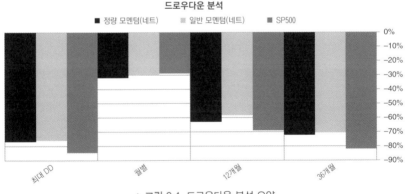

▲ 그림 8.4 드로우다운 분석 요약

그림 8.4에 따르면, 정량 모멘텀 전략은 경쟁 전략들보다 자본을 더 잘 보호한다. 정량 모멘텀 전략의 단 한 번의 최악의 드로우다운은 일반적 모멘텀 전략보다 더 나빴지만 S&P 500보다는 나았다. 하지만 정량 모멘텀은 1개월과 12개월의 롤링 주기에서는 패자가 된다. 3년 동안의 전략 기간 중에서 최악의 시나리오는 S&P 500보다 약간 나은 것이었다. 분명한 점은 우리의 포트폴리오는 롱 전용 전략이기 때문에 시

장과 비교해 비슷한 드로우다운을 가질 것으로 예상된다는 것이다.

그림 8.5a와 그림 8.5b는 롤링 5년 및 롤링 10년에서의 정량 모멘텀 전략 MDD를 보여준다. 이 수치는 연구자가 지정된 시간 범위(예: 5년 또는 10년) 동안 정량 모멘텀 전략의 최대 MDD 빈도와 강도를 확인하는 데 도움을 준다. 하지만 왜 롤링 드로우다운이 유용한 분석 도구가 될까? 비슷한 MDD를 가진 두 가지 전략을 생각해보자. 만약 한 전략은 시간이 흐름에 따라 여러 차례에 걸쳐 큰 드로우다운을 겪는 반면 다른 전략은 단 한 번의 큰 드로우다운만 겪는다면, 분석을 통해 빈번하게 큰 드로우다운을 겪는 전략을 식별하는 데 도움을 줄 것이다.

롤링 드로우다운 분석을 보면 정량 모멘텀 전략은 경쟁 전략보다 더 큰 드로우다운을 겪는다는 사실을 보여준다. 예를 들어 인터넷 버블의 여파는 정량 모멘텀 전략에 그대로 영향을 끼쳤고, 특히 범 시장 지수와 비교할 때 그러했다. 유사하게, 2008년 금융 위기 때 정량 모멘텀 포트폴리오는 범 시장 지수보다 조금 더 큰 타격을 입었다.

마지막으로, 전략의 최악의 10대 드로우다운 동안의 정량 모멘텀의 상대적 성과에 대한 평가로 분석을 끝내기로 하자. 여기서는 정량 모멘텀 드로우다운과 동일한 기간의 패시브 지수 성과를 비교한다. 이 분석은 정량 모멘텀 전략과 패시브 시장 간 꼬리 위험의 상관관계에 대한 통찰을 제공해준다. 표 8.4는 두 가지 점을 강조하고 있다. 첫째, 정량 모멘텀은 큰 드로우다운을 동반하는 롱 전용 주식 전략이다. 둘째, 드로우다운은 일반적인 시장 하락과 상관관계가 있다. 전체적으로 볼 때, 정량 모멘텀 포트폴리오는 큰 드로우다운과 긴 저성과 기간을 가질 것이며, 처음부터 이를 예상해야 한다.

▼ 표 8.4 상위 10 드로우다운 분석

순위	시작일	마지막 일	정량 모멘텀	S&P 500 TR 지수
1	1/31/1929	5/31/1932	−76.97%	−80.67%
2	2/29/2000	2/28/2003	−68.14%	−35.14%
3	6/30/2008	2/28/2009	−62.12%	−40.82%
4	3/31/1937	3/31/1938	−52.99%	−51.11%
5	12/31/1972	9/30/1974	−38.68%	−42.73%
6	11/30/1961	6/30/1962	−34.57%	−21.97%
7	5/31/1946	6/30/1949	−31.69%	−13.77%
8	9/30/1987	11/30/1987	−30.88%	−28.00%
9	4/30/1940	4/30/1942	−30.81%	−26.52%
10	11/30/1968	6/30/1970	−27.23%	−29.23%

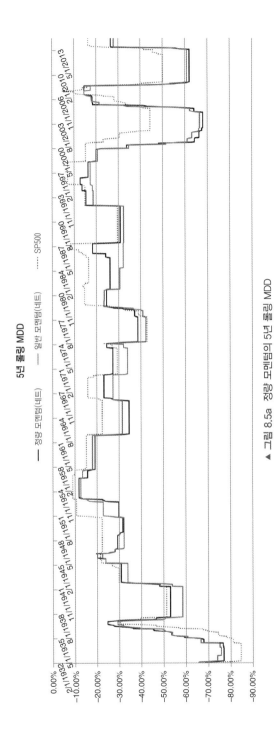

5년 롤링 MDD

—— 정량 모멘텀(네트)   —— 일반 모멘텀(네트)   ······ SP500

▲ 그림 8.5a 정량 모멘텀의 5년 롤링 MDD

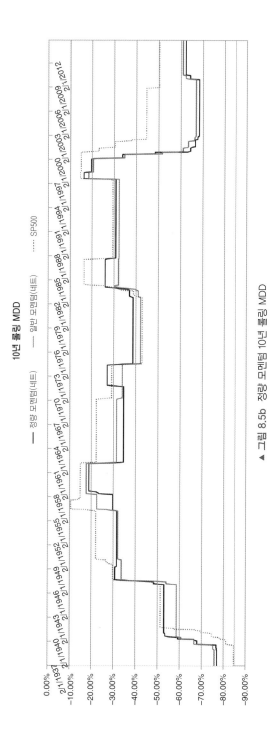

▲ 그림 8.5b 정량 모멘텀 10년 롤링 MDD

안정성 분석

이 절에시는 다양한 각도에서 전략을 살펴본 테스트를 분석함으로써 큰 그림을 파악하고, 요약 통계량이 극단적인 특이치에 의해 유도된 것이 아니라 전반적인 현실을 반영하고 있음을 확인해볼 수 있다.

먼저, 1927년 이후 다양한 강세 및 약세 장을 대상으로 정량 모멘텀 전략의 시장 주기market cycle 성과를 다른 전략과 비교 분석한다. 표 8.5는 시장 사이클 주기 계산에 사용된 날짜를 나타낸다.

▼ 표 8.5 시장 주기 정의

	시작일	마지막 일
약세	1929년 9월	1932년 7월
강세	1962년 6월	1966년 2월
약세	1968년 11월	1970년 5월
강세	1970년 5월	1972년 12월
약세	1973년 1월	1974년 9월
강세	1982년 6월	1984년 12월
약세	1987년 7월	1987년 12월
강세	1987년 12월	1990년 6월
약세	2000년 3월	2001년 9월
강세	2001년 10월	2007년 7월
약세	2008년 8월	2009년 2월
강세	2009년 3월	2014년 12월

그림 8.6은 평균적으로 약세 장에서 S&P 500과 유사한 성과를 보여줬고, 강세 장에서는 S&P 500을 능가했음을 보여준다. 또다시, S&P 500 대비 상대적 손실은 가장 최근의 약세 및 강세 장에서 나타난다. '모멘텀은 죽었다'고 주장할 논평가들이 분명히 있을 것이다. 좋다. 우리는 이러한 논평이 계속되기를 바란다. 전략은 때때로 짧은 시간 또는 긴 시간 동안 어려움을 겪을 수 있지만, 모멘텀 시스템은 전체 시장 주기를 통해 기대 이상의 성능을 제공할 가능성이 높다.

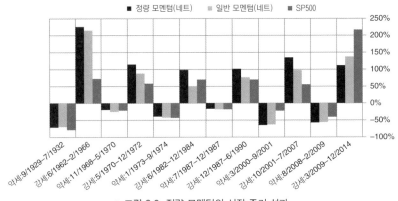

시장 주기 성과

■ 정량 모멘텀(네트)   ■ 일반 모멘텀(네트)   ■ SP500

약세:9/1929~7/1932
강세:6/1962~2/1966
약세:11/1968~5/1970
강세:5/1970~12/1972
약세:1/1973~9/1974
강세:6/1982~12/1984
약세:7/1987~12/1987
강세:12/1987~6/1990
약세:3/2000~9/2001
강세:10/2001~7/2007
약세:8/2008~2/2009
강세:3/2009~12/2014

▲ 그림 8.6 정량 모멘텀의 시장 주기 성과

그림 8.7은 최근의 단기 스트레스 사건 동안 정량 모멘텀 전략과 다른 전략의 상대
적 성과를 비교해 보여준다. 이 분석은 전략이 특별한 단기 시장 이벤트가 발생할 때
어떻게 되는지 조사한다. 이 모델에서 정량 모멘텀 전략은 나스닥 폭등 시기에 다른
S&P 500에 비해 우수한 성과를 냈지만, 1998년의 나스닥 폭락과 2008년 금융 위
기 당시에는 저조한 실적을 보였음을 알 수 있다.

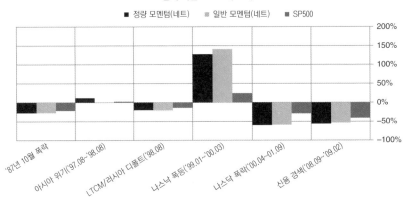

단기 이벤트 스트레스 테스트

■ 정량 모멘텀(네트)   ■ 일반 모멘텀(네트)   ■ SP500

'87년 10월 폭락
아시아 위기('97.08~'98.08)
LTCM/러시아 디폴트('98.08)
나스닥 폭등('99.01~'00.03)
나스닥 폭락('00.04~01.09)
신용 경색('08.09~'09.02)

▲ 그림 8.7 정량 모멘텀에 대한 단기 스트레스 이벤트 테스트

그림 8.8a와 그림 8.8b는 정량 모멘텀 전략의 롤링 5년 및 롤링 10년의 알파값을 보여준다. 알파 분석은 일반적으로 학술지에 발표된 정량 금융 연구 논문에서 찾아볼 수 있다. 연구원들이 알파를 추정하기 위해 사용하는 절차는 복잡할 수 있지만, 아이디어는 간단하다. 다양한 위험 요인을 통제한 후 전략은 얼마나 큰 평균 초과 수익을 창출하는가?

안정성을 평가하기 위해, 우리는 여러 가지 자산 가격결정asset-pricing 모델을 사용해 알파를 추정해본다. 여기서는 자본 자산 가격결정 모델capital asset pricing model 을 사용해 일반적인 시장 위험을 관리한다.[8] 우리는 파마Fama와 프렌치French의 3인자 모델을 사용해 시장, 규모, 가치 투자 비중을 조정하고,[9] 4인자 모델을 이용해 모멘텀을 고려한다.[10, 11] 이 모든 요소는 켄 프렌치의 웹사이트에서 찾아볼 수 있다.[12]

그림 8.8a와 그림 8.8b는 정량 모멘텀 전략이 우리가 선택하는 자산 가격 모델에 관계없이 롤링 5년 및 롤링 10년 기반에 대해 비교적 일관된 알파 추정치를 생성한다는 것을 확인해준다. 4인자 알파 모델의 알파가 가장 작다는 건 놀랄 일이 아닌데, 그 이유는 4인자는 일반 모멘텀에 대한 투자 비중을 통제하기 때문이다. 롤링 5년 기반에서는 위험을 통제한 후의 정량 모멘텀 전략 성과가 추가 가치를 내지 않는 경우가 극히 드물다. 10년 롤링 차트는 생생한 설명을 들려준다. 장기간에 걸쳐 정량 모멘텀은 일반적으로 투자 포트폴리오에 부가적인 가치를 더해줬다.

이 절에서는 자산 가격결정 모델과 관련된 공식적인 베타와 알파 추정치를 계산한다. 표 8.6에는 네 가지 자산 가격결정 모델의 전체 표본 계수 추정치가 표시되어 있다. MKT-RF는 뉴욕증권거래소NYSE/미국증권거래소AMEX/나스닥의 모든 주식의 시장 가중 수익률 대비 초과 수익률을 나타낸다. SMB는 소형 회사로의 투자를 포착하는 롱/숏 인자 포트폴리오다. HML은 시총 대비 높은 장부가치를 가진 주식에 대한 투자를 제어하는 롱/숏 인자 포트폴리오다. MOM은 최근 1년 동안 좋은 실적을 거둔 주식에 대한 투자를 통제하는 롱/숏 요인 포트폴리오다.

이 결과는 표 8.6에 나타나 있으며, 5% 신뢰도 수준(양측 꼬리 검정)에서 유의한 계수 추정치는 굵은 글씨로 표시됐다.

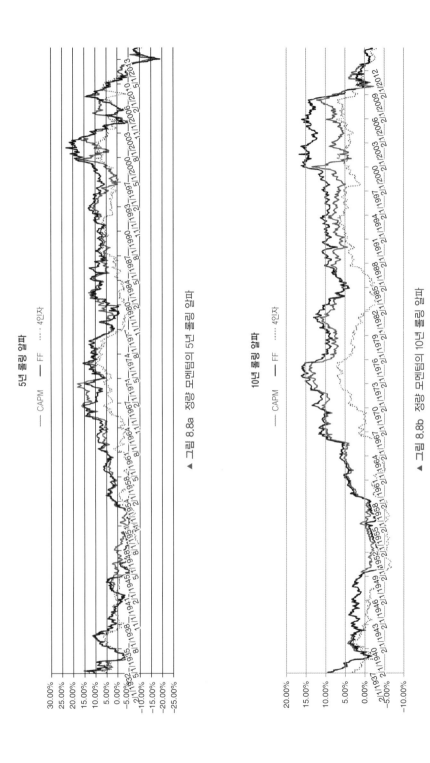

5년 롤링 알파

—— CAPM —— FF ‧‧‧‧‧ 4인자

▲ 그림 8.8a 정량 모멘텀의 5년 롤링 알파

10년 롤링 알파

—— CAPM —— FF ‧‧‧‧‧ 4인자

▲ 그림 8.8b 정량 모멘텀의 10년 롤링 알파

▼ 표 8.6 정량 모멘텀의 자산 가격결정 계수 추정

	연간 알파	MKT-RF	SMB	HML	MOM
CAPM	6.30%	1.02	—	—	—
3인자	7.44%	1.05	0.17	−0.41	—
4인자	0.85%	1.17	0.21	−0.16	0.55

표 8.6을 보면 정량 모멘텀은 '알파'로 연간 약 6~7%의 성과를 발생시키는데, 시장이나 규모, 가치처럼 알려진 예상 수익률 인자를 사용한 투자로는 설명되지 않는 성과를 보여준다. 일반 모멘텀 계수를 포함시키면, 정량 모멘텀 포트폴리오는 유의한 알파는 제공하지 않지만 모멘텀 계수(MOM)를 긍정적으로 증가시킨다. 알파 분석을 보면 정량 모멘텀 전략의 더 강한 성과는 범 시장 지수(MKT-RF 베타가 1보다 조금 높음)보다는 더 큰 베타로의 투자와 관련되어 있음을 볼 수 있다. 시스템은 더 작은 주식(SMB 0.17과 0.21)에 투자되는 경향이 있는데, 대단히 중요한 사실 하나는 가치주에 투자되지 않았다는 것이다(HML이 −0.41과 −0.16이다). 알파 통계량을 일반 모멘텀 전략과 비교한다면, HML 간은 더 약한 음의 관계다(즉, 다각화 편익이 그리 높지 않다). 전반적으로 인자 분석의 관점에서 볼 때 정량 모멘텀은 일반 모멘텀보다 좋지도 나쁘지도 않으며, 단순히 전략만 다를 뿐이다. 정량 모멘텀 전략은 더 높은 변동성을 가진 일반 모멘텀 버전인 셈이며, 가치 전략과 결합되면 좀 더 강력한 다각화 편익을 갖는다. 요인 분석도 중요하지만, 우리는 이 평가가 좀 더 관례적이고 직관적인 분석을 반영한 표 8.2의 결과와 결합돼야 한다고 믿는다.

블랙박스 들여다보기

정량적 방법은 종종 블랙박스로 간주되며, 따라서 많은 투자 커뮤니티에서 기피된다. 퀀트Quants는 일반적으로 부정적인 평가를 받았다. 전통적인 '퀀트'는 의사소통이 단순하고 근본적으로 투명할 수 있을 때조차도 사물을 너무 복잡하고 불투명하게 만든다. 퀀트의 논리를 보면, 전략을 '독점적'으로 유지함으로써 자신들의 지적 재산이 이용당하는 것을 막을 수 있고, 이를 통해 그들의 투자자들은 더 부자가 되리라는 것

이다. 지속 불가능하고 항상 변화하는 거래 전략의 맥락에서는 이 결과가 확실한 사실이다. 그러나 지속 가능한 고도의 액티브 장기 투자 전략에 관련되어서는 불투명하고 전반적인 이해가 결여되면 투자자의 실패로 이어진다. 고통의 절정에서 가장 절제되고 경직된 투자자들이 견뎌나갈 때, 프로세스를 철저히 이해하고 확신을 갖는 명석한 투자자들이 승리하게 될 것이다. 프로세스가 왜 효과가 있는지 완전히 이해하지 못하는 사람들은 액티브 포트폴리오를 끝까지 유지하고 있는 통찰력이 강한 투자자들에게 액티브 알파를 제공하게 될 가능성이 높다.

표 8.7은 2014년 11월 30일에 이 모델에 의해 선택된 상위 10개 주식을 보여준다. 이 날짜는 2014년 11월 말에 재조정하여 계절성을 활용하는, 우리 테스트상에서의 마지막 포트폴리오 재조정 날짜다. 포트폴리오를 3개월 동안 보유하기 때문에 이 포트폴리오는 2014년 12월 31일자의 포트폴리오이기도 하다. 표 8.7은 또한 기업의 모멘텀 점수(마지막 날을 제외하고 지난 12개월 동안의 총 수익률)나 플러스 수익률을 기록한 날의 백분율에서 음의 수익률을 기록한 날의 백분율을 뺀 것('팬 속의 개구리'에서 만든 변수를 기억하자)과 같이 여러 중요한 요약 통계량을 보여준다.

▼ 표 8.7 2014년 12월 31일, 정량 모멘텀 포트폴리오 보유

주식 이름	종목코드	모멘텀	(% 플러스) – (% 마이너스)
인터내셔널 정류기	IRF	66.1%	24.3%
매리어트 인터내셔널	MAR	62.6%	22.3%
N X P 반도체 N V	NXPI	61.6%	21.5%
샌디스크	SNDK	39.8%	21.1%
닥터 페퍼 스내플 그룹	DPS	47.7%	20.3%
사우스웨스트 항공	LUV	87.0%	19.1%
다이너지	DYN	42.5%	18.3%
필그림 프라이드	PPC	73.4%	18.3%
윈드스트림 지주회사	WIN	44.7%	17.9%
말린크로트	MNK	77.4%	17.9%

나열된 이름들 중 상당수는 유명하지만, 유명하다고 해서 반드시 전체 주식 중 가장 좋은 고 모멘텀 주식인 것은 아니다. 이 회사들 중 많은 수가 다소 지루한 가격 행보를 보이지만, 가격 신호를 살펴보건대 그들의 모멘텀을 이끄는 일관된 정도의 긍정적인 뉴스가 있음을 보여주고 있다. 이 그룹에 속한 회사들은 이 목록에 들지 못한 더

유명한 모멘텀 회사들과 대조되는데, 테슬라 모터스Tesla Motors, 몬스터 음료Monster Beverage, 암겐Amgen, 그린 마운틴 커피Green Mountain Coffee, 솔라윈스Solarwinds 등이 목록에 들지 못했다. 이 회사들은 모두 고 모멘텀을 갖지만, 그들이 모멘텀을 갖게 된 경로는 좀 더 이산적이며 큰 단기 실적 급등을 통해서였다.

정량 모멘텀으로 시장 초과 수익을 달성하다

모멘텀은 분명히 안정적이며 수년간 연구되고 기록돼왔다. 이러한 연구의 전형은 200년이 넘는 개별 주식 데이터셋을 통해 모멘텀의 과거 기록을 확인한 크리스 게치Chris Geczy와 미하일 사모노프Mikhail Samonov가 완성했으며, 그들은 "모멘텀 효과는 데이터 마이닝의 산물이 아니다."라고 밝혔다.[13] 이 장에서는 이 책에 요약된 연구와 개념을 반영한 정량 모멘텀 시스템의 결과를 봤다. 우리의 솔루션이 '최고'라거나 '최적'이라고 주장하지는 않겠지만, 우리의 과정은 합리적이라고 생각하며, 일관성 있고 논리적인 방식으로 행동 금융과 연계되어 있다고 생각한다.[14] 그러나 이 방법이 미래에도 효과가 있을까? 그것은 아무도 모르지만, 이 책의 처음 4개 장에서 역사적으로 강력한 전략이 미래에도 지속 가능한지 여부를 결정하기 위한 틀을 마련했던 것을 기억하자. 어떻게 우리는 모멘텀이 지속 가능하다고 확신할 수 있을까? 우리는 가치 투자가 작동하는 이유를 이해하기 위해 사용한 것과 동일한 주장을 써서 이 제안을 지지한다. 말하자면, 지속 가능한 액티브 투자 전략에는 다음과 같은 요소가 필요하다.

- 가격산정오류 구성요소
- 고비용의 차익 거래 구성요소

가격산정오류에 관해서는, 인간이 체계적인 기대 오차로 고통받는 한, 가격은 때때로 펀더멘털에서 벗어날 것이다. 가치 투자의 맥락에서 이 기대 오차는 평균적으로 부정적인 뉴스에 대한 과잉반응인 것 같다. 모멘텀의 경우, 기대 오차는 긍정적인 뉴스에 대한 과소반응 및 예측 가능한 계절적 영향과 관련이 있는 것 같다. 가치와 모멘텀은 실제로 같은 행동 편향 동전의 양면인 셈이다.

그러나 왜 모멘텀 전략(또는 가치 전략)은 모든 스마트 투자자가 차익 거래를 통해 이용하지 않는가? 앞서 살펴본 바와 같이, 이러한 가격산정오류가 사라지는 속도는 이용 비용에 달려 있다. 일련의 거래와 정보 획득 비용(0이 아니겠지만 현재의 논지에서는 중요하지 않다고 가정한다)을 제쳐두고, 오래 지속되는 가격산정오류 기회를 이용하기 위한 가장 큰 비용은 에이전시 비용 또는 직업상의 위험이다. 직업상의 위험 측면은 투자자들이 그들의 자본을 대신 관리할 전문가를 고용하기 때문에 발생한다. 불행히도 전문 펀드 매니저에게 자본을 위임하는 투자자들은 종종 벤치마크 대비 단기 상대 실적을 기준으로 고용된 관리자의 성과를 평가한다. 그러나 이것은 전문 펀드 매니저에게 뒤틀린 동기를 부여한다. 한편으로 펀드 매니저는 높은 장기 기대 실적 때문에 가격산정오류 기회를 이용하기를 원하지만, 다른 한편으로는 가격산정오류 기회를 이용함으로써 기대 성과가 벤치마크에서 너무 이격되지 않을 정도로만 수행해야 한다. 요컨대, 가치 및 모멘텀 같은 전략은 때때로 패시브 벤치마크에 비해 현저하게 실패하기 때문에 아마도 계속 작동할 것이다. 이러한 추론을 따른다면 가치 전략처럼 모멘텀 전략이 지속 가능하다고 믿으려면 다음 사항만 가정하면 된다.

- 투자자들은 계속해서 행동 편향을 갖게 될 것이다.
- 투자를 위임한 사람들은 근시안적 성과 추구를 할 것이다.

이 두 가지가 미래를 예상하기 위해 의지할 수 있는 가정이라고 생각한다. 그리고 이러한 가정에 대한 믿음 때문에, 우리는 항상 프로세스 중심적이고, 장기 집중적이며, 절제된 투자자들에게 기회가 있을 것이라고 믿는다. 지속 가능한 액티브 프레임워크의 교훈을 내면화한다면, 이 틀을 믿으면 많은 투자자가 극도로 불편하다고 생각하는 전략을 고수할 수 있는 규율을 우리에게 줄 것이다. 과정에 따르는 규율을 유지할 수 있는 능력은 거의 틀림없이 성공적인 투자자가 되는 가장 중요한 측면이다. 실제로 어떻게 투자하느냐는 것은 거의 2차적인 문제다. 그러나 워렌 버핏의 말을 인용하자면, "투자는 간단하지만 쉽지는 않다."

참고문헌

1. James Simmons, "Mathematics, Common Sense, and Good Luck: My Life and Career," MIT Seminar, January 24, 2011.

2. Cliff Asness, Andrea Frazzini, Ron Israel, and Toby Moskowitz, "Fact, Fiction, and Momentum Investing," *The Journal of Portfolio Management* 40 (2014): 75-92.

3. Andrea Frazzini, Ronen Israel, and Toby Moskowitz, "Trading Costs of Asset Pricing Anomalies,"AQR working paper, 2014.

4. David A. Lesmond, Michael J. Schill, and Chunsheng Zhou, "The Illusory Nature of Momentum Profits," *Journal of Financial Economics* 71 (2004): 349-380.

5. 7장 말미와 유사하게 우리 분석의 시작일은 1927년 1월 1일에서 1927년 3월 1일로 변경됐다. 이는 계절성 재분배를 반영하기 위해서다.

6. William Beaver, Maureen McNichols, and Richard Price, "Delisting Returns and Their Effect on Accounting-based Market Anomalies," *Journal of Accounting and Economics* 43 (2007): 341-368.

7. Chris Geczy and Mikhail Samonov, "Two Centuries of Price Return Momentum," *Financial Analysts Journal* (2016).

8. William F. Sharpe, "Capital Asset Prices: A Theory of Market Equilibrium under Conditions of Risk," *Journal of Finance* 19(3) (1964): 425-442.

9. Eugene Fama and Kenneth French, "Common Risk Factors in the Returns on Stocks and bonds," *Journal of Financial Economics* 33 (1993): 3-56.

10. Mark Carhart, "On Persistence in Mutual Fund Performance," *Journal of Finance* 52 (1997): 57-82.

11. 우리는 파마와 프렌치의 5인자 모델을 사용해서도 테스트했는데, 수익성과 투자 요인이 추가된다. 이러한 인자들은 1963년 이후부터 데이터가 있으므로 여기서는 결과를 보이지 않았다. 외표본 테스트(1963년~2014년)에서는 5인자 요소를 포함했고 정량적으로 비슷한 결과를 얻었다.

12. mba.tuck.dartmouth.edu/pages/faculty/ken.french/data_library.html, accessed 3/1/2016.

13. Chris Geczy, Mikhail Samonov.

14. 우리는 이 장에서 소개하지 않은 더 많은 추가 테스트와 분석을 수행했다. 추가적 결과(예: 연 수익률)에 대해서는 www.alphaarchitect.com/contact로 연락하면 된다.

CHAPTER 9

모멘텀이 실제로
작동하도록 만들기

"입을 한 방 얻어맞기 전까지는 모두 계획을 갖고 있다."

– 마이크 타이슨^{Mike Tyson}

현실 세계에서 정량 모멘텀에 올인한다면 가장 헌신적인 투자자라도 자신의 인내심을 시험하게 될 것이 확실하다. 우리를 포함한 그 누구도 그런 프로그램을 고수할 수 있는 절제력을 갖고 있지 않다. 우리조차도 자본을 이런 식으로 투자하지는 않는다. 그러나 우리는 투자자들에게 전체 주식 포트폴리오를 하이 컨빅션^{high-conviction*} 모멘텀 전략으로 대체하라고 권고하려는 것이 아니다. 모멘텀은 단지 다각화된 주식 포트폴리오의 구성요소일 뿐이다. 그리고 4장에서 언급했듯이, 모멘텀 포트폴리오는 하이 컨빅션 가치 포트폴리오와 함께할 때 가장 잘 활용할 수 있다. 가치와 모멘텀을 조합한 포트폴리오는 두 개별 전략의 다년간의 상대적 실적 저조 기간을 단축하고 투자자가 주식 투자 프로그램을 고수할 수 있도록 도와준다. 순수 가치 투자나 순수한 모멘텀 투자에만 전념하는 것은 다리가 하나뿐인 의자에 앉아 있는 것과 같다. 따라서 다리가 여러 개인 의자에 앉지 않을 이유가 없다. 뛰어난 가치 투자 접근 방식

---

* 대개 20개 이하의 주식으로 집중된 펀드를 하이 컨빅션(high-conviction) 펀드라고 부른다. – 옮긴이

을 찾아내고, 유망한 모멘텀 투자 접근 방식을 알아내어, 전천후 주식 포트폴리오로 사용하기 위해 두 가지 노력을 결합하라.

다리가 2개인 의자: 가치 + 모멘텀

가치와 모멘텀의 결합 포트폴리오를 좀 더 구체화하기 위해, 우리가 자체 투자 자본에 사용하고 있는 접근 방법을 살펴보자. 우리는 이 책에서 요약한 정량 모멘텀 알고리즘과 함께 체계적 가치 전략에 관한 웨스^{Wes}의 저서인 『Quantitative Value^{정량적} $^{가치\ 전략}$』에 설명되어 있는 철저히 테스트된 가치 전략을 결합했다.[1] 간단히 말해서, 정량적 가치 알고리즘이란 저렴한 고품질의 가치주를 사려는 것이다. 각 전략은 일반적으로 약 40개의 모멘텀 주식과 40개의 가치 주식을 보유하여, 투자자에게는 약 80개의 주식으로 구성된, 하이 컨빅션이지만 다각화된 포트폴리오를 제공한다. 포트폴리오 규모를 늘리고 다각화를 강화하기 위해 국외 시장으로 확장할 수 있지만, 분석을 간단하게 하고 요점을 유지하기 위해 이 부분은 보류했다.

정량적 가치와 모멘텀 포트폴리오의 성과를 평가하기 위해, 거래소에 등록된 미국 중대형 주식을 대상으로 조사하고 롱 전용 포트폴리오에만 집중한다. 포트폴리오들은 분기별로 재조정되고 **동일 가중치**를 적용한다. 여기서는 8장에 사용한 가치 가중 포트폴리오 방식과는 다르게 적용한다. 1974년 1월 1일부터 2014년 12월 31일까지의 수익률을 조사하는데, 이 기간은 정량 모멘텀과 정량적 가치 알고리즘 모두 이용 가능한 과거 데이터가 중복되는 기간이다. 결합 포트폴리오 가중치는 매년 1월 1일에 재조정되며 가치 및 모멘텀에 걸쳐 균등하게 배분된다(더 정교한 투자자는 변동성에 기반해 투자를 가중시킬 수 있다). 모든 수익은 연간 총 수수료 2%를 반영한 순수익 추정치인데, 2%에는 전략을 구현하기 위한 재조정으로 인한 시장 충격 비용, 관리 수수료, 커미션 등이 포함되어 있다.[2]

결합 포트폴리오의 결과는 표 9.1에 제시되어 있다.

	결합 포트폴리오 (네트)	정량 모멘텀 (네트)	정량 가치 (네트)	S&P 500 TR 지수
CAGR	18.10%	17.38%	16.98%	11.16%
표준 편차	21.38%	25.59%	18.58%	15.45%
하방 편차	14.96%	18.09%	12.71%	11.05%
샤프 지수	0.66	0.57	0.68	0.45
소르티노 지수(MAR = 5%)	0.94	0.80	0.98	0.62
최대 하락 비율(MDD)	−60.16%	−67.72%	−51.91%	−50.21%
최저 월 수익률	−26.56%	−30.33%	−25.62%	−21.58%
최고 월 수익률	28.69%	34.67%	25.36%	16.81%
수익이 난 개월 수	61.18%	61.79%	62.60%	61.59%

결합 포트폴리오는 독립된 가치나 모멘텀 포트폴리오 각각보다 더 높은 수익을 보인다. 위험 조정 기준으로 결합 포트폴리오는 본질적으로 정량적 가치 전략과 동일하다. 그러나 요약 통계량은 전략의 생존 가능성을 파악하지 못한다. 투자자가 '포기' 없이 포트폴리오를 유지할 수 있는 정도를 대략이나마 정의해 생존 가능성을 평가하기 위해, 패시브 S&P 500 총 수익률과 비교한 롤링 5년 CAGR을 조사해본다. 이 분석은 가치주와 모멘텀을 동시에 보유했을 때, 가치와 모멘텀을 별도로 보유했더라면 겪을 수 있었던 장기 저성과 기간의 빈도가 어떻게 최소화되는지에 대한 감을 제공해줄 것이다.

그림 9.1은 5년간의 상대적 저성과 기간의 길이와 깊이를 최소화하기 위해, 가치와 모멘텀을 결합했을 때의 이점을 잘 보여준다. 예를 들어, 정량적 가치는 1990년대 후반 인터넷 버블 동안 저조한 상대성과의 깊고 오래된 기간을 견뎌야 한다. 반면 금융 위기 이후 정량 모멘텀은 오랫동안 심각하게 저조한 실적을 보여왔다. 좀 더 정확히 말하자면, 독자적 정량 모멘텀 전략은 5년 동안(2013년 6월 발생, 2008년~2009년의 금융 위기가 이 5년 기간이다) CAGR 기준으로 약 15%의 저조한 실적을 보였다. 고객과 이것에 대해 대화를 하는 장면을 상상해보라!

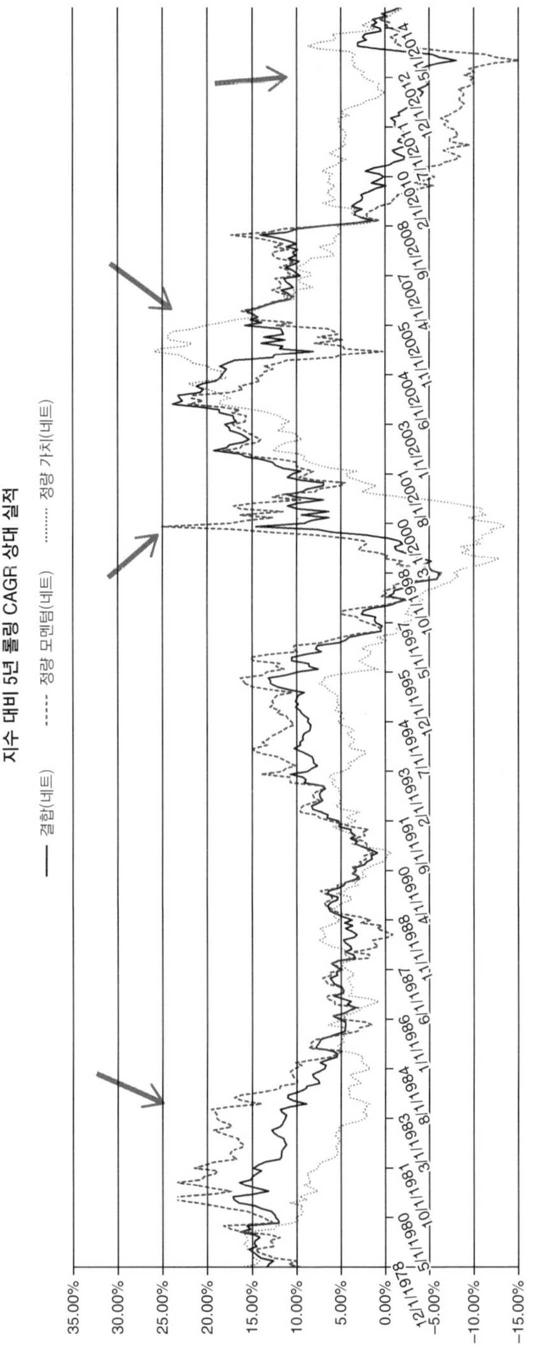

지수 대비 5년 롤링 CAGR 상대 실적

— 결합(네트) ...... 정량 모멘텀(네트) ------ 정량 가치(네트)

▲ 그림 9.1 롤링 5년 수익률 차이

그러나 두 가지 전략을 결합함으로써(그림 9.1의 검은색 실선으로 표시됨) 투자자는 장기간의 저조한 실적의 길이와 깊이를 평균 투자자가 이해할 만한 수준으로 줄일 수 있다. 이 문제를 살펴보는 또 다른 방법은 히스토그램 분석을 통한 것이다. 그림 9.2는 순수 모멘텀 전략 및 결합 포트폴리오에 대해 측정한 5년 CAGR 상대 성과 히스토그램을 나타낸다. 순수 모멘텀 전략에 투자하면 5년 기간 동안 지수 대비 저성과일 가능성이 상대적으로 높지만, 결합 포트폴리오는 장기적으로 저조한 실적이 연속되지 않도록 제한해준다. 장기 투자자의 경우 패시브 주식 포트폴리오를 하이 컨빅션 가치 및 모멘텀 시스템으로 대체하면, 패시브 지수보다 높은 기대 이익을 제공할 수 있는 합리적인 접근법으로 보인다. 여기서, 독자에게 쉽게 기억할 수 있는 경험법칙 하나를 알려준다.

싸게 사고, 강한 것을 사라. 그리고 길게 보유하라.

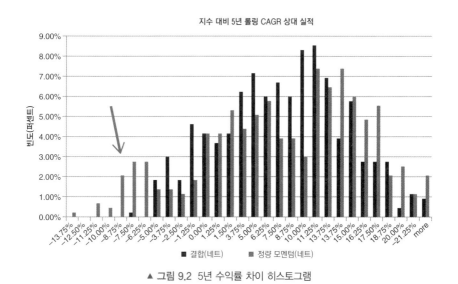

▲ 그림 9.2 5년 수익률 차이 히스토그램

포트폴리오 구성에 관한 중요 사항

액티브 가치와 모멘텀으로 성공하는 길은 분명 머리털이 곤두서는 경험이 될 것이다. 주로 장기간에 걸쳐 상대적 성과가 좋지 않을 수 있는 가능성 때문에 대규모 자본은 그 기회를 이용하지 못할 것이기 때문이다. 이러한 사실 때문에, 앞에서 설명한 편익은 하이 컨빅션 가치 및 모멘텀 포트폴리오와 연계되어 있음을 강조할 필요가 있다. 이러한 하이 컨빅션 포트폴리오가 바로 상대적 성과 위험을 유도하기 때문이다. 그리고 성과와 관련한 극심한 고통이 없다면, 기대 성과 향상 역시 극에 달하지 못할 것이다. 가치나 모멘텀 같은 특성으로 쏠리는 다각화된 대형 포트폴리오를 보유하고 있는 소위 '스마트 베타' 펀드는 수수료를 지불하고 나면, 뛰어난 성과를 달성하겠다는 약속을 이행하지 못할 듯하다. 이러한 펀드는 예상 비용을 초과할 만큼의 충분한 액티브 투자 편익을 제공하지 못하는 클로짓 인덱싱closet indexing* 구조에 지나지 않는다.

하지만 왜 클로짓 인덱싱을 피하는 걸까? 이 책을 통해 수행해본 학문적 연구와 내부 분석은 모두 바람직한 특성(예: 높은 모멘텀)을 가진 주식에 집중된 포트폴리오와 관련이 있다는 점을 기억하자. 우리가 분석한 포트폴리오들은 대개 50주 미만의 주식을 보유해 '디워시피케이션'을 최소화하도록 설계됐다. '디워시피케이션'은 포트폴리오가 패시브 지수처럼 동작하면서 집중된 특성 중심의 포트폴리오처럼은 동작하지 않도록 구성됐을 때 발생한다. 5장에서 보유 기간과 재조정 빈도 같은 포트폴리오 구성 매개변수의 변화에 따라 기대 실적이 어떤 영향을 받는지 조사할 때 디워시피케이션의 부정적 영향을 조명했었다. 이러한 분석의 결과는 액티브 모멘텀 전략에 연계된 기대 수익을 원하는 투자자들에게는 분명했다. 바로 빈번하게 재조정되는 집중된 포트폴리오를 매수하라는 것이다.

그렇다면 시중에 있는 진정한 액티브 펀드를 살펴보는 것은 어떨까? 안타깝게도, 펀드 스폰서들의 관심사는 펀드 투자자들과 일치하지 않는다. 펀드 규모가 일정 이상으로 커지면, 펀드 자산을 추가할 경우 포트폴리오를 클로짓 인덱싱을 형성하는 쪽으로 이동시키면서 실적을 잠식하고 동시에 관리비는 증가시킨다. 이는 실적이 최대화되기를 원하는 투자자와 실적이 나빠져도 자산을 더 늘리려는 관리자들 사이에 이해관계 충돌을 야기한다. 클로짓 인덱스 펀드는 쉽게 구별할 수 있는데, 포트폴리

---

* 클로짓 인덱싱(closet indexing)은 액티브 투자를 한다고 표방하면서, 실제로는 벤치마크와 다를 바 없는 포트폴리오를 구성하는 전략을 일컫는 말이다. - 옮긴이

오의 경우 대개 100개 이상의 주식을 보유하고, 시가 총액 가중 구조를 갖고 있으며, 재조정 빈도가 낮다. 이러한 포트폴리오들은 펀드 스폰서를 대신하여 규모와 자산 수집 노력을 지향하지만, 이 책 전반에 걸쳐 설명한 더 높은 기대 수익을 제공할 가능성은 낮다. 액티브 투자자를 위한 함축적 의미는 명확하다. 패시브 지수를 벗어나 추가 관리비를 지불할 용의가 있다면, 액티브 리스크를 감수하고, 클로짓 인덱싱이 아닌, 집중을 위해 돈을 지불해야 한다.

다리가 3개인 의자: 콤보 + 추세

하지만 잠깐! 다리가 2개인 의자조차도 완전히 안정적이지 않다! 정량적 가치와 모멘텀 포트폴리오는 여전히 '매수 후 보유' 주식 투자와 밀접한 관련이 있는 대규모 드로우다운에 시달려야 한다. 장기적이고 단순함을 선호하는 많은 투자자에게 있어 가치와 모멘텀을 결합한 포트폴리오를 보유하는 것은 훌륭한 해결책이다. 그러나 큰 드로우다운에 대해 우려하는 투자자들에게, 가치와 모멘텀을 매수 후 보유하는 접근법은 적절하지 않을 수 있다. 그리고 분명한 것은 앞에서 요약한 가치와 모멘텀 접근 방법에서 확인된 대규모 드로우다운은 이 특정 포트폴리오에만 국한되지 않는다는 점이다. 즉, 드로우다운 문제는 모든 롱 전용 주식 포트폴리오와 연계되어 있다.

드로우다운 문제를 해결하기 위해 투자자들이 추세를 추종하는 세 번째 다리를 통해 좀 더 안정적인 의자를 만들 수 있는 기본적인 방법에 대해 알아보자. 가장 간단한 추세 추종 규칙은 단순 이동 평균 규칙이다. 이 작동 방식을 이해하기 위해 다음 규칙을 살펴보자.

- 이동 평균(12) = 평균 12개월 가격
- 만약 S&P 500 TR 지수 – 12개월 이동 평균(S&P 500 TR 지수) > 0이면, 결합 포트폴리오를 매수한다. 그렇지 않으면 국채를[T-bills]를 매수한다.

단순 추세 추종 위험 관리를 추가적으로 적용한 결과는 표 9.2에 정리되어 있다.

	결합 + 추세(네트)	결합 (네드)	S&P 500 TR 지수
CAGR	16.57%	18.10%	11.16%
표준 편차	17.97%	21.38%	15.45%
하방 편차	13.31%	14.96%	11.05%
샤프 지수	0.67	0.66	0.45
소르티노 지수(MAR = 5%)	0.90	0.94	0.62
최대 하락 비율(MDD)	−26.18%	−60.16%	−50.21%
최저 월 수익률	−25.45%	−26.56%	−21.58%
최고 월 수익률	28.69%	28.69%	16.81%
수익이 난 개월 수	70.93%	61.18%	61.59%

추세를 추종하는 추가적인 장치가 결합 포트폴리오의 위험 조정 지표를 개선하지는 않지만, 이 분석에서는 결합 시스템 프로파일의 꼬리 위험의 극적인 변화를 놓치고 있다. 추세 오버레이는 주식 포트폴리오가 대규모 드로우다운에 노출되는 것을 제한해준다. 예를 들어, 최대 드로우다운은 60.16%에서 26.18%로 낮아졌다. 물론 세상에 공짜는 없다. 추세를 추종하는 투자자는 1.5%의 연복리 수익을 포기해야 하고, 상대적으로 저조한 실적을 한차례 견뎌야 할 가능성도 높아졌다. 그림 9.3은 추세를 추종하는 결합 포트폴리오와 '매수 후 보유' 전략의 결합 포트폴리오 사이의 5년 수익률 차이 히스토그램을 보여준다.

그림 9.3은 추세 추종의 '상대적 성과 위험'을 보여준다. 한편으로는 추세 추종이 큰 꼬리 위험 이벤트로부터 보호하지만, 다른 한편으로 시스템은 또한 지수와 관련된 추적 오차를 증가시켜, 투자자가 장기적으로 투자 프로그램을 고수할 수 없게 될 가능성을 증가시킨다.

이 책의 초점은 아니지만, 대규모 주식 드로우다운을 우려하는 투자자들은 추세 추종에 대해 좀 더 알아보기를 권한다. 이제 추세 추종을 포함하기 위해 우리의 경험 법칙을 다음과 같이 강화할 수 있다.

> 싸게 사고, 강한 것을 사라. 그리고 길게 보유하라.
> 그러나 추세가 우호적일 때만 그렇게 하라.

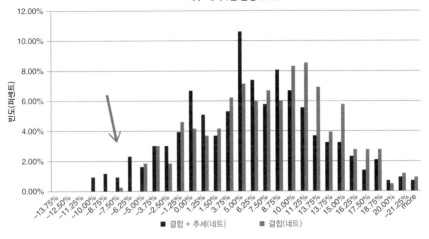

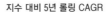

▲ 그림 9.3 5년 수익률 차이 히스토그램

직업상의 위험 고려

대규모 드로우다운의 영향을 최소화하는 데 도움이 되는 추세 추종은 상대적 고통의 가능성을 더 높인다. 하방 하락을 보호하는 전략은 복리 수익률 기준으로 매수 후 보유 방식보다 더 깊고 더 높은 빈도로 5년 동안 성과를 저하시킬 수 있다. 따라서 추세 추종의 잠재 이득은 크지만, 직업의 안정성과 관련된 고려도 필요하다. 결국, 투자자가 좀 더 액티브한 투자를 할 수 있는가는 상대적 저성과 기간을 참는 투자자의 의지에 달려 있다. 상대적 성과와 관련이 없는 사람들도 있지만, 실직의 위험에 직면하는 사람들에게는 상대적 성과가 승리를 얻는 길이다. 이 논쟁의 아이러니한 점은 효과적인 시장 가설은 옳지만(세상에 공짜는 없다) 그 설명은 틀렸다는 것이다(즉, 주식 가격은 항상 펀더멘털을 반영한다). 이미 가치와 모멘텀 같은 전략은 가격산정 오류를 가진 세상을 반영하는 것임을 설명했다. 하지만 세상에 공짜는 없다. 시장은 극도로 경쟁적이고, '상대적 성과 위험' 같은 것들을 포함해 많은 투자 위험들이 리스크 가격에 반영된다. 금융 경제 모델에서는 상대적 리스크 프리미엄인 '알파'를 고려할 수 있지만, 많은 시장 참여자에게는 상대적 성과 위험이 정량화할 수 있는 진짜

위험이며, 능력이 제한된 가격 결정자price setter들이 돈을 치뤄서라도 떨쳐버리고 싶은 리스크다.

리스크라는 건 보는 이의 눈에 있는 듯하다.

좋지 않은 상대적 성과에 대응할 수 없다면 어떻게 해야 할까?

그림 9.1은 집중된 가치와 모멘텀 포트폴리오도 5년간의 저조한 성과(예: 인터넷 버블 기간 및 2008년 이후의 금융 위기 시대)를 겪을 수 있음을 보여준다. 많은 투자자에게 이것은 그저 견디기에는 너무 큰 고통이며, 그러한 종류의 '상대적 고통'을 기꺼이 감수하려는 의지에 연계된 초과 기대 수익은 고통을 다룰 배짱이 있는 사람들에는 꽤 수익을 안겨준다. 그리고 추세 추종을 첨가하는 것은 오랜 기간의 상대적 고통 기간이 지속될 확률만 더 키울 뿐이다! 궁극적인 해결책은 장벽을 없애고 상대적 저성과의 고통을 받아들이는 것이지만, 책에서 논의한 바와 같이 실직에 대한 우려와 심리적 문제로 인해 많은 투자자는 지속 가능한 액티브 전략을 충분히 활용하지 못하게 된다. 결국, 이 점이 바로 특정 액티브 전략이 애초에 작동하는 이유가 된다. 전략을 따라 하기가 너무 어렵다!

많은 대중 투자자는 하이 컨빅션 해법을 절대 받아들이지 못한다는 사실을 잘 안다. 그럼에도 불구하고 투자자들은 상대적 저성과 고통에 대해 다양한 참을성을 갖고 있기 때문에 완전히 포기할 부분은 아니다. 대다수의 투자자들은 하이 컨빅션 가치와 모멘텀을 보유할 수 없지만, 일부 투자자들은 약간의 하이 컨빅션 가치와 모멘텀을 추가해 그들의 패시브 할당 전략에 접목할 수 있다. 예를 들어, 상당히 수준은 높지만 투자 보유 기간은 한정적이어서 벤치마크만을 고수하는 고객 기반을 가진 재정 자문가를 생각해보자. 더 똑똑한 고객일지라도 벤치마크에서 조금만 벗어나더라도 바로 화를 내는 고객이 있을 수 있다. "이봐요, 자문가님, 이번 분기에 S&P 500 지수에 비해 10% 포인트나 실적이 나쁜 이유가 뭐죠? 당신을 해고하겠어요!" 그러나 아마 수익률 차이가 좀 더 작았더라면(예: S&P 500에서 2% 포인트) 문제가 덜 되지 않았을까? 아마도 그 자문가는 고객과의 성과 회의에서 살아남아 저조한 실적이라는 리스크는 장기 초과 실적을 얻기 위한 비용임을 설명할 수 있을 것이다. 이런 상황에서 투자자들을 위해, 핵심 위성 접근법이 정당화될 수 있다.

핵심 위성 접근법 core-satellite approach 은 다음과 같이 작동한다. 이 접근 방식은 많은 자본은 패시브 벤치마크 전략(이 부분이 '핵심'이다)에 배정하고 가장자리 주변(이 부분이 '위성'이다)에 소규모의 액티브 전략 요소만 추가한다. 구성상 핵심 위성 접근법은 결코 벤치마크에서 너무 멀리 벗어나지 않을 것이다. 예를 들어, 그림 9.4에서는 이전 절에서 설명한 정량적 가치와 모멘텀 포트폴리오에 20%를 할당하고 S&P에 80%를 할당한 포트폴리오를 구성했다.

이 그림은 핵심 위성 기법이 상대적 고통을 없앨 수는 없음을 보여준다. 핵심 위성 투자자는 인터넷 거품 기간과 2008년 이후의 금융 위기 기간 동안에도 여전히 고통을 참아내야 할 테지만, 그 고통은 훨씬 더 견딜 만하다. 물론, 핵심 위성 접근법의 단점은 희석되지 않은 원래의 결합 방식보다 훨씬 낮은 장기 기대 복리 이율을 나타낸다는 것이다(표 9.3의 '핵심 위성(네트)' 열에서 1974년부터 2014년까지의 요약 통계량을 볼 수 있다).

▼ 표 9.3 핵심 위성 수익률

	핵심 위성 (네트)	결합 (네트)	정량 모멘텀 (네트)	S&P 500 TR 지수
CAGR	12.66%	18.10%	17.38%	11.16%
표준 편차	16.04%	21.38%	25.59%	15.45%
하방 편차	11.48%	14.96%	18.09%	11.05%
샤프 지수	0.52	0.66	0.57	0.45
소르티노 지수(MAR = 5%)	0.72	0.94	0.80	0.62
최대 하락 비율(MDD)	−51.86%	−60.16%	−67.72%	−50.21%
최저 월 수익률	−22.35%	−26.56%	−30.33%	−21.58%
최고 월 수익률	16.52%	28.69%	34.67%	16.81%
수익이 난 개월 수	61.79%	61.18%	61.79%	61.59%

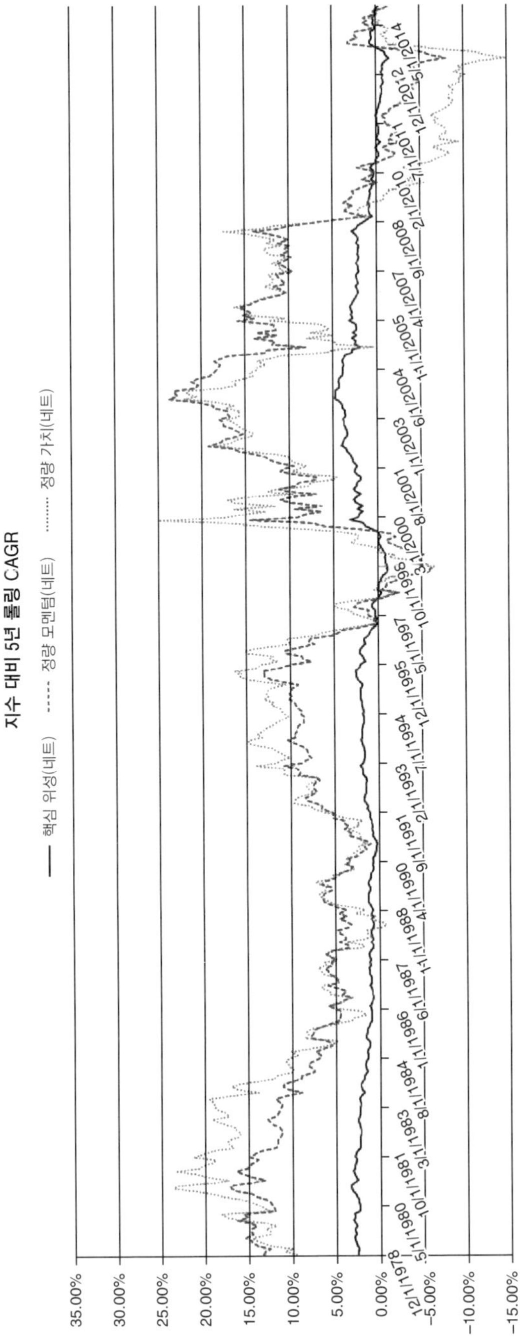

지수 대비 5년 롤링 CAGR

—— 핵심 위성(네트) ----- 정량 모멘텀(네트) ······· 정량 가치(네트)

▲ 그림 9.4 5년 수익률 차이 히스토그램

참고문헌

1. Wesley Gray and Tobias Carlisle, *Quantitative Value: A Practitioner's Guide to Automating Intelligent Investment and Eliminating Behavioral Errors*, (Hoboken, NJ: John Wiley & Sons, 2012).

2. 전체 비용은 8장에서는 1.8%를 적용했지만, 9장에서는 동일 가중 포트폴리오를 운영하기 위해 연계된 높아진 거래 비용과 정량 모멘텀 및 정량 가치 포트폴리오의 연간 재조정을 고려하기 위해 2%로 올렸다.

대체 모멘텀 개념 조사

우리는 지속 가능한 장기 모멘텀 프리미엄을 어떻게 획득해야 하는지 이해하기 위해 여러 해 동안 노력해왔다. 이 책이 우리의 근본적인 노력을 요약한 것이긴 하지만, 모멘텀에 대한 학문적 검토의 장이 되기를 바라는 건 아니다. 만약 그랬더라면, 이 책은 천 페이지 이상이 되었을 것이고, 독자들은 여전히 이 책에서 답하려고 했던 질문을 이해하지 못했을 것이다. '최고의' 모멘텀 전략이란 무엇일까? 실제로, 모멘텀에 관한 전체 문헌을 검토해본 사람은 합리적으로 다른 결론에 다다를 수도 있다. 그럼에도 불구하고 우리는 모멘텀에 관해 발견할 수 있는 모든 연구 논문을 읽었기 때문에, 그중 가장 흥미로운 아이디어와 왜 양적 모멘텀 프로세스에 그것을 포함시키지 않았는지를 공유해야 한다고 생각했다. 이를 통해 독자 여러분이 왜 우리의 접근법이 이후에 논하는 여러 변종들과 비교할 때 가장 타당하다고 생각하는지 더 잘 이해할 수 있기를 바란다. 제시된 모든 결과는 책에서 사용된 것과 같은 주식 범위를 사용하고 있으며 롱 전용 전략에만 초점을 맞추고 있다.

분석을 통해 여기에 설명된 아이디어는 다음과 같다.

- 모멘텀은 펀더멘털과 이떻게 연계되는가?
- 52주 최고가는 더 좋은 모멘텀 신호인가?
- 절대강도가 상대강도 모멘텀을 향상시킬 수 있는가?
- 모멘텀의 변동성은 제한될 수 있는가?
- 주식 선택 모멘텀이 필요하기는 한가?

모멘텀과 관련된 흥미롭고 전도유망한 그 밖의 아이디어들도 많이 있지만, 전술한 것이 가장 합리적이고 설득력 있는 핵심 영역으로 보인다. 또한 왜 우리의 접근법이 이러한 대안들보다 우월하다고 생각하는지 설명하고자 한다.

모멘텀은 펀더멘털과 어떤 관계가 있는가?

1998년 니콜라스 바베리스Nicholas Barberis, 안드레이 슐라이퍼Andrei Shleifer, 로버트 비쉬니Robert Vishny1 등은 투자 심리에 대한 이론적 모델을 발표했는데, 이는 행동 편향이 과소반응과 과민반응을 유발해 가치와 모멘텀 효과로 이어질 가능성을 기술한 것이다. 가치는 본질적으로 나쁜 소식에 대한 과민반응이다. 모멘텀은 좋은 뉴스에 대한 과소반응이다. 1996년 한 실증 논문에서 루이 챈Louis Chan, 나리시만 제가디시Narisimhan Jegadeesh, 요제프 라코니쇼크Josef Lakonishok 2는 과거 뉴스에 대한 느린 반응에 의해 모멘텀 아노말리 현상이 어느 정도 기인하고 있다는 사실을 발견한다. 그들 말에 따르면, "증권 분석가들의 실적 전망은, 특히 과거 실적이 가장 나빴던 주식의 경우, 과거 뉴스에 대해 미온적으로 대응한다. 그 결과, 새로운 정보에 점진적으로만 대응하는 시장이 형성된다는 것을 시사한다." 때때로 점진적으로 형성된 새로운 정보는 펀더멘털에 반영된다.

로버트 노비-마르크스는 펀더멘털과 모멘텀 사이를 한 단계 더 발전시킨다. 노비 마르크스는 '기본적으로 모멘텀은 펀더멘털 모멘텀이다'라는 제목의 연구 논문3에서 왜 모멘텀 전략이 역사적으로 월등했었는지를 이해하려고 노력했다. 그는 가격 모멘텀은 이익earnings 모멘텀 아노말리의 징후임을 발견한다. 다시 말해, 투자자들은 체계적으로 어닝 서프라이즈에 대해 덜 반응하기 때문에 모멘텀 아노말리 현상이 작동할 수 있다는 것이다. 그런 다음 노비-마르크스는 이익 모멘텀을 통제하면 가격 기반 모멘텀은 더 이상 '아노말리'가 아님을 보였다.

여기서는 노비-마르크스가 제시한 결과를 조사해 논의한다. 먼저 가격 및 이익 모멘텀의 개념과 함께 이 두 가지 전략을 바탕으로 한 포트폴리오를 어떻게 구성하는지 알아보자.

- **가격 모멘텀**price momentum: 과거 가격 실적이 가장 강한 종목은 가장 약한 종목보다 높은 성과를 보이는 경향이 있다. 포트폴리오는 과거 12개월간의 실적을 바탕으로 구성하는데, 단기적 수익률 반전을 피하기 위해 가장 최근의 한 달은 무시한다. 이 전략은 책에서 기준 '모멘텀' 스크린 방법으로 추천한 것이며, 학계 연구자들이 모멘텀을 설명하는 전형적인 방법이다.
- **이익 모멘텀**earnings momentum: 과거 이익이 강한 어닝 서프라이즈를 기록한 주식은 과거 약한 어닝 서프라이즈를 기록한 주식보다 높은 성과를 보인다. 이익 모멘텀 포트폴리오는 과거의 어닝 서프라이즈에 기초해 구성한다. 노비-마르크스는 논문에서 두 가지 방법으로 어닝 서프라이즈를 측정했다.

  1. **표준화된 예상 밖 실적**SUE, standardized unexpected earnings: SUE는 지난 8번의 이익 변화 발표의 표준 편차로 크기 조정한 가장 최근의 주당 연 수익률 변화로 정의된다.

  2. **누적 3일 아노말리 수익률**CAR3, cumulative three-day abnormal returns: CAR3는 가장 최근의 이익 발표 전날부터 발표 다음 날까지의 3일 동안 시장 초과 누적 수익률로 정의된다.

노비-마르크스는 앞서 설명한 포트폴리오를 구성한 다음 과거 실적과 어닝 서프라이즈 둘 다에 대해 단면 (파마-맥베스Fama-MacBeth) 회귀를 조사했다. 그 결과는 가격 모멘텀이 이익 모멘텀에 의해 대부분 설명될 수 있음을 시사했다.

다음으로 노비-마르크스는 세 가지 롱/숏 인자 포트폴리오를 살펴봤다.

- UMD = 고가격 모멘텀 주식은 매수하고 저가격 모멘텀 주식은 매도
- SUE = 고 SUE 주식은 매수하고 저 SUE 주식은 매도
- CAR3 = 고 CAR3 주식은 매수하고 저 CAR3 주식은 매도

전략 전반에 걸쳐 비교하기 위해, 롱/숏 포트폴리오들은 모두 중/대형 주식을 범주로 동일한 변동성을 갖도록(UMD에 맞게 크기 조절) 설정했다. 기계적으로는, 속성상 더 낮은 레버리지(예: SUE, CAR3)를 갖는 전략에 변동성을 강화하는 레버리지를 도입해 롱/숏 가격 모멘텀의 레버리지 속성과 맞추려 한 것을 의미한다.[4] 그림 A1.1은 1975년 1월 1일부터 2014년 12월 31일까지 이들 3개 포트폴리오의 성과를 보여주고 있다(모든 포트폴리오는 롱/숏이다). 두 이익 모멘텀 전략이 가격 모멘텀 전략을 크게 앞선다는 사실을 알 수 있다.

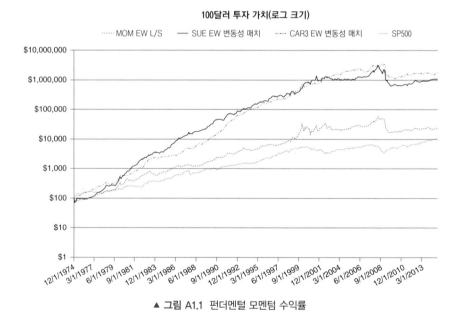

▲ 그림 A1.1 펀더멘털 모멘텀 수익률

노비-마르크스 논문의 표 2는 시계열 회귀의 결과를 보여준다. 패널 A는 UMD가 SUE와 CAR3 둘 다에 크게 적재되는 것을 보여준다. 몇 가지 중요한 발견은 다음과

같다. 첫째, 이익 모멘텀과 다양한 위험 요소(예: 시장 노출, 크기 노출, 가치 노출)를 통제하면, 가격 모멘텀은 더 이상 알파를 생성하지 않는다. 표 2의 패널 B와 C는 SUE 및 CAR3와 관련된 알파의 의미가 매우 크다는 것을 보여준다. 노비-마르크스는 이익 모멘텀이 전체 효과를 설명하는 것 같으므로 가격 모멘텀을 '포함'한다고 결론지었다.

그러나 그 논문의 가격 모멘텀에 대한 공격은 거기에서 그치지 않았다. 논문에는 두가지 발견이 더 있었다.

1. 이익 모멘텀 요인에서 가격 모멘텀 요소를 제외하면 이익 모멘텀의 성과가 개선되지만, 가격 모멘텀에서 이익 모멘텀을 제외하면 가격 모멘텀 성과는 악화된다. 이는 롱/숏 전략을 10% 크기 조정한 변동성하에서의 맥락이다.

2. 이익 모멘텀 전략을 수립할 때 가격 모멘텀을 제어하면 변동성과 가격 폭락을 크게 줄일 수 있다(가격 모멘텀 전략은 시장 주기에 민감하게 반응하는 것으로 알려져 있으며,[5] 열악한 시장 환경에서는 변동성이 더 크다[6]).

요약하자면, 노비-마르크스의 발견은 학계 연구에서 한동안 알려진 것, 즉 가격 모멘텀 전략과 관련된 아노말리 수익률이 이익 뉴스에 대한 과소반응과 관련이 있는 것처럼 보인다는 점을 조명했다. 그러나 노비-마르크스는 가격 모멘텀은 이러한 과소반응 효과를 포착하기 위한 올바른 대용품이 아니므로, 이익 모멘텀 지표 및 예상치 못한 어닝 서프라이즈에 대한 과소반응에 초점을 맞춰야 한다고 지적했다. 노비-마르크스의 분석에 따르면, 가격 모멘텀은 중요하지 않고 이익 모멘텀이 중요하다. 그러나 이 증거는 챈, 제가디시, 라코니쇼크의 분석과 정면으로 배치되는데, 이들은 이익 모멘텀과 가격 모멘텀 모두 아노말리 수익률을 파악하는 데 중요한 역할을 한다는 사실을 보였다.

가격 모멘텀과 이익 모멘텀의 결과가 서로 엇갈리기 때문에, 자체적으로 이 연구를 조사해봤다. 책 전반에 걸쳐 사용해온 주식의 범주인 중대형 미국 보통주에 초점을 맞췄다. 노비-마르크스에 기술된 포트폴리오를 만들고, 가격 모멘텀, SUE, CAR3에 기초해 우리의 주식 범주에서 생성된 상위와 하위 십분위 포트폴리오를 조사했다.

월별 재조정 포트폴리오는 1975년 1월 1일부터 2014년 12월 31일까지 회사들을 균등 가중하여 구성했다. 수익은 모두 수수료를 반영한 총액을 나타낸다.

표 A1.1은 척도의 상위 십분위(매수 포트폴리오)를 나타내고, 표 A1.2는 척도의 하위 십분위(매도 포트폴리오)를 나타낸다.

▼ 표 A1.1 상위 십분위 포트폴리오 요약 통계량

	가격 모멘텀	SUE	CAR3	SP500
CAGR	19.81%	19.64%	16.79%	12.31%
표준 편차	25.73%	18.85%	22.28%	15.10%
하방 편차	18.21%	14.28%	15.40%	10.95%
샤프 지수	0.65	0.80	0.60	0.53
소르티노 지수(MAR = 5%)	0.91	1.04	0.85	0.71
최대 하락 비율(MDD)	−58.59%	−56.08%	−59.05%	−50.21%

▼ 표 A1.2 하위 십분위 포트폴리오 요약 통계량

	가격 모멘텀	SUE	CAR3	SP500
CAGR	6.07%	11.31%	8.12%	12.31%
표준 편차	26.48%	19.39%	23.06%	15.10%
하방 편차	18.00%	13.85%	16.44%	10.95%
샤프 지수	0.17	0.40	0.25	0.53
소르티노 지수(MAR = 5%)	0.24	0.55	0.34	0.71
최대 하락 비율(MDD)	−80.96%	−62.18%	−69.51%	−50.21%

가격 모멘텀과 SUE 포트폴리오는 최고 상위 십분위수 성과(롱/숏 전략 내 매수 포지션)가 가장 좋은 반면, 가격 모멘텀은 최악의 하위 성과(롱/숏 전략 내 매도 포지션)를 갖는다. 언뜻 보면, 매도와 매수 포트폴리오 사이의 차이가 가장 크므로 가격 모멘텀 전략을 사용한 롱/숏 포트폴리오가 최적이라고 가정할 수 있는데, 이는 잘못된 가정이다. 우리는 상위 십분위 포트폴리오는 매수하고 하위 십분위 포트폴리오는 매도하는 월별 재조정 롱/숏 포트폴리오의 성능을 조사했다. 결과는 표 A1.3에 수록되어 있다.

	가격 모멘텀 (롱/숏)	SUE (롱/숏)	CAR3 (롱/숏)	SP500
CAGR	14.59%	12.38%	12.83%	12.31%
표준 편차	25.28%	8.30%	8.04%	15.10%
하방 편차	21.94%	6.29%	6.13%	10.95%
샤프 지수	0.48	0.87	0.95	0.53
소르티노 지수(MAR = 5%)	0.55	1.13	1.22	0.71
최대 하락 비율(MDD)	−71.36%	−37.93%	−29.26%	−50.21%

표 A1.3의 결과에 따르면 가격 모멘텀 롱/숏 포트폴리오의 CAGR이 가장 높지만, 리스크가 가장 높다. 균형 잡아 말하자면, 위험 조정 기준으로는 성과가 상대적으로 약하다. 이와는 대조적으로 SUE와 CAR의 롱/숏 포트폴리오의 샤프와 소르티노 지수는 가격 모멘텀 롱/숏 포트폴리오의 거의 두 배다. 엎친 데 덮친 격으로 가격 모멘텀 롱/숏 포트폴리오의 드로우다운(71.36%)은 SUE(37.93%)와 CAR3(29.26%) 롱/숏 포트폴리오의 두 배에 육박한다. 요약하자면, 롱/숏 SUE와 CAR3 포트폴리오는 가격 모멘텀 포트폴리오보다 더 나아 보이며, 이는 노비-마르크스가 가격 모멘텀이 이익 모멘텀보다 열등하고 그 결과 이익 모멘텀에 포함된다고 한 근거다.

지금까지 롱 전용 가격 모멘텀이 유망한 전략임을 확인했지만, 롱/숏의 경우 SUE와 CAR3가 훨씬 더 나은 개념이다. 그러나 4장에서 배웠듯이, 독립적인 전략의 성과는 (관련은 있지만) 항상 우리에게 전체 그림을 보여주는 것은 아니다. 예를 들어 4장에서는, 독립적 전략 기반에서는 모멘텀이 확실히 부진했던 시장인 일본에서의 롱/숏 모멘텀의 성능을 살펴봤다. 그러나 모멘텀에 대해 이렇듯 구분해 초점을 두면, 롱/숏 모멘텀과 롱/숏 가치 접근법을 결합할 경우 투자자가 가장 강력한 시장 중립적 포트폴리오를 만들 수 있다는 사실을 간과하게 된다. 왜 그럴까? 왜냐하면 롱/숏 가치와 모멘텀은 놀라운 특성을 공유하기 때문이다. 그 둘은 서로 강한 음의 상관관계를 갖고 있다. 이는 두 전략은 각기 다른 시기에 잘 작동한다는 뜻이다. 그리고 모멘텀과 관련된 이러한 다각화 편익은 샤프 지수로는 파악할 수 없다. 좋긴 한데, 이 편익을 어떻게 하면 정량화할 수 있을까? 우리는 세 가지 다양한 롱/숏 모멘텀 전략이 시장 위험, 크기 위험 및 가치 위험과 관련된 공통 위험 요소에 어떻게 적재되는지 확인하기 위해 간단한 요인 분석 접근 방식을 사용한다.[7] 결과는 표 A1.4에 나타나 있다.

▼ 표 A1.4 롱/숏 모멘텀 포트폴리오 요인 적재

	가격 모멘텀(롱/숏)	SUE(롱/숏)	CAR3(롱/숏)
알파(연간)	0.16	0.08	0.09
p 값	0.0001	0.0000	0.0000
RM-RF	-0.28	-0.03	-0.10
p 값	0.0128	0.4421	0.0024
SMB	0.45	-0.06	0.08
p 값	0.0377	0.2141	0.1644
HML	-0.67	-0.10	-0.13
p 값	0.0013	0.1195	0.0160

요인 분석은 세 가지 전략이 모두 알파를 갖는다는 것을 보여주는데, 이는 이미 이전의 연구에 의해 확인됐다. 그러나 여기서는 주어진 전략과 일반적 롱/숏 가치 포트폴리오 사이의 통계적 관계를 알아내는 가치 요인(HML)에 초점을 맞추고 있다. 가격 모멘텀 전략은 적재율이 -0.67로 매우 높기 때문에 가치 전략과 짝을 이루는 유력한 후보다. 그러나 이익 모멘텀 전략, SUE와 CAR3는 가치 적재가 0에 가깝다. 자료에 따르면, 이러한 전략은 포트폴리오 관점에서는 가치 중심 포트폴리오와 함께 결합하는 것이 그다지 유용하지 않을 수 있음을 시사한다.

앞의 분석이 지닌 실용적 함의를 좀 더 잘 이해하기 위해 실증적 실험을 실시한다. 1975년 1월 1일부터 2014년 12월 31일까지의 표본 추출 기간 동안 매달 50%를 가치에, 50%는 모멘텀에 할당하는 4개의 포트폴리오를 구성한다. 가치 포트폴리오란 EBIT/TEV(이자와 세전 이익/총 기업 가치) 순위 기업 중 가장 높은 십분위를 매수하는 것을 의미하며, 매년 재조정된다. 가치 포트폴리오는 가격 모멘텀 전략, SUE 전략, CAR3 전략, 그리고 '팬 속의 개구리' 모멘텀 포트폴리오(네 가지 모멘텀 관련 전략은 모두 매월 재조정된다)와 결합된다. 5장에서 8장까지는 분기별로 재조정된 포트폴리오를 권장했지만, 여기서는 공정한 비교를 위해 월별 재조정된 포트폴리오를 사용한다. 또 5장부터 8장까지는 1974년~2014년의 수익을 보여줬는데, 여기서는 SUE 포트폴리오의 데이터 제약으로 인해 1975년~2014년의 수익을 보여준다. 모

든 수익률 흐름은 수수료나 거래 비용을 전부 반영한 총액을 보여준다. 결과는 표
A1.5에 있다.

▼ 표 A1.5 가치와 모멘텀 포트폴리오 연 수익률

	50% 개구리 모멘텀/ 50% 가치	50% 가격 모멘텀/ 50% 가치	50% SUE/ 50% 가치	50% CAR/ 50% 가치
CAGR	20.54%	19.72%	19.25%	17.92%
표준 편차	19.55%	19.84%	17.62%	19.05%
하방 편차	14.36%	14.50%	13.48%	13.64%
샤프 지수	0.81	0.77	0.82	0.71
소르티노 지수(MAR = 5%)	1.10	1.04	1.06	0.98
최대 하락 비율(MDD)	−52.55%	−50.29%	−50.06%	−49.11%

'팬 속의 개구리' 모멘텀 포트폴리오와 가치 포트폴리오의 결합 포트폴리오는 CAGR
과 소르티노 지수가 가장 높다. SUE 포트폴리오도 강하며, 그 결과도 약간 부진하
다. 간단히 말해서 노비-마르크스가 SUE에 제시한 결과는 흥미롭고, 확실히 고려할
가치가 있지만, 우리는 이를 아무것도 아닌 상황을 많이 과장한 것이라 믿는다. 그
결과는 가격 모멘텀이 죽었다고 암시할 만큼 강력하지 않았다.[8]

52주 최고가는 더 나은 모멘텀 신호인가?

52주 최고가 지표는 많이 보도되므로, 투자자들이 쉽게 이용 가능하다. 하지만 투자
자들은 이 정보에 이성적으로 반응할까? 투자자들은 앵커링과 프레임 편향으로 인
해 52주간의 최고가 신호에 비이성적으로 반응할 수도 있다. 예를 들어, 비이성적인
투자자들은 현재의 가격이 펀더멘털 기준으로 여전히 주식이 과소평가된 것일 수
있다는 사실은 고려하지 않고 52주간 최고가 지표를 매도 신호로 받아들일 수 있다.

2012년 말콤 베이커Malcom Baker, 신판Xin Pan, 제프리 우글러Jeffrey Wurgler가 작성한 논
문[9]은 인수합병 시 기준점의 효과를 살펴봤다. 그 결과는 상당히 놀라웠다. 다음은
그 요약문이다.

피 인수회사의 이전 최고 주가는 M&A 활동의 몇 가지 측면에 영향을 미친다. 제안가는 최근의 최고가에 치우쳐 있는데, 그 가격이 경제적으로 대단한 가격이 아니더라도 마찬가지다. 제안 가격이 수락될 가능성은 주가가 최고가를 초과할 때 이산적으로 뛰어오른다.

그러므로 최고가(52주 최고가)는 사실상 합병 완료라는 무조건 확률에 영향을 끼치는데, 이것은 우리가 대학원에서 읽던 효율적인 시장 가설 교재의 내용과는 다르다! 분명히 52주간 최고가가 인수합병 활동에는 영향을 미치는데, 주식 선택 지표로는 어떨까? 직관적으로, 52주 최고가는 책에서 논의했던 상대적인 모멘텀 강도와 관련이 있을 것이다. 그러나 그것이 전통적인 모멘텀 계산보다 나은 척도일까? 2004년, 토마스 조지Thomas J. George와 추안-양 환Chuan-Yang Hwan은 이 문제를 알아보기 위해 논문[10]을 쓰기 시작했다.

조지 부부와 횡의 논문 '52주 최고가와 모멘딩 투자'에서는 52주 최고가 전략이 전통적 모멘텀 투자보다 뛰어나다는 사실을 발견한다. 논문의 결론은 대담한데, '52주간 최고가 전략으로 파악된 승자와 패자에 관련된 수익률은 다른 모멘텀 전략 대비 두 배에 가깝다'는 것이다.

저자들은 그 결과를, 호재가 주식 가격을 52주 최고가로 끌고 가면, 투자가는 그 정보가 아무리 정확해도 더 이상 매수하기를 꺼려한다는 논리를 제시하며 설명했다. 근본적으로, 차트가 절정에 달했을 때 주식을 살 때의 찝찝한 기분은 주식이 펀더멘털에 도달하는 것을 막는다. 결국 펀더멘털 정보는 주가에 반영되고 가격이 상승해 '모멘텀 같은' 효과를 낳는다. 마찬가지로 악재가 주식의 가격을 52주 최고가에서 크게 밀어내면, 거래자들은 처음에는 그 가격이 '너무 낮다'고 인식하고 주식을 팔기를 꺼린다. 하지만 펀더멘털 뉴스는 결국 주가에 반영되고, 가격 하락은 52주 최저가 부근에서 주식을 매도하게 되어 비정상적인 수익률을 생성한다.

이 결과를 어떻게 활용할 수 있을까? 지금까지 과거 수익률만을 이용해 모멘텀 전략을 세워야 한다는 설명을 위해 책의 대부분을 할애했는데, 이 논문은 52주 최고가를 이용하면 수익이 두 배가 될 수 있다고 주장하고 있다. 이 전략을 좀 더 잘 이해하기 위해 여기서는 이 논문의 결과를 복제한 다음 직접 실험을 통해 테스트해보자.

먼저 원 논문에 있는 결과를 조사해보자. 이 논문은 1963년부터 2001년까지 미국 전체 거래주의 표본을 이용해 세 가지 모멘텀 전략을 비교했다.

1. **가격 모멘텀**: 가격 모멘텀 포트폴리오는 지난 6개월 동안의 수익률을 기준으로 30%의 상위(하위)를 매수(매도)하고 6개월마다 재조정한다.[11]

2. **산업 모멘텀**: 1999년에 토비 모스코위츠와 마크 그린블랫[12]은 산업 모멘텀 스크린 방법을 개발했다. 주식의 범주를 20개 산업군으로 나뉘고, 각 업종별로 가치 가중 수익률을 계산한다. 산업 모멘텀 포트폴리오는 각 업종의 상위(하위) 30% 주식을 매수(매도)한다.

3. **52주 최고가 모멘텀**: 52주 최고가 포트폴리오는 현재 가격이 52주 최고가에 가까운(먼) 주식을 매수(매도)한다. 52주 최고치와의 거리는 한 달 전 주가를 전년도 52주 최고가로 나눈 값으로 측정한다. 따라서 오늘이 2015년 12월 31일이라면, 2015년 11월 30일자 가격을 2014년 11월 30일부터 2015년 11월 30일 사이의 52주 최고가로 나눈다.

앞에 열거한 세 가지 전략은 롱과 숏 포트폴리오 내에서 동일 가중치를 부여해 6개월간 보유하여 매월 재구성(중첩 포트폴리오를 만들기 위해)한다. 원 논문의 표 2에서, 저자들은 앞서 열거한 3개의 롱/숏 모멘텀 전략 중 52주 최고가 전략의 수익이 가장 높다(1월을 제외할 때)는 사실을 발견했다. 논문은 또한 다양한 요인과 시장 미세 구조 고려사항을 통제한 후 어떤 전략이 가장 효과적인지 조사했다. 원 논문 표 5의 회귀 결과에 따르면, 52주 최고가의 승자/패자 모형이 과거 주가 수익률이나 산업군 요소보다 미래 수익률을 더 잘 예측하는 것으로 나타났다.

종합적인 결과는 52주 최고가는 가격 모멘텀보다 더 나은 거래 신호임을 암시해준다. 하지만 우리가 사용했던 주식 범주를 이용해 실험해보면 어떻게 될까? 조지와 황은 모든 주식(소기업까지 포함)을 사용해 테스트했는데, 이 점은 결과를 크게 왜곡시킬 수 있다는 점에 주목할 필요가 있다. 이와 대조적으로, 우리는 상대적으로 유동성이 좋고 데이터가 더 안정적인 중기업이나 대기업의 범위에만 집중한다. 52주 최고가 변수를 사용해 포트폴리오를 구성하고, 순위를 기준으로 십분위 안의 주식을 넣는다. 포트폴리오는 매월 재구성되며 1개월, 3개월 또는 6개월 동안 보유한다. 3개월, 6개월 보유 기간 중에는 중첩 포트폴리오를 사용한다. 포트폴리오들은 회사들의 균등 가중치에 의해 구성되며, 수익률은 1974년 1월 1일 ~ 2014년 12월 31일에서 구한다. 수익률은 모든 수수료를 반영한 총액을 나타낸다. 각 십분위수에 대한 CAGR을 그림 A1.2에 표시한다.

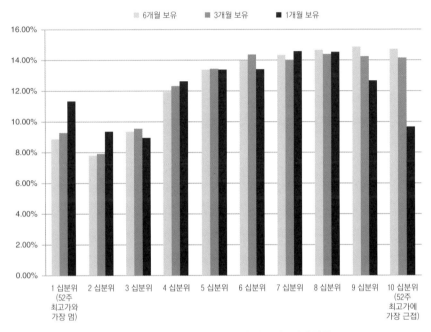

▲ 그림 A1.2 52주 최고가 스크린에 대한 십분위 수익률

그림 A1.2의 결과는 몇 가지 중요한 발견을 보여준다. 첫째로, 3개월과 6개월간의 보유 기간 동안, 1 십분위에서 10 십분위로 이동함에 따라 CAGR이 거의 단조 증가한다는 사실을 알 수 있다. 논문을 그대로 따르자면, 상위 3 십분위는 매수하고 하위 3 십분위를 매도해서 52주 최고가 롱/숏 포트폴리오를 구성해야 한다. 이 논문은 6개월 보유 기간의 포트폴리오를 중심으로 설명하는데, 이는 놀랄 것도 없이 최고의 성과를 보였다. 그러나 52주 최고가 전략을 매월 재조정한 버전의 경우 결과는 극적으로 떨어진다. 즉, 간단한 안정성 테스트도 통과하지 못한다. 포트폴리오 구축에 있

어 합리적인 작은 변화에도 그 결과가 뒤틀린다면, 이는 결국 데이터 마이닝에 의한 우연한 분석 결과라는 의심을 할 수밖에 없다.

설상가상으로, 52주 최고가 전략은 52주에 가장 근접한 주식을 매수하는 기본적 전략도 그다지 효과가 없다. 예를 들어, 3개월 동안 보유한 상위 십분위 52주 최고가 포트폴리오의 CAGR은 14.15%이다. 거래 비용을 고려하기 전에 시장 상대적인 성적으로는 그다지 나쁘지 않지만, 이 CAGR은 같은 기간 동안 17.10%의 CAGR을 획득한 상위 십분위 단순 가격 모멘텀 포트폴리오(5장에서 논함)보다 훨씬 낮다.

전반적으로는 52주 최고가라는 개념 이면의 내용에는 인상 깊었지만, 그 전략이 상대강도 가격 모멘텀 전략보다 더 효과적이라는 확실한 증거는 없다고 생각한다. 그럼에도 불구하고, 52주간 최고가의 증거는 일반적으로 가격 모멘텀 아노말리라는 방향을 가리키고 또 다른 데이터 역할을 하고 있는데, 이는 모멘텀 전략이 시장 전반에 걸친 뉴스에 대한 과소반응으로 야기된 가격 괴리를 이용할 가능성이 높다는 점을 강조하고 있다.

절대강도가 상대강도 모멘텀을 개선할 수 있는가?

'절대강도: 주식 수익률의 모멘텀을 탐구한다'는 후세인 굴렌[Huseyin Gulen]과 레리사 페트코바[Relitsa Petkova]의 논문[13]은 표준 상대강도 모멘텀 전략을 흥미롭게 뒤틀었다. 책에서 줄곧 논의했듯이, 학계 연구는 과거 12개월의 모멘텀(마지막 달 수익률 제외)을 바탕으로 기업 순위를 매김으로써 일반적인 모멘텀 전략을 사용했다. 그 후 이들 순위에 따라 포트폴리오를 구성했다. 대부분의 연구 논문은 승자를 매수하고 패자를 매도한다. 하지만 '승자'와 '패자' 주식의 분류는 시간이 지나면 바뀐다. 인터넷 버블 동안, '승자'로 분류되기 위해서는 기업의 과거 모멘텀 점수가 약 250%(거의 최대) 여야 했다. 2008년 금융 위기 때의 '승자'는 수익률이 마이너스 5%만 넘으면 무엇이든 될 수 있었다. 명백히 상대적인 강도의 승자는 수익률 범위가 매우 넓다(상대적인 강도 패자들도 동일하게 수익률 범위가 넓다).

저자들은 '절대'강도 점수에 초점을 맞추면 모멘텀 전략이 아마도 개선될 수 있을 것이라는 생각을 연구해봤다. 그 아이디어는 매달 승자와 패자의 역사적 컷오프 점 수를 살펴보면서 가능한 모든 수익률을 이용해 컷오프를 만들어보는 것이었다. 예를 하나 들어보면 그 방법론이 좀 더 명확하게 이해될 것이다. 지금이 1965년 1월 31 일이라고 생각하자. 이제 우리는 1965년 이전의 모든 데이터를 사용해, 매년 1월에 측정된 모든 주식의 모멘텀 점수(과거 12개월 모멘텀, 마지막 달 건너뛰기)를 조사한다. 이렇게 하면 1927년 1월 31일, 1928년 1월 31일, ..., 1965년 1월 31일의 모든 모 멘텀 점수가 될 것이다. 이 표본 집합에서 10번째와 90번째 백분위수 값을 식별하 고, 이들을 '절대' 모멘텀 컷오프로 사용한다. 컷오프 분석은 매달 완료되기 때문에 백분위수 값은 시간이 흐름에 따라 동적으로 바뀐다.

절대 모멘텀 컷오프는 시간이 지남에 따라 승자와 패자 주식의 정의가 더욱 일관되 게 한다. 이 논문의 결과를 활용하면 '승리하는' 종목의 컷오프는 60%에 육박하는 반면, '패배하는' 종목의 컷오프는 마이너스 35% 안팎이다. 포트폴리오는 컷오프 포 인트에 맞는 주식을 사용해 구성된다. 직관적으로 이 접근법은 매력이 있어 보이지 만, 이 포트폴리오 전략은 각기 다른 주식 보유고를 초래하게 된다. 주식 보유 수가 극단적인 경우도 있다. 예를 들어, 2008년 금융 위기 때는 승자 수가 0에 가까워지 는 반면 패자 수는 1,500명이 넘는다고 원 논문의 수치에 나와 있다. 반면, 상대강도 모멘텀 규칙은 항상 상위 10%를 매수하고 하위 10%의 주식을 매도할 것이다. 그래 서 만약 전체 범위가 5,000개 회사라면, 상대강도 포트폴리오는 500개의 주식을 사 고 500개의 주식을 팔아서 포트폴리오의 크기를 일정하게 유지할 것이다.

구성 문제는 차치하고라도 이 절대 모멘텀 포트폴리오는 어떤 성과를 낼까? 절대강 도 승자를 매수하고 절대강도 패자를 매도하는 저자의 전략은 1965년부터 2014년 까지 월 2.42%, 2000년부터 2014년까지 월 1.55%의 위험 조정 수익률을 기록했 다. 롱/숏 포트폴리오 대비 벤치마크 결과는 인상적이다.

우리는 저자들이 사용했던 주식 범위를 바탕으로 한 결과에 대해서는 다소 회의적 이다. 이들의 주식 범위는 초소형 회사를 포함하여 CRSP 전체 주식 범주 개수 중 약 60%에 이르지만, 파마와 프렌치의 2008년 데이터에 의하면 전체 시장에서 차지하는 시가 총액이 겨우 3% 정도에 불과할 뿐이다.[14] 초소형 회사 수백 개의 주식을 매수 또는 매도하려고 한다고 상상해보라!

절대 모멘텀 결과의 타당성을 평가하기 위해, 중규모 및 대규모 미국 주식의 범주에 대해 동일한 분석을 수행하기로 했다. 우리는 원 논문에 설명된 방법에 따라 매달 절대 모멘텀 신호를 재구성했다. 그림 A1.3은 시간의 경과에 따른 컷오프 지점을 나타낸다. 수익률의 컷오프 지점은 원 논문과 비슷하다. '승리하는' 주식의 컷오프는 약 60%, '패배하는' 주식의 컷오프는 약 -35%이다. 우리는 승자 컷오프보다 높을 경우에만 승자 포트폴리오에 주식을 포함시키고, 패자 컷오프보다 낮은 주식만 패자 포트폴리오에 포함시켰다. 앞서 언급했듯이, 이 접근법은 이상한 포트폴리오 구성요소를 만든다. 그림 A1.4는 시간의 경과에 따라 고 절대와 저 절대 모멘텀 포트폴리오에 속한 기업 수를 상위 10%의 상대강도 주식을 매수하고 하위 10%의 상대강도 주식을 매도하는 표준 가격 모멘텀 접근 방법의 포트폴리오 크기와 비교해 보여준다.

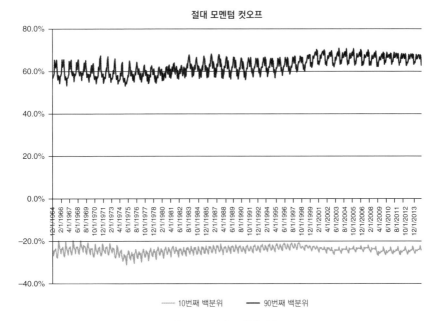

▲ 그림 A1.3 절대 모멘텀 컷오프

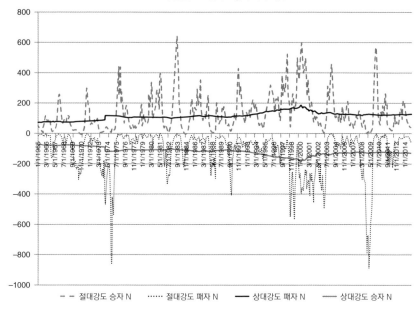

각 월별 포트폴리오상의 회사 개수

- - - 절대강도 승자 N ······ 절대강도 패자 N ── 상대강도 패자 N ── 상대강도 승자 N

▲ 그림 A1.4 절대 모멘텀 회사 개수

원 논문과 유사하게, 포트폴리오의 크기에 극심한 차이가 있다. 금융 위기 동안, 절대 모멘텀 포트폴리오를 보면 2009년 1월에 단 한 회사만 매수인 데 반해, 매도 대상은 무려 800개 이상의 주식이다.

다음으로는 절대 모멘텀의 롱/숏 전략 성과를 평가했는데, 1965년 1월부터 2014년 12월까지 동일 가중치의 월간 재조정 포트폴리오와 롱/숏 수익률을 비교했다. 표시된 수익은 모든 수수료와 거래 비용을 반영한 총합이다. 결과는 표 A1.6에 나타나 있다.

결과는 논문과 유사하다. 절대 모멘텀 롱/숏 포트폴리오는 다양한 척도에서 상대강도 포트폴리오를 능가했다. 절대 모멘텀 개념을 좀 더 깊이 파고들기 위해, 롱과 숏 포트폴리오의 성능을 따로 구분해서 살펴봤다.

▼ 표 A1.6 절대 모멘텀 롱/숏 수익률

	절대강도 (롱/숏)	상대강도 (롱/숏)	SP500
CAGR	25.28%	17.97%	10.01%
표준 편차	23.26%	24.02%	15.04%
하방 편차	17.57%	20.58%	10.64%
샤프 지수	0.88	0.61	0.38
소르티노 지수(MAR = 5%)	1.17	0.71	0.54
최대 하락 비율(MDD)	−68.27%	−70.86%	−50.21%

표 A1.7은 4개 포트폴리오(절대강도 승자와 패자, 상대강도 승자와 패자)에 대한 결과를
보여준다. 포트폴리오는 1965년 1월부터 2014년 12월까지 매월 균등 가중으로 재
조정된다. 표시된 모든 수익은 수수료와 거래 비용을 전부 반영한 총합이다.

▼ 표 A1.7 절대 모멘텀 롱 전용 포트폴리오 수익률

	절대 모멘텀 승자 포트폴리오	상대 모멘텀 승자 포트폴리오	절대 모멘텀 패자 포트폴리오	상대 모멘텀 패자 포트폴리오
CAGR	18.91%	18.74%	−3.42%	2.40%
표준 편차	24.85%	25.11%	26.17%	26.20%
하방 편차	17.06%	17.41%	17.09%	17.39%
샤프 지수	0.63	0.62	−0.19	0.03
소르티노 지수(MAR = 5%)	0.91	0.89	−0.29	0.04
최대 하락 비율(MDD)	−65.09%	−58.40%	−94.10%	−82.01%

그 결과를 살펴보면, 롱 전용 '승자' 포트폴리오는 비슷하고 고전적인 가격 모멘텀
전략과 비교한 절대 모멘텀 전략의 이득은 거의 없다. 그러나 절대 모멘텀 패자 포트
폴리오는 상대 모멘텀 패자 포트폴리오보다 훨씬 더 나쁘다. 이런 결과는 매도 포지
션이 롱/숏 절대 모멘텀 전략과 롱/숏 상대 모멘텀 전략 간의 성과 차이를 유도한다
는 것을 시사한다.

또 다른 잠재적인 문제는 절대 모멘텀 규칙이 월별로 크기가 다른 포트폴리오를 생
성할 수 있다는 것이다. 이와 다르게, 상대강도 신호는 월별로 매우 일관된 크기인 N
을 생성한다. 간접적으로, 절대 모멘텀 규칙은 투자자를 백테스트에서는 포착되지

않을 수 있는 많은 위험에 노출시킨다. 예를 들어 2009년 1월, 절대 모멘텀 포트폴리오는 단 하나의 종목만 매수했고, 800개 이상의 주식을 매도했다. 단 하나의 주식 포트폴리오만 보유하는 것을 신중한 전략으로 여길 투자자들은 거의 없을 것이다. 분명히, 이 방법이 역사적으로 큰 영향을 끼친 적은 없지만, 외표본으로 볼 때 이는 심각한 결과를 초래할 수 있다.

모멘텀의 변동성은 제한될 수 있는가?

모멘텀 투자의 부정적인 측면은 고 모멘텀 포트폴리오는 큰 드로우다운과 엄청난 변동성을 갖는 경향이 있다는 사실이다. 한편으로 이것은 끔찍한 특징이지만, 다른 한편으로는 모멘텀이 지속 가능한 이유인데, 이는 '차익 거래'로 이용하기가 쉽지 않다. 그러나 아마도 모멘텀 전략의 변동성을 관리할 수 있는 더 좋은 방법이 있을 수 있다. 유펑 한Yufeng Han, 구오푸 조우Guofu Zhou, 잉지 추Yingzi Zhu 등은 '모멘텀 폭락 길들이기: 단순 손절매 전략'이라는 논문에서 좋은 시도를 했다. 저자들은 단순 손절매 규칙을 고전적 롱/숏 모멘텀 포트폴리오에 적용했다.[15] 결과는 인상적이다. 저자들은 10%의 손절매 규칙을 적용하면, 월별 최대 손실은 마이너스 49.79%에서 마이너스 11.36%로 줄어들고 샤프 지수는 두 배 이상 뛴다는 사실을 알아냈다.

거래 전략의 구체적인 내용은 다음과 같은 세 가지 규칙으로 요약할 수 있다.

1. 월별로 과거 수익률로 정렬해 매수와 매도를 조정한다(논문은 가장 최근 한 달을 제외한 지난 7개월 수익률을 사용했다).

2. 매일 롱 포트폴리오를 모니터링하라: 매수 포지션이 X%(예: 10) 하락하면 포지션을 매도하고 월말까지 무위험 금리에 투자한다.

3. 매일 숏 포트폴리오를 모니터링하라: 매도 포지션이 X%(예: 10) 상승할 경우 그 포지션을 커버한 돈을 월말까지 무위험 금리에 투자하라.

표 A1.8은 논문에 있는 숫자를 그대로 보여준다.

▼ 표 A1.8 동일 가중 손절매 모멘텀 월별 수익률

변수	평균 수익률(%)	최소(%)
	패널 A: 원래 모멘텀	
시장	0.65	−29.10
패자	0.24	−39.50
승자	1.24	−33.06
WML	0.99	−49.79
	패널 B: 10% 손절매	
패자	−0.42	−39.27
승자	1.27	−12.87
WML	1.69	−11.36
	패널 C: 5% 손절매	
패자	−0.83	−36.34
승자	1.53	−8.48
WML	2.35	−8.94

포트폴리오는 월별 드로우다운이 감소했을 뿐만 아니라, 손절매 규칙의 사용으로 평균 수익률도 증가했다! 승자 − 패자[WML, winners minus losers] 롱/숏 포트폴리오를 조사해보면, 월평균 수익률은 5%의 규칙을 사용했을 때 가장 높다. 드로우다운을 '낮추고' 수익률을 '높일' 수 있는 어떤 전략도 꽤 설득력이 있으며 좀 더 연구해볼 가치가 있다.

물론, 금융 시장에서는 어떤 것도 결코 쉽지 않다. 비록 때때로 그렇게 보일 때도 있지만 말이다. 손절매 접근법의 단점은 모든 주식의 포지션 분석을 매일 해야만 한다는 것으로, 비용이 많이 소요되는 것은 물론 많은 투자자가 시행하기에는 상당히 어려울 수 있다. 또한 이 책의 초점인 장기 투자자의 관점에서 보면, 손절매 전략의 혜택은 거의 사라진다. 예를 들어, 10%의 손절 규칙을 가진 모멘텀 전략은 월평균 수익률이 1.27%로, 평균 수익률이 1.24%인 롱 전용 '매수 후 보유' 모멘텀 전략과 비슷하다. 그렇긴 하지만 손절 접근법은 위험 관리상의 이점이 있는데, 여기에 대해서는 좀 더 상세히 알아볼 것이다.

이전의 분석과 유사하게, 자체적인 연구 조건하에서 손절매 전략을 검토해보자. 우리는 중규모 및 대기업인 미국 내 거래 주식을 범위로 조사하며, 롱 전용 포트폴리오에 초점을 맞춘다. 모든 수익은 총액이며, 관리비나 거래 비용은 적용하지 않는다. 1927년 1월 1일부터 2013년 12월 31일까지의 수익률을 조사하여 논문에서 분석한 것과 동일한 표본 기간을 조사해본다. 여기서는 다음의 네 가지 포트폴리오를 조사한다.

1. **고 모멘텀**: 상위 10%의 기업들을 과거 모멘텀에 따라 순위를 매겼다(지난 12개월 동안의 총 수익률). 포트폴리오를 매월 재조정하여 동일한 가중치를 부여한다.

2. **10% 손절 규칙을 적용한 고 모멘텀**: 상위 10%의 기업들을 과거 모멘텀에 따라 순위를 매겼다(지난 12개월 동안의 총 수익률). 포트폴리오를 매월 재조정하여 동일한 가중치를 부여한다. 월 중 개별 주식 포지션이 10% 하락할 경우, 주식을 매각하고 현금으로 월말까지 보유하며, 월말에 포트폴리오를 상위 10%의 모멘텀 회사로 재조정한다.

3. **5% 손절 규칙을 적용한 고 모멘텀**: 상위 10%의 기업들을 과거 모멘텀에 따라 순위를 매겼다(지난 12개월 동안의 총 수익률). 포트폴리오를 매월 재조정하여 동일한 가중치를 부여한다. 월 중 개별 주식 포지션이 5% 하락할 경우, 주식을 매각하고 현금으로 월말까지 보유하며, 월말에 포트폴리오를 상위 10%의 모멘텀 회사로 재조정한다.

4. **SP500**: S&P 500 지수의 총 수익률

분석 결과는 표 A1.9에 제시되어 있다.

롱 전용 일반 모멘텀 포트폴리오는 위험 관리 포트폴리오보다 훨씬 더 높은 CAGR을 생성하지만, 위험 프로파일은 손절 시스템의 경우 더 낫다. 그러나 위험 프로파일은 조사한 손절 규칙에 크게 의존되며, 이는 안정성 문제가 있음을 암시한다. 10%의 손실 규칙에 비해 일반 모멘텀은 더 나은 전략이지만, 5%의 손절 규칙에 비해 일반 모멘텀은 위험 조정 기준에서는 더 나쁘다.

	고 모멘텀	고 모멘텀 10% 손절	고 모멘텀 5% 손절	SP500
CAGR	19.34%	15.47%	15.29%	9.91%
표준 편차	24.78%	22.19%	18.31%	19.18%
하방 편차	18.26%	12.73%	8.36%	14.26%
샤프 지수	0.70	0.61	0.68	0.41
소르티노 지수(MAR = 5%)	0.87	0.93	1.31	0.44
최대 하락 비율(MDD)	−71.73%	−64.02%	−48.11%	−84.59%

결과적으로, 손절 규정은 흥미롭지만, 손절을 통한 위험 관리가 유일한 방법인 것은 아니다. 롱 전용 모멘텀 전략에 단순 장기 추세 추종 규칙[16] 및/또는 시계열 모멘텀 규칙[17]을 적용하면, 매일 산정해야 하는 모멘텀 포트폴리오에 필요한 운영 복잡도와 책무를 피할 수 있다. 예를 들어, 과거 12개월 동안의 S&P 500 수익률이 무위험 이율보다 높으면 모멘텀 포트폴리오를 매수하고 그렇지 않다면 무위험 채권에 투자하는 단순 시계열 모멘텀 거래 규칙을 고려해보자.

다음은 여기서 테스트하는 네 가지 포트폴리오를 보여준다.

1. **고 모멘텀 + 시계열 모멘텀(TSMOM)**: 과거의 모멘텀(마지막 달을 제외하고 지난 12개월 동안의 총 수익률) 기준으로 순위 상위 10% 기업들. 포트폴리오를 매월 재조정하여 동일 가중치를 적용한다. 12개월 시계열 모멘텀 트레이딩 규칙이 매월 적용된다.

2. **고 모멘텀**: 과거의 모멘텀(마지막 달을 제외하고 지난 12개월 동안의 총 수익률) 기준으로 순위 상위 10% 기업들

3. **고 모멘텀 + 10% 손절 규칙**: 과거의 모멘텀(마지막 달을 제외하고 지난 12개월 동안의 총 수익률) 기준으로 순위 상위 10% 기업들. 한 달 내에 개별 주식 포지션이 10% 하락할 경우, 주식을 매도한 다음 월말까지 현금으로 보유하며, 이때 포트폴리오는 상위 10%의 모멘텀 회사로 재조정된다.

4. **고 모멘텀 + 5% 손절 규칙**: 과거의 모멘텀(마지막 달을 제외하고 지난 12개월 동안의 총 수익률) 기준으로 순위 상위 10% 기업들. 한 달 내에 개별 주식 포지션이 5%

하락할 경우, 주식을 매도한 다음 월말까지 현금으로 보유하며, 이때 포트폴리오는 상위 10%의 모멘텀 회사로 재조정된다.

수익률은 1928년 1월 1일부터 2013년 12월 31일까지 사용한다(TSMOM 규칙을 얻기 위해 12개월간의 데이터를 사용해야 하기 때문에 1927년은 포함되지 않는다). 모든 수익률은 총 수익률이며 배분 이익(예: 배당) 재투자를 포함한다.

표 A1.10의 결과를 보면 포트폴리오 수준에서 적용한 단순 월 검토 위험 관리 규칙은 매일 평가되는 위험 관리 규칙보다 훨씬 덜 복잡하지만 동일한 수준의 위험 관리를 달성할 수 있음을 알 수 있다.

▼ 표 A1.10 시계열 모멘텀 성과

	고 모멘텀 TSMOM	고 모멘텀	고 모멘텀 + 10% 손절	고 모멘텀 + 5% 손절
CAGR	16.57%	18.93%	15.06%	14.88%
표준 편차	20.97%	24.84%	22.23%	18.32%
하방 편차	16.80%	18.31%	12.75%	8.36%
샤프 지수	0.68	0.69	0.59	0.66
소르티노 지수(MAR = 5%)	0.75	0.85	0.91	1.26
최대 하락 비율(MDD)	−50.99%	−71.73%	−64.02%	−48.11%

포트폴리오의 변동성을 관리하는 데 관심이 있는 투자자라면, 먼저 가능한 최상의 롱 전용 모멘텀 포트폴리오를 구하는 데 초점을 맞추고 그런 다음 이를 최상의 롱 전용 가치 포트폴리오와 결합할 것을 권고한다. 일단 그렇게 하면, 투자자는 위험 조정 기준으로 가장 높은 예상 주식 프리미엄을 획득하고 있는 것이며 포트폴리오 수준에서 위험 관리 규칙을 사용할 수 있다. 이 접근법에 대한 자세한 논의는 이 책의 범위를 벗어나지만, 투자자들은 포트폴리오 수준의 위험 관리를 용이하게 하기 위해, 단순 추세 추종 및 시계열 모멘텀 유형 규칙에 초점을 맞출 것을 권고한다.

참고문헌

1. Nicholas Barberis, Andrei Shleifer, and Robert Vishny, "A Model of Investor Sentiment," *Journal of Financial Economics* 49 (1998): 307-343.

2. Louis Chan, Narisimhan Jegadeesh, and Josef Lakonishok, "Momentum Strategies," *The Journal of Finance* 51 (1996): 1681-1713.

3. Robert Novy-Marx, "Fundamentally, Momentum Is Fundamental Momentum," *NBER Working Paper No. 20984*.

4. 조사한 중대형 주식의 범주에서 펀더멘털 모멘텀 포트폴리오(SUE와 CAR3)와 가격 모멘텀(UMD)의 변동성을 맞추려면 펀더멘널 모멘텀 포트폴리오(SUE와 CAR3)의 롱과 숏은 각각 3배가 되야 한다.

5. Tarun Chordia and Lakshmanan Shivakumar, "Earnings and Price Momentum," *AFA 2003 Washington, DC Meetings*.

6. Kent Daniel and Tobias Moskowitz. "Momentum Crashes," *Columbia Business School Research Paper No. 14-36*.

7. Eugene F. Fama and Kenneth R. French, "Common Risk Factors in the Returns on Stocks and Bonds," *Journal of Financial Economics* 33 (1993): 3-56.

8. 좀 더 복잡한 롱/숏 포트폴리오에 관심 있는 독자들은 수익 모멘텀 전략을 더 깊이 연구해보기를 권한다.

9. Malcolm Baker, Xin Pan, and Jeffrey Wurgler, "The Effect of Reference Point Prices on Mergers and Acquisitions," *Journal of Financial Economics* 106 (2012): 49-71.

10. Thomas J. George and Chuan-Yang Hwang, "The 52-Week High and Momentum Investing," *The Journal of Finance 59* (2004): 1957-2444.

11. Narasimhan Jegadeesh and Sheridan Titman, "Returns to Buying Winners and Selling Losers: Implications for Stock Market Efficiency," *The Journal of Finance* 48 (1993): 65-91.

12. Tobias J. Moskowitz and Mark Grinblatt, "Do Industries Explain Momentum?" *The Journal of Finance* 54 (1999): 1249-1290.

13. Huseyin Gulen and Ralitsa Petkova, "Absolute Strength: Exploring Momentum in Stock Returns," working paper, accessed 1/31/2016.

14. Eugene F. Fama and Kenneth R. French, "Dissecting Anomalies," *The Journal of Finance* 63 (2008): 1653–1678.

15. Yufeng Han, Guofu Zhou, and Yingzi Zhu, "Taming Momentum Crashes: A Simple Stop-Loss Strategy," working paper, accessed 1/31/2016.

16. See Meb Faber, "A Quantitative Approach to Tactical Asset Allocation," *The Journal of Wealth Management* 9 (2007): 69–79.

17. Gary Antonacci, *Dual Momentum Investing: An Innovative Strategy for Higher Returns with Lower Risk* (New York: McGraw-Hill, 2014).

성과 통계량 정의

표 A2.1은 본문 전체에서 사용되는 성과 통계량의 정의를 정리한 것이다.

▼ 표 A2.1 성과 통계량 정의

통계량	설명
CAGR	연 복리 성장률(compound annual growth rate)
표준 편차	표본 표준 편차(12의 루트로 연납화됨)
하방 편차	모든 음의 관측치의 표본 표준 편차(12의 루트로 연납화됨)
샤프 지수	(월별 수익률 – 무위험 금리)를 표준 편차로 나눈 값(12의 루트로 연납화됨)
소르티노 지수(MAR = 5%)	(월별 수익률 – 최소 허용 수익률(MAR/12))을 하방 편차로 나눈 값(12의 루트로 연환산됨)
최대 하락 비율	최악의 최대 최소 간 수익률 차이
최저 월 수익률	최악의 월별 수익률
최고 월 수익률	최고의 월별 수익률
수익이 난 개월 수	월별 성과 중 플러스 수익률을 기록한 비중

참고 웹사이트 정보

이 책의 정보는 www.alphaarchitect.com에서 찾을 수 있다. 이 웹사이트는 다음의 내용을 담고 있다.

- 책에 기술된 모멘텀 주식을 찾기 위한 선별 도구
- 모멘텀 투자 추가 연구
- 지속적으로 업데이트되는 정량적 투자의 발전 상황에 대한 블로그
- 그 외 많은 정보

찾아보기

에이콘출판의 기틀을 마련하신 故 정완재 선생님 (1935-2004)

퀀트 모멘텀 투자 기법

모멘텀 투자의 이해

발 행 ㅣ 2019년 5월 24일

지은이 ㅣ 웨슬리 그레이 · 잭 보겔
옮긴이 ㅣ 이 병 욱

펴낸이 ㅣ 권 성 준
편집장 ㅣ 황 영 주
편 집 ㅣ 이 지 은
디자인 ㅣ 박 주 란

에이콘출판주식회사
서울특별시 양천구 국회대로 287 (목동)
전화 02-2653-7600, 팩스 02-2653-0433
www.acornpub.co.kr / editor@acornpub.co.kr

한국어판 ⓒ 에이콘출판주식회사, 2019, Printed in Korea.
ISBN 979-11-6175-296-9
http://www.acornpub.co.kr/book/quantitative-momentum

이 도서의 국립중앙도서관 출판시도서목록(CIP)은 서지정보유통지원시스템 홈페이지(http://seoji.nl.go.kr)와
국가자료공동목록시스템(http://www.nl.go.kr/kolisnet)에서 이용하실 수 있습니다.(CIP제어번호: CIP2019018469)

책값은 뒤표지에 있습니다.